春秋社 音楽学 叢書

ベートーヴェンと大衆文化

受容のプリズム

沼口 隆　安川智子　齋藤 桂　白井史人 編著

春秋社

はじめに

「ベートーヴェン」と「大衆」という言葉の組み合わせが気になって、いまここに目を落としてくださっている方もあることだろう。この組み合わせに、わずかでも新規さや違和感があるとすれば、それは現代の芸術そのものが抱える矛盾の反映として理解することができる。この矛盾は、先走って言うことが許されるのであれば、第5章で論じられる「歪み」や、第6章で指摘される「異化」にも通じるものだろう。

西洋芸術においては、遅くとも一九世紀以降、先鋭的であることと、誰にでも理解できることという、二つの相容れない要請が課されるようになった。これは一方で、芸術にも進歩が期待されるようになったためであり、他方で、より大きな要因として、芸術を享受する階層が急速に広がっていったからでもある。

自然科学に置き換えて考えれば、最先端の知を万人が理解することなど期待されるはずがない。しかし芸術においては、最前線の技術に、大衆にも理解可能であることが求められるようになり、いまなお求められ続けている。「第九」を聴くのに「楽譜が読めないならやめておけ」と言う人はおよそいないであろうが、「第九」には、楽譜を見なければ分からない要素が含まれているのも、また明白である。いわゆる「現代芸術」は、大衆からだいぶ乖離しているかもしれないが、それで構わないと考えている創作家は多くないであろうし、まして「誰にも理解されずとも構わない」と考えているとすれば、そもそも創作することの意義さえ問い直されるだろう。

こうした芸術の抱える「矛盾」が、音楽史において初めて顕在化するのがベートーヴェンであると言えよう。「第九」が人類の共有財産として語られる一方で、同じような時期に書かれた、いわゆる「後期作品」は、当初から難解であるとされ、「秘教的」などとも形容される。万人の評価を得るためには、傑出して優れている必要があるが、何人も成し得ないほどに優れているためには、常人には到達せざる創意と洞察が求められる。

本書は、この「矛盾」のありように、さまざまな角度から光を当てたものである。それは、ベートーヴェンの音楽を「共有財産」として獲得しようとする、色々な形の試みを見せることにもなるだろう。

ここで少し本書の成り立ちを振り返っておきたい。原点にあるのは、二〇二〇年一一月一五日(日)午前に日本音楽学会の全国大会で「ベートーヴェン生誕二五〇周年記念実行委員会企画」として実施されたシンポジウム「一〇〇年前のベートーヴェン」(パネル2)である。

二〇一九年末、翌年の全国大会を準備するにあたり「ベートーヴェン生誕二五〇年を記念した何かを実行委員会として企画したい」とのことで、同大会の実行委員に名を連ねていた私は、取りまとめ役を委ねられた。ベートーヴェン研究の最新状況が分かるような企画も頭をかすめはしたが、かなり早い段階から、狭くて深いものよりも、より幅広い関心を引き付けられるようなものにしたいという気持ちが強かった。学生の選ぶ研究テーマなどの推移を見れば明らかなことだが、西洋芸術音楽そのものに対する関心は全般的に薄れてきており、興味を持って貰えるとすれば、社会との関わりや日本との繋がり、あるいは現代との関係性が語られる場合だからである。根っからのへそ曲がりの私は、「二五〇年」を額面通りには受け止めず、普仏戦争のあった生誕一〇〇周年とか、第一次世界大戦直後の生誕一五〇周年といった、いわば「中間地点」に照準を合わせたいという思いも抱いていた。

「一〇〇年前のベートーヴェン像はどのようなものだったのか」という問題意識を胸に、最初に声を掛けたのは、旧知の仲の安川智子氏だった（彼女も大会実行委員だったのは偶然である）。彼女なら、当時のフランスの状況について喜んで話してくれるだろうと考えたからである。齋藤桂氏と白井史人氏に声を掛けたのは彼女である。私自身は当初、狭義の西洋音楽研究の枠組みの中で、あと数人に声を掛けるつもりであったが、その偏狭な視野の壁を一気に吹き飛ばしてくれた。

新型コロナウイルスの世界的な感染拡大によって、学会そのものが全面的にオンライン開催となったが、ある方から「人選勝ちですね」とも評していただいたシンポジウムは、多くの方々に視聴していただくことができ、質問もいただいて、一定の手ごたえは得られるものとなった。誰を通じてだったかは忘れたが、春秋社の中川航氏が、当該のシンポジウムを書籍化することに関心を持ってくださっているとの噂を耳にしたのは、だいぶ時間が経ってからのことだった。一過性のものと決め込んでいた企画が、ふたたび息を吹き返し、書籍化に向けた動きが始まった。

シンポジウムでは「一〇〇年前」という枠組みであったが、とりわけ齋藤氏の発表の示した方向性の意義が大きく、より幅広く様々なベートーヴェン像を示そうということで、そのほかの執筆者の方々の人選が行われた。小説、映画、テレビ、アニメと並ぶ中で、それらを大きく括ることのできる言葉として「大衆文化」が浮かび上がってきた。そして、ベートーヴェンほどに、さまざまな文脈で取り上げられる作曲家もいないであろう。その時々、それぞれの文脈において、ベートーヴェン像には時代が反映されてきた。文化がベートーヴェン像を成し、そのベートーヴェン像を通じて、我々は文化を知ることができる。ベートーヴェンを介して様々な光が放たれるという意味で、ベートーヴェンはプリズムのようであり、それが副題の意味するところである。

第1章では、一〇〇年前のベートーヴェン像について扱う。研究史を振り返る点で、大衆文化との関わりが薄いようではあるが、ベートーヴェン像が研究によってではなく、むしろ文学などを通じて形成されたことを指摘する先行研究の紹介は、大衆的なベートーヴェンのイメージへと繋がるものだろう。およそ一〇〇年前、ベートーヴェン像は変容を始めたと見ることができ、また変容させようとした人物たちがいた。

第2章では「断片化」と「神話化」という二つをキーワードとして、映画史におけるベートーヴェン像が分析される。前者は、音楽作品そのものに関わるもので、ベートーヴェンの音楽が断片化されて使用されたことを意味する。また、映画史における一〇〇年前は、サイレントからトーキーへの転換点となっているが、それを超えて一貫していたのがベートーヴェンの「神話化」のプロセスであった。しかし、それは単一の神話ではなく、「様々なナショナル・イメージと結びついて分岐していった」のである。

第3章で焦点が当てられるのは、主人公のモデルをベートーヴェンに得た小説『ジャン・クリストフ』や『ベートーヴェンの生涯』の著者として名高いフランスの文豪ロマン・ロランが描いたベートーヴェン像であり、その神話化である。「ロランのベートーヴェン像」が経た歴史的道筋は一様ではない。たとえば一九二〇年代には、フランスでベートーヴェンの脱神話化が進行する一方、日本では「ロランのベートーヴェン神話」が始まりつつあった。さらに、ベートーヴェン没後一〇〇周年の一九二七年には、ベートーヴェン像がソ連や日本にも共有される国際的なものとなり、フランスもまた、その時流に迫られて作曲家を新たに位置づけることになってゆく。「ロランにとってのベートーヴェン」を縦糸としつつ、一九二〇年代を中心とした歴史の変遷が写し出される。

第4章は、論文末の「付記」にある通り、大学のいわゆる紀要論文を起点としている。「月光の曲」（この表題自体が作曲者とは何ら関係がない）が、楽曲としてというよりも、むしろ逸話として受容されてきたこと、楽曲はむしろ逸話を補完するために機能していたということが説得力を持って明らかにされる。しかも「一九二〇年代後半からすでにこの逸話が逸話であることは認められていた」にもかかわらず、である。一見すると衝撃的なようではあるが（例があまりに鮮烈なこともあろう）、伝記的な（しばしば正確と言えない）事実を前提にして作品を聴取する姿勢は、たとえばモーツァルトの晩年作品の受容などにも広く認められる。決してベートーヴェン像には限定されない、あるいは音楽のみにも限定されない、射程の長い問題を考えさせられよう。

第5章は、中里介山の長大な小説『大菩薩峠』に登場する、「ある種の異物」とされるところの、きわめて限定的なベートーヴェンへの言及から、なにゆえにそのような言及が生じたのかという背景へと深く切り込んでゆく。そして、「第九」に対する低評価という切り口から、トルストイ受容を介して、大衆的であることに最大の評価を置いたという介山の思想が読み取られる。「すでにベートーヴェンが文化的ヒエラルキーの中で高い地位を占めているということが前提」でありつつも、それをあくまで大衆文化として理解しようとすることによる歪みへの指摘は、日本における西洋文化輸入の一面に光を当てるものであると同時に、高度な芸術も万人に理解可能であるべしとする、現代にも通じるような無垢な啓蒙主義的姿勢に反省を促すものとも言えよう。

第6章は、本書の起点となったシンポジウムと同日の午後、同じ学会で口頭発表された『ベートーヴェン人生劇場〈残侠篇〉』（一九七〇）の歴史的意義——『題名のない音楽会』における日本の音楽芸能の役割」を基に書き下ろされている。この表題が明瞭に示す通り、当該の章から「一〇〇年前」という枠組みから大きく踏み出し、日本における大衆的なベートーヴェン解釈という方向へと地平が広がってゆく。『題名のない音楽会』で初代の司会・音楽監督を務めた黛敏郎は、西洋音楽の作曲を学んだ作曲家であったが、「ことさら庶民的な浪曲というかたちで描くこと」を企図し、西洋演劇の教育を受けた新劇俳優であった小沢昭一が、それを見事に実現させた。LP音源を用い、笑いと拍手が生じた場面を分析することで、日本の伝統音楽・伝統芸能のもたらす異化効果が、ベートーヴェンを従来とは異なる形で受容させたさまが明かされる。

第7章は、冒頭の註で詳述されている通り、二〇二〇年秋にドイツで開催予定だった「もじゃもじゃ頭に赤マフラー——マンガに見るベートーヴェン」という展覧会（新型コロナウイルスの感染拡大により中止）の図録のために寄稿された論考を下地にして、日本向けに書き改められたものである。ベートーヴェンの《田園交響曲》の豊饒な受容の歴史の中で、宮沢賢治の童話『セロ弾きのゴーシュ』と高畑勲脚本・監督による同名のアニメ映画に焦点を絞り、その系譜が辿られる。宮沢と高畑は、ともに日本の原風景とも言える里山を舞台としたが、それらは、失われた理想郷であるとの解釈を通じて、ベートーヴェンが《田園交響曲》の終楽章で描き出したユートピアに結び付けられる。《田園交響曲》のこうした読み直しは、この楽曲を今日的な意味で読み直すことへの契機ともなるだろう。

コラムは、それぞれが第3、6、7章に興味深い角度から広がりを与えるものとなっている。いまや音楽研究よりも宮沢賢治研究で業績の多い木村直弘氏、人気番組「題名のない音楽会」のプロデューサーとして長年活躍されたあと、私の勤務先である東京藝術大学において演奏藝術センターの運営に御尽力いただいている大石泰氏、そしてロラン研究の最前線を知るフランスのジル・サン＝タロマン氏にコラムを執筆していただけたことで、本書には更なる奥行きが生まれた。

かなり異質な主題の論文が集まっているので、もちろん個別に読んでいただいても良いだろう。たしかに、任意のふたつの章を抜き出して横並べにすれば、同じ本の一部とは思えない組み合わせもあるかもしれない。しかし、ドイツ語圏でのベートーヴェン像の話に端を発し、それがメディアの発展によって必然的に変化したことへと移り、同時期のフランスでの受容から、その日本への輸入・受容へと推移してゆく筋道は、緩やかな繋がりとしても楽しんでいただけるだろう。第3章と第5章は、日本におけるヨーロッパ文化受容という点で重なる部分もあり、ロマン・ロランの名は後者にも登場する。第6章も、たしかに一九七〇年制作のテレビ番組のことを扱っているのではあるが、『人生劇場』の起源は一九三五年にまで遡るものだというし、ただベートーヴェン像が刷新されたというのではなく、伝統芸能を介してそれ自体も異化されたと言える点で、過去のベートーヴェン像とも無関係ではない。また、浪花節の「庶民」性は、第5章で着目される「大衆」「民衆」とも必然的に関わるだろう。第7章で扱われる宮沢賢治の『セロ弾きのゴーシュ』も、その構想が始まったのが「一九二五～二六年頃とする見方が有力」というのだから、まさに「一〇〇年前のベートーヴェン」と密接に関わっている。

書籍全体としてみれば、読書の経過にしたがってヨーロッパから日本へと大きく舵が切られており、結果的に日本人にしか描きようのない幅広いベートーヴェン像（のほんの一部）を示すことができたのではないだろうか。「ロマン派のベートーヴェン像」を批判したA・シュミッツは、ベートーヴェン像の再構築などという荒唐無稽を主張しない分別があったが、その一〇〇年後にいる我々は、もはや「ベートーヴェン像」などという言葉を軽々に用いることにさえも逡巡するだろう。この本に描かれた限定的な視野からでさえ、俯瞰できないほどの多様なベートーヴェン像が予感されるはずである。

編者を代表して

沼口　隆

凡例

・引用した譜例は第4章のものを除きすべて浄書した。
・引用内の［ ］は引用者による中略や補足を示す。
・引用文中や書名等の旧漢字は現代の表記に改め、仮名遣い・送り仮名は原文に従った。
・原語の日本語訳は、特記のない限り執筆者による。

ベートーヴェンと大衆文化　目次

ベートーヴェンと大衆文化

受容のプリズム

第1章　一〇〇年前のベートーヴェン
研究史に見る潮流の変化

沼口　隆

ベートーヴェンは、本書刊行時点からおよそ一〇〇年前に生誕一五〇周年（一九二〇年）と没後一〇〇年（一九二七年）を迎えていた。彼を「楽聖」へと祀り上げた一世紀が過ぎ、四年余りにも及んだ第一次世界大戦が終結してからの約一〇年間に、人々はこの作曲家をどのように見ていたのであろうか。本章は、その一端を垣間見ることを目的とし、その頃に出版された研究を概観することを第一の目的とする。さらには、それを踏まえていくつかの文献に焦点を当て、この時期の転換点としての意味も読み解いてみたい。すなわち、大衆文化の前提にもなっているであろう学問的なベートーヴェン像がいかなるものであったのかを、一九二〇年代の研究史の状況から読み解こうとする試みである。

さて、一九二〇年代のベートーヴェン研究の状況を概観するにあたって出発点とするのは、世界最大規模の二つの音楽事典にある「ベートーヴェン」の項目の文献欄である[1]。本章末尾に該当期間の文献の一覧を挙げておく（以下**資料**）。ここで目的とするのは、全般的な傾向を追うことであって、各々の文献の内容に踏み込むことではないので、外国語の文献情報に馴染みがないという読者は、書誌情報は無視して本文だけをお読みいただいても差し支えない。そもそも**資料**が示しているのは、該当期間に出版されたベートーヴェン関連の文献のごく一部に過ぎず、また新聞記事もあれば大著もあり、非常に有名なものもあれば、インターネットを駆使しても存在を確認するのに一苦労するようなものもあって、必ずしも一貫性はない。それでも、世界中の研究者たちが参照する事典項目が、どのような文献を「主要なもの」として取り上げているのかを見ることは、全般的な傾向を判断する手掛かりとはなるだろう。

いまひとつ注意しておかなければならないのは、これらの文献の選択が二〇世紀末に行われているということである。決して一九二〇年代の研究者たちや読者たちが重視したことをそのまま反映しているわけではない。とはいえ、当時に重視された文献は、内容的には古くなってしまっても、「重視された」という歴史的な重みを持つので、現在でも無視されるというわけではない。実際、過去の研究を再評価するような研究も多数ある。したがって、当時の人々と現代の研究者の選択が、事柄の本質に影響を与えるほどに乖離していると考える必要もないだろう。

さて、リストアップされた文献は一一一件である。その中で、一九二七年に出版されているものは、全体のほぼ三分の一の三六件である。これに対して一九二〇年の出版物は、一九二七年比の四分の一の九件に過ぎない。記念年の在り方を全体として検証するのであれば、演奏会の数なども視野に入れる必要があるだろうが、**資料**の範囲に限っても、没後一〇〇周年を記念した記念祭の文献（『ベートーヴェン一〇〇周年祭 Beethoven-Zentenarfeier』）は含まれているのに対して、一九二〇年に関しては類似の文献は見当たらず、一九二七年については、一九二八年出版の『ベートーヴェン年鑑 Beethoven-Almanach』のような文献も存在している。全体として一九二七年の方が大きく祝われたものと見て良いだろう。「生誕一五〇年」よりも「没後一〇〇年」の方が切りの良い数字だということは影響したであろうし、一九二〇年については、直前に第一次世界大戦があったために、その年に向かっての準備が整いにくかったとの推測も成り立つだろう。

1　一次資料（楽譜）への関心の高まり

資料全体を概観して、はっきりと見てとれる傾向のひとつは、資料研究への関心の高まりである。二〇世紀の音楽分析に絶大な影響を与えた音楽理論家ハインリッヒ・シェンカー（一八六八〜一九三五）は、自筆資料研究を重視したことで知られ、ベートーヴェン後期のピアノソナタ五曲（作品一〇一、一〇六、一〇九、一一〇、一一一／第二八〜三二番）のそれぞれに校訂譜と解説がセットになったシリーズを企画しながら、作品一〇六（いわゆる「ハンマークラヴィーア」）については自筆譜が消失していることを理由に刊行を断念するほど、資料に対するこだわりは徹底したものだった。(2) その彼は、一九二一年に、いわゆる「月光ソナタ」の自筆譜のファクシミリを、関連するスケッチと併せて刊行しているほか、一九二五年には自筆譜に基づく交響曲第五番への論考を出版している。(3)

楽譜のファクシミリ版に関して、第二次世界大戦以前に絞って見てみると、上記のほかに一九二二年のピアノソナタ第三二番ハ短調作品一一一、一九二三年のピアノソナタ第二四番嬰ヘ長調作品七八、一九二四年の交響曲第九番ニ短調作品一二五、一九二七年のピアノソナタ第二三番ヘ短調作品五七（いわゆる「熱情」）が集中している一九二〇年代は突出しており、今回参照した『ニューグローヴ』や『MGG』の参考文献表においても、そのほかは一八九〇年代と一九四〇年代のものが各一点挙げられているに過ぎない。すでに一八九〇年代に出版があることや、一九三〇年代の出版が皆無であることに鑑みれば、写真製版技術の向上等、印刷技術の問題だけでは、一九二〇年代への出版の集中は説明し切れない。出版地もミュンヘン、ライプツィヒ、パリと拡散しており、特定の個人や出版社の集中的な取り組みを反映しているのでもない。「第九」の出版が初演の一〇〇周年であり、ピアノソナタ第二三番の出版が没後一〇〇周年であることからすれば、やはり記念年の存在が、この出版ラッシュに影響を与えていたと考えるのが自然だろう。

写真製版を通じて自筆譜そのものに迫ろうとする姿勢は、「作品への忠実さ Werktreue」や「作曲家の意図」といった問題への意識の芽生えと少なからず結びついていたと推定される。一九世紀までは、出版譜の内容の正否が資料に即して議論されることは希であり、著名な演奏家が自身の解釈に基づく書き込みを加えた、いわゆる「解釈版」も人気が高かった。ところが、先に紹介したシェンカーの姿勢に顕著なように、二〇世紀に入る頃から、いまだ一部に限定されてはいたとしても、原資料に忠実なエディションを作ろうとする姿勢が見られるようになる。自筆譜こそは「作曲家の意図」を忠実に示し、「作品の本来の姿」に「忠実」であるという論理は、現代においては反駁の余地が大いにあるにせよ、当時には大きな説得力があったはずである。「作品への忠実さ」や「作者の意図」の問題は、朗読や演劇などの他の再現芸術とも密接に結びついており、音楽のみで議論しつくせるものではないが、一回的なパフォーマンスであった上演や演奏が記録可能なものとなり始めた（＝同一の再現が可能になり始めた）という技術発展の推移も、作品に向かう意識に少なからず影響したのではないだろうか。

そして、いわば「作曲家の意図」をより掘り下げる試みとも位置付けられるのがスケッチ研究である。ベートーヴェンは、創作過程において様々な種類のスケッチを駆使し、またそれらを大切に保管していた。彼の没後、当初はその価値が認知されずに急速に散逸したものの、蒐集家たちの努力もあって、今日でもなお約八〇〇〇ページのスケッチの存在が確認されており、その大半はベルリン国立図書館をはじめとする図書館や研究所に所蔵されている。作品の成立時期や創造過程を垣間見せてくれる貴重な資料であるスケッチに対する学問的な研究は、ドイツの考古学者・文献学者・音楽学者オットー・ヤーン（一八一三〜六九）の一八六三年のオペラ《フィデリオ》に関する研究を皮切りとし、最重要の伝記を著したアレグザンダー・ウィーロック・セイヤー（一八一七〜

九七）もまた作品成立年代の根拠としてスケッチを活用したが、本格的なスケッチ研究の礎を築き、またスケッチの資料としての価値を広く知らしめたのはドイツの作曲家・音楽学者グスタフ・ノッテボーム（一八一七〜八二）による一九世紀後半の一連の研究であった。しかし、その後は、スペインの音楽学者セシリオ・デ・ローダ・イー・ロペス（一八六五〜一九一二）がその名も「デ・ローダ」と呼ばれる一八二五年のスケッチ帳を部分的にトランスクリプションして解説付きで出版したり（一九〇五）、「エンゲルマン」と呼ばれる一八二三年のスケッチ帳がファクシミリ版で出たり（一九一三）という単発的な研究に止まっていた。一九二七年、ソ連の音楽学者・作曲家ミハイル・ヴラディミロヴィッチ・イヴァノフ＝ボレッキー（一八七四〜一九三六）が一八二五年に用いられた「モスクワ・スケッチ帳」のファクシミリ版にロシア語とドイツ語で解説を加えたものを出版し、またドイツの作曲家カール・ロタール・ミクリッツ（一八九六〜二〇〇七）が一八〇〇〜〇一年に用いられていた「Landsberg 7」と呼ばれるスケッチ帳全体のトランスクリプションを刊行した。これらは明らかに作曲家の生誕一〇〇年を記念した大きな企画であり、このあと類似の研究が現れるのが一九五〇年代以降であることからしても特筆に値する。ミクリッツは、すでにこの時点でスケッチ全集の必要性と、ファクシミリとトランスクリプションの並行的刊行の重要性を強調していた。一九五二年にベートーヴェンハウスは、スケッチ全集の刊行を宣言したものの、トランスクリプションに掛かる手間は尋常ではなく、また「読み取り」はひとつの解釈であって理想とするような客観性は担保できないことから、刊行計画は実質的に頓挫している。インターネットで一次資料へのアクセスが飛躍的に容易になった今日、さまざまな場所から、より多くの目でスケッチが吟味されてゆくことが期待されよう。

スケッチ研究への急速な関心の高まりは、シェンカーが一九二一年のピアノソナタの自筆譜出版の際にスケッチを付録としたことや、一九二四年のシェンクの文献、一九二五年のミースの文献、一九二六年のウンガーの文献、あるいはベートーヴェンハウスが一九二八年に刊行した文献などにも明瞭に見て取ることができる。ミースの文献は、スケッチ研究を作品分析に活かした点で画期的なもので、方法論上の問題が指摘されつつも、今日でも引用されることが多い。

2　一次資料（文書）への関心の高まり

一九二〇年代には、楽譜ばかりでなく文字の一次資料への関心も高まったように見える。書簡については、すでに一八六〇年代に立て続けに相当量が紹介されたほか、一九〇七～一一年には『ベートーヴェン書簡全集と手記』という五巻本が出版されており[4]、関心の高まりは必ずしも記念年に絡んだものとは言えない。とはいえ、**資料**の範囲に限っても、一九二一年のライツマンの文献とウンガーの文献、一九二六～二七年のヒッツィヒの文献、一九二七年のウンガーの二つの文献が挙げられるし、ほかにも一九二〇年代には書簡に関係する研究が少なくない。知られていなかった書簡、未出版だった書簡が、少しずつ公表されてゆく様子が分かる。何よりも、一九一〇年にカストナーによって出版された書簡集が、一九二三年にユリウス・カップによって増補改訂されたこと[5]には根幹的な意義があった。**資料**に含まれていないのは、初版ではなく増補改訂版であるためだが、この書簡全集は、一九九〇年代に現行の書簡全集が登場するまで、原語版としては標準であり続け、一九六一年にアンダーソンによる英語版の全集[6]が出るまでは、唯一の本格的な全集であった。「カストナー＝カップ」の愛称で親しまれた書簡全集もまた、一九二〇年代の産物であったことは、偶然であったとしても、興味深い符合である。

一九二四年には、ヴァルター・ノールがベートーヴェンの会話帖の一部を刊行している。会話帖は、ベートーヴェンの聴覚障害が進行し、もはや日常会話にも支障をきたすようになって、主に訪問者が書き込むために使われたノートで、現在では一三九冊の存在が知られ、ベートーヴェンハウス所蔵の二冊を除いては、すべてがベルリン国立図書館に所蔵されている。記入の時期は一八一八年二月から一八二七年三月に及び、ベートーヴェンの晩年一〇年間の貴重な記録となっている。アントン・シントラー（一七九五〜一八六四）は、ベートーヴェンの晩年に彼の秘書のような役割を務め、没後には会話帖を専有して自著にも大いに反映させたが、のちの研究によって彼が会話帖を改竄していたことが白日の下に曝され、絶大な影響力を誇っていた彼のベートーヴェン伝をはじめとして、彼の主張の信頼度は完全に失墜した（ちなみに彼の「嘘」は会話帖の改竄に限られたことではない）。ともあれ、最重要の伝記を著したセイヤーやフランス語で大部のベートーヴェン伝を残したロマン・ロランなども含めて、会話帖の資料としての重要性は認識され続けていたのだが、W・

ノールは初めてそれらの公刊に踏み切ったのである。「第一巻」と記されてはいるものの続巻が刊行されることはなく、含まれている会話帖は八冊に過ぎなかったとはいえ、会話帖の内容をそのままの形で世間に知らしめようとしたことは注目に値する。一一巻から成る会話帖全集が完結するのは二一世紀に入ってからのことになったが、W・ノールの出版にもまた、ベートーヴェン本人に由来する資料を網羅的に共有しようという姿勢が表れている。

3　同時代人たちへの注目

資料に表れているいまひとつの傾向は、ベートーヴェンの同時代人たちに対する注目度の高まりである。ライツマンの一九二一年の文献は、同時代人たちの証言を包括的に集めたもので、プレリンガーによる先行研究(7)などもあったとはいえ、書簡集における「カストナー＝カップ」と並んで、長く貴重な情報源として活用され続けることになった。一九二六年に英語で出版されたソネックの文献も同じ方向性にある。より対象を限定したものでは、ベートーヴェンが恋心を抱いていたことが裏付けられているヨゼフィーネを含むブルンスヴィク家との関係を扱った一九二〇年のラ・マーラの文献、出版社との関係に焦点を当てたウンガーの一九二一年の文献、ボン宮廷のホルン奏者ニコラウス・ジムロック（一七五一～一八三二）が創業した出版社ジムロックとの関係を扱ったミュラー・フォン・アソウの一九二九年の文献、ボン時代に深い交友があったヴェーゲラー家やブロイニング家に着目したライ編纂の一九二七年の文献などが挙げられる。また、ベートーヴェンの作曲の教師に着目した文献としては、ボン時代の師クリスティアン・ゴットロープ・ネーフェ（一七四八〜九八）を扱ったロイクスの一九二四年と一九二五年の研究や、ヴィーン時代初期の師であったヨハン・バプティスト・シェンク（一七五三〜一八三六）自身による自伝的メモの一九二四年の出版がある。少し方向性は異なるが、ベートーヴェンの肖像画に焦点を当てた一九二三年のフリンメルの文献や一九二五年のライの文献にも、同時代の真正な資料を求める姿勢においては通底するものが認められるだろう。

ボン時代を中心とする若い時期のベートーヴェンへの関心の高まりは、たとえば上述のネーフェやヴェーゲラー、ブロイニングとの関係性への着目のように、同時代人たちへの注目と重なる面も少なくないが、こうした方向性の中では、一九二一年にフランス語で著されたプロドムの文献が先駆け的な位置づけとなっている。また、シーダーマイヤーの一九二五年の文献は、若年期を扱った基礎研究として、いまなお引用されることも多い。より規模は小さいが、サン＝フォアの一九二〇と一九二三年の文献も、やはり若年期に焦点を当てたものである。

4　資料の概観から見えるもの

これまで述べてきたいくつかの傾向は、決して一九二〇年代に突如として現れたものではない。

しかし、自筆譜や会話帖のような資料を、研究者が伝記執筆などのために資料として活用するのにとどまらず、そのまま読者に提示しようとする傾向は、確かにこの時期から顕著になってくる。これは、歴史家や校訂者による脚色や変更を排した、できるだけ「真正な」作曲家像に迫ろうとする姿勢の表れとして解釈できる。同時代人に証言を求めたり、若かりし日のベートーヴェンに注目したりすることもまた、神格化される以前の作曲家像、いわばベートーヴェンの原点に迫ろうという試みと位置付けることができるだろう。それが生誕一五〇周年や没後一〇〇周年と重なったのは、偶然とも言いうるが、記念年によってベートーヴェン研究全般が活性化し、時代の要請がより鮮明に浮かび上がったという面もあるのではないだろうか。

会話帖全集の完結は二一世紀にまで持ち越され、書簡全集は、書簡自体は出版されて久しいが、索引などを含めると、いまだ完結はしていない。スケッチも自筆譜も、出版されているものやインターネットで閲覧できるものは限られており、専門家の解釈（読み）を介さずして、原資料のみを見て理解することには困難も多い。批判校訂版全集（いわゆる「新全集」）も、近年になって刊行が活性化はしているが、完結への道のりはまだ遠い。原資料に向き合うことの重要性は、一九二〇年代に明瞭に意識され始めたが、課題のほとんどは、一〇〇年を経た今も片付いたとは到底言えない。それでも二〇一四年に約六〇年ぶりで改訂された作品目録(8)が象徴するように、ベートーヴェン研究は大きく進展を遂げてきたし、その重要な方向性のいくつかは、一九二〇年代に示されたものだったと言えるだろう。

5　ロマン派のベートーヴェン像

「ロマン派のベートーヴェン像」とは、ドイツの音楽学者アーノルト・シュミッツ（一八九三～一九八〇）の一九二七年の著作の表題である。シュミッツは、自分たちが対峙しているベートーヴェン像がロマン派の芸術家たちの言説を通じて作られたものであることを看破し、ベートーヴェンが事後的に纏わされていたものを丁寧に取り去ろうとした。すなわち「ロマン派のベートーヴェン像」という語は、「ロマン派が作り上げたベートーヴェン像」という意味であり、その向こう側にある実像に迫ろうとする批判精神を表したものと言えよう。これはまさに、すでに**資料**の概観で描いたような「できるだけ『真正な』作曲家像に迫ろうとする姿勢」を明確に宣言したものとも捉えられる。本節では、今日でもベートーヴェン受容に関する重要文献であり続けているシュミッツの当該文献を中心としつつ、没後一〇〇年を機に楽聖に対して冷静な眼差しが向けられるようになったことに焦点を当ててみたい。

シュミッツは、ピアノ、作曲、歴史学、哲学などを学び、音楽学においては既出のルートヴィヒ・シーダーマイヤー（一八七六～一九五七）や、同じく**資料**に名前が挙がっているアドルフ・ザンドベルガー（一八六四～一九四三）などに師事した。ちなみにボン大学教授だったシーダーマイヤーは、一九一九年にはボン大学に音楽学の研究室を設立し、ベートーヴェンの一〇〇回目の命日である一九二七年三月二六日には、ボンのベートーヴェンハウスにベートーヴェン研究所を発足させて、一九四五年まで所長の地位にあった。シュミッツは、若きシューマンに関する研究で博士号を、一七世紀ケルンのイエズス会の音楽に関する研究で教授資格を得ていたが、**資料**にも五件が含まれていることが示すように、とりわけ一九二〇年代にベートーヴェンの研究を多く発表している。一九三七年には、シーダーマイヤーの記念論文集を編集し、みずからもベートーヴェンに関する論文を書いており、彼のベートーヴェン研究が、恩師の影響下に推進されたことを伺わせる。

シュミッツは、彼が向き合っているベートーヴェン像を優れて明快に次のように捉えていた。

> こんにちもなお、すでに一九世紀前半にでき上ったベートーヴェン観に対峙していることは確実である。こうしたベートーヴェン観は、学問的な伝記から生じてきたものではないし、ヴェーゲラー、リース、シントラーから生じてきたものでもない。ベートーヴェンの直近にいた、これらの友人・知人たちは、詳しくて非常に価値のある個人的な回想や印象、覚書を残してくれているが、ベートーヴェンの人間的な、また芸術家としての在り方について、統一的で綺麗にまとめ上げられた人物像に固執したりはしなかった。ベートーヴェンの人間としての、また芸術家としての個性を本質において言い当てていると自負する最初の人物像を作り上げたのは、主として芸術家たちであった。
>
> (Schmitz 1927: V)

こんにちでは、資料の改竄を行い、また真偽の疑わしいエピソードを多く残したシントラーをはじめ、一九世紀の「個人的な回想や印象、覚書」にも鋭い批判の目が向けられているが、「最初の人物像を作り上げた」のが彼らではなく「主として芸術家たちであった」という指摘は、むしろ新鮮にさえ感じられるのではないだろうか。そして特筆すべきは、シュミッツが既存のベートーヴェン像を「破壊する」とか「再構築する」といったような世迷い事を一切書かず、きわめて冷静に「ロマン派のベートーヴェン像の代わりに別のベートーヴェン像を据える必要はない」と言い切っていることである（Schmitz 1927: VI）。それでもなお「完全なるベートーヴェンと彼の芸術の完全なる本質を捉えるような新たな像」に言及はしているが、「そのような［新たなベートーヴェン像を打ち建てるという］課題が克服できるようになる前に、ベートーヴェン研究は、まだ多くの準備作業をやってのけなければならない」としており、彼が実際に新たなひとつの像が確立されると信じていたのかは疑わしい。

約一八〇ページの書籍は全一〇章から成っているが、独立した論考を集めたような側面もあり、全体は同じ問題意識に貫かれてはいるものの、発展的に大きな主張を織り上げてゆくようなものではない。第一章「ロマン派の著述家と音楽家におけるベートーヴェンの人物像」では、書籍全体の看板にもなるような主張が展開されているが、「ベートーヴェンの人間性の全体像がもっともはっきりと表れている」（Schmitz 1927: 1）として矛先が向けられるのがベッティーナ・フォン・アルニム（一七八五〜一八五九）による著述である。

ドイツの著名作家ベッティーナは、旧姓をブレンターノと言い、いわゆる「不滅の恋人」の有力候補とされるアントニア・ブレンターノ（一七八〇～一八六九）の義理の妹に当たるなど、ベートーヴェンと関わりの深いブレンターノ家の一員で、一八一一年三月には作家のアヒム・フォン・アルニム（一七八一～一八三二）と結婚した。ベートーヴェンと対面したのは、ちょうどこの結婚を挟むような二つの時期で、まず一八一〇年五月八日から六月三日のウィーン滞在中、五月末に当時はウィーン在住だったアントニアとともにベートーヴェンを訪問している。再会は一二年七月、ボヘミアの温泉地テプリッツにおいてであった。問題は、彼女がこうした経験にかなりの脚色を加えて書き残したことである。

ベートーヴェンは、彼女と知り合った頃にゲーテの詩に基づく歌曲〈新しい愛、新しい人生〉作品七五の二の筆写譜を贈り、自筆で「ベッティーナ・ブレンターノのために」と記しており、また一八一一年二月一〇日にはベッティーナ宛に書簡も送っている。この書簡で親称のDuが用いられており、ベートーヴェンが書簡内で女性に親称を用いた例が、ほかにはいわゆる「不滅の恋人」しか知られていないことに鑑みれば、確かにある程度の親しさがあったことは想定できる。しかし、真正性が裏付けられる資料はこれだけであって、残るすべてがベッティーナの側から出されている「資料」である。

シュミッツは、ベッティーナの著述の内容、すなわち『ゲーテとある子供との往復書簡』、ヘルマン・フォン・ピュックラー＝ムスカウ侯爵（一七八五～一八七一）に宛てた書簡、アントン・ビーラーに宛てた書簡、伝記作家ヴィルヘルム・フォン・レンツ（一八〇九～八三）やセイヤーに語った内容、あるいは「ベッティーナ宛のベートーヴェンの三つの書簡」として知られる書簡などを取り上げて丁寧に読み解いている。ここで鍵を握るのが「天才的な自然児」、「革命家」、「魔術師」、「聖職者」という四つの言葉であり、これらが書籍全体を通じて根幹的な重要性を担っていることは、総括においても改めて取り上げられていることに明白である。

濃密に織りなされている引用を細かく検証する紙幅はないが、「天才的な自然児」という側面に関しては、ベッティーナがベートーヴェンの非常識的な荒々しさを描きつつ、他方では天才的な感性を強調していることから指摘される。「ベッティーナが彼［ベートーヴェン］に近づくと、野獣は従順な仔羊になる」（Schmitz 1927: 2）という指摘には、気難しい孤高の作曲家の本質を自分だけは見抜いていたとでも言うようなベッティーナの描写に対する痛烈な皮肉が込められている。しかし、ビーラー宛のベッティーナの書簡に残る以下のようなイメージは、現代のベートーヴェン像とさえ完全に無縁とは言えないのではないだろうか。

> 彼の芸術に関しては総じて、彼は完全に制していて真実味があり、いかなる芸術家も真似ることはできなかった。しかし、それ以外の生活では、あまりに無邪気で、どうとでもあしらうことができた。
>
> (Leitzmann 1921, Bd.1: 116)

「革命家」のイメージは、伝統的な社会秩序など顧みることはない「野獣」のイメージから容易に導かれる。シュミッツによれば、ここで注目されるのは上流階級に対する防御的な姿勢だけでなく、攻撃的な姿勢であり、引き合いに出されるのは、テプリッツでの散歩中に皇帝妃の一行と出くわした際のエピソードである。ベートーヴェンが帽子を目深に被り、コートの前を閉じたまま腕組をして突っ切ったのに対し、ゲーテは道を空けて恭しくお辞儀をしたという趣旨のかなり有名な話である。以下に述べる通り、このエピソードの源となっている「ベートーヴェンからの三つ目の書簡」自体の真正性が疑わしいのだが、エピソード自体は広く知られているものであり、社会秩序を顧みない奔放な芸術家のイメージとも少なからず結びついている。

「魔術師」については、『ゲーテとある子供との往復書簡』にあるウィーンからの一八一〇年五月二八日付の書簡の中で明瞭に定義されている。

あなた［ゲーテ］の前でなら告白しても良いでしょう。私が神の魔術を信じていて、それが精神的な性質を持った因子であることを。このような魔術をベートーヴェンは彼の芸術の中で使うのです。彼があなたに説明できることのすべては純然たる魔法なのです。（Arnim 2017: 164）

シュミッツによれば、ベッティーナは魔術師の状態を余すところなく描写し、それが受動的な体験であることを強調しているという。すなわち芸術家は偉大なる精神と交信し、そこから創造行為が生じるのであって、「すべての真の芸術創造は個別のものであり、芸術家自身よりも強い」（Schmitz

1927: 4）のだという。そして、ベートーヴェンがゲーテの詩に霊感を得て創作へと駆り立てられる様子を、本人の口を通じて語らせる。このようにして啓示を受けたベートーヴェンは、「その芸術をもって人類と向き合う時、それは『彼のうちにある神性の仲介者であることの証』となる」ため、彼は「聖職者」となる。「神と人類とを仲介する者は聖職者」だからであり、「魔術師と聖職者はほとんど同一人物になる」のである（Schmitz 1927: 5）[9]。

以上の簡単な要約からも分かる通り、「天才的な自然児」、「革命家」、「魔術師」、「聖職者」には相互連関が見られ、境界線は曖昧である。シュミッツによれば「ベッティーナは天才的な自然児を、革命家と魔術師という変化の段階を経て、絶え間ないクレッシェンドの中で最高の段階、聖職者性へと高めている」（Schmitz 1927: 1）のである。こうして、ひとつひとつは些末なエピソードに過ぎないようなものから、「四つの基本的イメージ」を介することによって、孤高の天才芸術家の人間性が作り上げられていったのだという。

問題は、ベッティーナが依拠しているとする「資料」の真正性が甚だ疑わしいことにある。一八三八年、ニュルンベルクの雑誌『アテネウム』は、ベートーヴェンがベッティーナに宛てたとされる三通の書簡を公表した。その中の一点は、上述のベートーヴェンの自筆によるものなのだが、一八一〇年八月一一日付とされる「第一の書簡」と一八一二年八月（ベッティーナはのちに「一五日」と日付を追加）の「第三の書簡」には原典がない。ドイツの識者ヘルマン・ダイタース（一八三三〜一九〇七）は、一八八二年に書簡の内容と伝記的な事実との間にある矛盾や、書簡の文体とベートーヴェンの文体との不一致などを仔細に指摘していたが、シュミッツは、この先行研究が「今日までまったく反駁されていないにもかかわらず、それがもたらす最終的な帰結に至るところまでは、ほとんど受け入れられていない」ことを指摘している（Schmitz 1927: 23）。偽物であるはずの「資料」が、そうと裏付けられてもなお、典拠としてまかり通り続け、またそれに起因するベートーヴェン像が改められることもなく存続していたということである。『ゲーテとある子供との往復書簡』に至っては、そもそもが書簡体小説であるにもかかわらず、文献学の専門家でさえも、その内容を歴史的事実として受け入れていたという指摘（Schmitz 1927: 23–24）には、シュミッツでなくても驚きを禁じ得ない。

シュミッツは、最初の二章を使って、作曲家や伝記作家たちが、ベッティーナによって敷かれた受容の軌道にどのように続いていったかを、それぞれの著述に沿いながら丁寧に読み解いてゆく。十把一絡げに扱うのではなく、たとえば「Ａ・Ｗ・セイヤーにおいては、ロマン派的なベートーヴェン像はほとんど登場しない」（Schmitz 1927: 19）とも指摘しているし、ベートーヴェンをロマン派と位置付けるか、古典派とロマン派の間に位置付けるかにおいても見解の相違があったことを明示しており（Schmitz 1927: 22）、検証方法はかなり誠実である。また、ベートーヴェンの性格や政治思想、宗教性などに関しても、章をひとつずつ当てて論究しているが、それらを敢えて大雑把に要約するならば、ベートーヴェンが、後世からはロマン派的なものへと引き付けて解釈されてきたものの、実際には啓蒙主義思想に立脚していることを明らかにしたものと言える。第九章「ロマン派音楽とベートーヴェンの音楽との本質の相違」では、譜例も数多く用いて音楽の特徴が具体的に検証されており、今日でも参照する価値が高い。残念ながら、本章では、シュミッツがすべての源流と位置付けているベッティーナの記述の特徴を簡単に紹介するにとどめざるを得ないが、そのほかの論点に関しても、いまなお立ち返って再検討するに値する価値を充分に有している。

シュミッツと同じ一九二七年にベートーヴェンに関する著作を発表し、まったく別の観点からではあるが、やはり後世が作り上げた作曲家像に批判的な目を向けたのがドイツの音楽美学者・音楽教育家・作曲家のアウグスト・ハルム（一八六九〜一九二九）であった。ハルムは、ミュンヘンの王立音楽院でヴァイオリン、ピアノ、オルガンを学び、作曲家のヨーゼフ・ラインベルガー（一八三九〜一九〇一）に対位法と作曲を師事した。その後は、学校教育や演奏団体の指導などに勢力を傾け、そうした現場に即した作品も含めて創作を行なったほか、とりわけ著述家として数多くの執筆をし、『南ドイツ新聞』の批評家を務めた時期もある。彼は「主として音楽理論家や音楽学者ではなく、芸術家であり音楽教師」であって、「彼の著作は全体が音楽への『入門』であった」(Stephan 2016: Würdigung) と位置付けられており、実際に一九二七年の『ベートーヴェン』は、註が一切なく、口語調で非常に平明に書かれている。

ハルムは、すでに一九一三年、自著『音楽の二つの文化について』において、音楽に本質的に備わっている性質に着目せず、作曲家の個性の表現ばかりに耳を傾け、理解し、評価することを厳しく批判していた。

［古典派の主題というのは、］バッハによる最高の主題がそうであったような、自身が物語を有していて出来事であるような主題というよりも、［自身が］物語るような主題なのである。つまり主題の力と美と魅力は、その振る舞いとジェスチャーにあるのであって、その存在や性質にあるのではない。より自由に現れ、それ自体は緻密ではなく、弱い。あまり強くないので、あまり必然性もない。いっけん花咲かりだが、その生育は乏しく、根もそれほど深くない。これらの主題を低く評価するつもりは毛頭ないが、有機的にあまり発展させられていないこの種をより高度な［バッハのような］種と同列に並べるつもりも全くない。両者の違いに総じて鈍感になったのは、古典的作曲家そのものというよりも、むしろ無思慮な古典的作曲家崇拝のせいであろう。（ハルム 2017: 164–165）

このような前提に立っていたからこそ、ハルムは一九二六年、ベートーヴェンが持ちうる重要性について同時代の聴衆に向けて書くように要請された際に快諾し、わずか半年にしてモノグラフを書き上げたのだろう（Rothfarb 2009: 40）。彼は、ベートーヴェン受容の在り方を次のように痛烈に批判する。

ベートーヴェンは、激しい情動と反逆（巨人のような反逆と好んで言われる）、諦め、服従、厭世観、苦痛の克服、あるいは運命と現世的なものを超越することを、音楽によって表現したのだと言われている。つまるところ、無数の気分や心理状態、思想に対して、単に的確で生き生きとした表現を与えたというだけでなく、究極の言葉、それもしばしば最初で最後の言葉を発したというのである。そうだとしたら、ほかに何か望むものなどあるだろうか。

(Halm 1927: 30–31)

そしてハルムは、人々が「感動させられ、心を奪われ、身震いし、衝撃を受けるのに飽きてしまった」と指摘している(Halm 1927: 53)。矛先は、必ずしもベートーヴェンの音楽そのものに向けられてはいないが、ベートーヴェンの重要さが相対化されている点は、とりわけこの時代としては目を引くものがあるし、主観性に没入してゆくような聴取の姿勢に警鐘を鳴らす意図は明確である。

シュミッツもハルムも、「楽聖」の没後一〇〇年を記念して、伝記を書くようなことは試みなかった。むしろ、人物にばかり向かう関心に対し、冷静に牽制したとも見ることができる。とはいえ、いわば「ロマン派的な装飾」を複数の観点から学問的に冷静に取り除こうとしたシュミッツに対し、ハルムは作品から、作曲家ではなく、音楽的な本質を聴き取ろうとした。二人の手法はまったく異なるし、恐らくは想定した読者も異なっていたであろう。それでもなお共通しているのは、作曲家の人間性にばかり目を向ける作品鑑賞の在り方への真摯な批判であったと言えよう。

まとめ

本章で見てきたのは、一九二〇年代の研究の非常に大まかな動向に過ぎない。**資料**を手掛かりにした研究史の概観という手法のせいもあって、主としてドイツ語圏における「ベートーヴェン像」を振り返ることになったが、「ベートーヴェン像」がこうした面に限られないのは言を俟たない。「ベートーヴェン像」は、フランスにおいても、ソ連においても、あるいは日本においても、いわば「便利に」利用された面が少なからずあり、無論ドイツ語圏においても、まったく別の受容の側面もあった。こうしたことだけを取ってもベートーヴェンは、すでに数多くの「像」を複雑かつ多彩に結んでいたと言えよう。

ただ、いまいちど確認しておきたいのは、すでに一〇〇年前に、真正な資料に迫ろうとする姿勢、あるいはそれを広く提供しようとする姿勢、それまでに纏わされてきた「虚飾」を地道に取り除こうとする姿勢、あるいは音楽作品そのものへと目を向けるように促すような姿勢が、疑いようもなく存在したことである。そこには、現代から見ても、必ずしもナイーヴとは言えない冷徹さがある。もはや単なる「ベートーヴェン崇拝」とは言えまい。

たしかに資料研究は第二次世界大戦後に大いに発展したし、ポストモダンの到来とともに伝統に対するさまざまな批判的視座が提供された。こうしたことによって、我々の知見が飛躍的に広まったことに疑いの余地はない。しかし、だからと言って、それまでひとつの「ベートーヴェン像」が共有されていたわけでは決してないし、今なお影響が残っているかもしれない「ロマン派的なベートーヴェン像」が共通認識でもない。そのことを今一度、冷静に振り返っておく必要はあるだろう。

註

（1） それぞれに英語圏とドイツ語圏を代表する『新グローヴ音楽と音楽家の事典』（『ニューグローヴ』）および『歴史と現在における音楽』（『MGG』）の各第二版における「ベートーヴェン」の項目のこと。詳細については、**資料**に付した註も参照されたい。

（2） Heinrich Schenker, *Die letzten Sonaten von Beethoven: Kritische Ausgabe mit Einführung und Erläuterung*, Wien: Universal, 1913–21. 全四巻に西田紘子氏主導の翻訳あり。

（3） これらには、いずれも日本語訳がある。

（4） Fritz Prelinger（Hrsg.）, *Ludwig van Beethovens sämtliche Briefe und Aufzeichnungen*, Wien et al.: C. W. Stern, 1907–1911.

（5） Emerich Kastner und Julius Kapp（Hrsg.）, *Ludwig van Beethovens sämtliche Briefe*, Leipzig: Hesse & Becker, 1923.

（6） Emily Anderson（Hrsg.u. Übers.）, *The Letters of Beethoven*, 3 Bde., London: Macmillan; New York/NY: St Martin's Press, 1961.

（7） 註4を参照。

（8） Kurt Dorfmüller, Norbert Gertsch and Julia Ronge eds., *Ludwig van Beethoven. Thematisch-bibliographisches Werkverzeichnis*, 2vols., Munich: G. Henle, 2014.

（9） 二重引用符内はシュミッツによるベッティーナの文献からの引用：Arnim 2017: 166.

資料　1920年代に出版された主要なベートーヴェン関連文献

それぞれに英語圏とドイツ語圏を代表する『新グローヴ音楽と音楽家の事典』および『歴史と現在における音楽』の第二版における「ベートーヴェン」の項目の文献一覧から作成。ここではオンライン版を参照（Kerman, Tyson, Burnham, Johnson 2001; Kropfinger 2016）。初版のみを対象とし、書誌情報は大規模図書館やボンのベートーヴェン研究所などの検索エンジンなどを援用して大幅に補足した。全体は年代順、著者の姓のアルファベット順に並べ、著者や編者が特定できないものは、該当年の最後に配した。なお、この**資料**は、あくまで議論の出発点に過ぎないので、一定の網羅性があれば、文献をこれに限定する必要は一切ない。また、昔の文献に関することなので、『ニューグローヴ世界音楽大事典』（『新グローヴ音楽と音楽家の事典』の第一版の日本語訳）でも全体的な傾向に大きな差は生じないであろう。この日本語版では、参考文献のみが別巻に纏められている（Sanley Sadie ほか編、柴田南雄・遠山一行総監修『ニューグローヴ世界音楽大事典』別巻2、東京：講談社、1994年、752～57頁）。ちなみに、ドイツ語の文献が多いので、文献表の書式もドイツ語圏の方式に準じているが、御理解をいただければ幸いである。

〈1920年〉

Altmann, Wilhelm. “Beethovens Umarbeitung seines Streichtrios op. 3 zu einem Klaviertrio.” In: *Zeitschrift für Musikwissenschaft*, III. Jg. (1920): 129–158.

Ernest, Gustav. *Beethoven: Persönlichkeit, Leben und Schaffen*. Berlin: Bondi, 1920.

Heinrichs, Georg. *Beethovens Beziehungen zu Cassel und zu G. Chr. Grosheim in Cassel: ein Beitrag zur Beethovenforschung*. Homberg: Kommissions-Verlag Settnick, 1920.

Heuß, Alfred. “Beethoven in der jüngsten Gegenwart.” In: *Zeitschrift für Musikwissenschaft*, III. Jg. (1920): 237–249.

Ihring, Peter. “Beethovenpflege im vormärzlichen Dresden. Zur Dresdner Auff. der Neunten.” In: *Dresdner Anzeiger*, 16 (1920.12.): 22.

La Mara [Ida Marie Lipsius]. *Beethoven und die Brunsviks: nach Familienpapieren aus Therese Brunsviks Nachlass*. Leipzig: Siegel, 1920.

Saint-Foix, Georges de. “Mozart et le jeune Beethoven, les manuscrits inconnus du British Museum.” In: *Rivista musicale italiana*, 27 (1920): [85]–111.

42 (1921), H. 5: 71–74.

〈1922年〉

Mersmann, Hans. *Beethoven: die Synthese der Stile*. Berlin: J. Bard, 1922.

Oppel, Reinhard. “Über Beziehungen Beethovens zu Mozart und zu Ph. Em.Bach.” In: *Zeitschrift für Musikwissenschaft*, 5 (1922/23): 30–39.

Schweisheimer, Waldemar. *Beethovens Leiden: Ihr Einfluss auf sein Leben und Schaffen*. München: G. Müller, 1922.

Wedig, Hans Josef (Hrsg.). *Beethovens Streichquartett op.18, 1 und seine erste Fassung: Erste vollständige veröffentlichung des Werkes aus dem Beethovenhaus*. Bonn: Schroeder, 1922.

Klaviersonate in c-Moll. Reproduktion nach dem Autograph in der Preußischen Staatsbibliothek in Berlin. München: Drei Masken Verlag, 1922. (Faksimile-Ausgaben 2.)

Albini, Eugenio. “Beethoven e le sue Cinque Sonate per Violoncello.” In: *Rivista musicale italiana*, 30 (1923), H. 2: [203]–222.

〈1923年〉

Frimmel, Theodor von. *Beethoven im zeitgenössischen Bildnis*. Wien: K. König, 1923.

Saint-Foix, Georges de. “Nouvelle contribution àl 'étude des oeuvres inconnues de la jeunesse de Beethoven.” In: *Rivista musicale italiana*, 30 (1923), H. 2: [177]–202.

Schmitz, Arnold. *Beethovens “Zwei Prinzipe”: Ihre Bedeutung für Themen- und Satzbau*. Berlin: Dümmlers Verlagsbuchhandlung, 1923.

Wetzler, Hermann Hans. “Die Geburt der musikalischen Idee bei Beethoven.” In: *Die Musik*, 16 (1923/1924), H. 3: 157–173.

Fis-Dur-Sonate. Original im Besitz des Musikhistorischen Museums von Wilhelm Heyer in Köln. München: Drei Masken Verlag, 1923. (Faksimile-Ausgaben 4.)

〈1924年〉

Leux, Irmgard. “Neue Neefeiana.” In: *Neues Beethoven-Jahrbuch*, 1 (1924): 86–114.

Nohl, Walter (Hrsg.). *Ludwig van Beethovens Konversationshefte*. 1. Bd. München:

Sandberger, Adolf. "Beiträge zur Beethoven-Forschung." In: *Archiv für Musikwissenschaft*, 2. Jg., H. 3 (Juli, 1920): 394–410.

Unger, Max ed.: *Beethoven über eine Gesamtausgabe seiner Werke: Nachbildung eines unbekannten Schriftstücks aus dem Beethovenhaus mit Erläuterungen.* Bonn: Beethoven-Haus, 1920. (Veröffentlichungen des Beethoven-Hauses in Bonn, 1).

Unger, Max. "Beethoven und Rupprecht." In: *Neue Zürcher Zeitung*, Nr. 2099 (1920).

〈1921年〉

Becking, Gustav. *Studien zu Beethovens Personalstil: Das Scherzothema.* Leipzig: Breitkopf & Härtel, 1921.

Leitzmann, Albert. (Hrsg.) *Ludwig van Beethoven: Berichte der Zeitgenossen, Briefe und persönliche Aufzeichnungen.* 2 Bde. Leipzig: Insel, 1921.

Moser, Hans Joachim. "Beethoven und die Zeitstile." In: *Neue Musikzeitung*, 42 (6) (1921): 89–91.

Orel, Alfred. *Ein Wiener Beethoven Buch.* Wien: Gerlach und Wiedling, 1921.

Prod'homme, Jacques-Gabriel. *La jeunesse de Beethoven (1770–1800): avec 3 planches héliogravure et un fac-similéd'écriture.* Paris: Payot & cie, 1921. (2. Aufl. 1927).

Schenker, Heinrich (Hrsg.). *L. van Beethoven, Sonata op. 27, n. 2 (Die sogenannte Mondscheinsonate). Mit drei Skizzenblättern des Meisters, Faksimile-Reproduktion.* Wien: Universal Edition, 1921. (Musikalische Seltenheiten: Wiener Liebhaberdrucke, Bd. 1).

Schering, Arnold. "Zur Psychologie des Beethovenschen Schaffens." In: *Neue Musik-Zeitung*, 42 (1921), H. 6: 85–87.

Thomas-San-Galli, Wolfgang Alexander. "Eine Beethoven-Phantasie." In: *Rheinische Musik- und Theater-Zeitung* 22 (1921): 274f., 286–288.

Unger, Max (Hrsg.). *Ludwig van Beethoven und seine Verleger: S.A. Steiner und Tobias Haslinger in Wien, Ad. Mart. Schlesinger in Berlin. Ihr Verkehr und Briefwechsel: eine Erinnerungsgabe zum 150. Geburtstage des Meisters.* Berlin; Wien: Schlesingersche Buch- & Musikhandlung, 1921.

Zimmermann, Reinhold. "Die zweite deutsche Aufführung von Beethovens Neunter Symphonie zu Aachen am 23. Mai 1825." In: *Neue Musik-Zeitung*,

Nef, Karl. "Beethovens Beziehungen zur Politik." In: *Zeitschrift für Musik*, 92 (1925): 269–275, 343–347.

Peters, Illo. *Beethovens Klaviermusik*. Berlin-Lichterfelde: Chr. Friedrich Vieweg, 1925.

Schenker, Heinrich. *Beethovens Fünfte Sinfonie: eine Darstellung des musikalischen Inhaltes nach der Handschrift unter Berücksichtigung des Vortrages und der Literatur*. Wien: Universal-Edition, 1925. (Zuerst erschien geteilt in *Tonwille* 1 [1921], 5 [1924], 6 [1924]).

Schiedermair, Ludwig. *Der junge Beethoven*. Leipzig: Quelle & Meyer, 1925. (Rev. 3. Aufl. 1951).

Schmitz, Arnold. "Cherubinis Einflußauf Beethovens Ouvertüren." In *Neues Beethoven-Jahrbuch*, 2 (1925): 104–118.

Unger, Max. "Beethoven und das Wiener Hoftheater im Jahre 1807. " In *Neues Beethoven-Jahrbuch*, 2 (1925): 104–118.

〈1926年〉

Bauer, Moritz. "Formprobleme des späten Beethoven." In: *Zeitschrift für Musikwissenschaft*, 9 (1926/27): 341–348.

Frimmel, Thedor. *Beethoven-handbuch*. 2 Bde. Leipzig: Breitkopf & Härtel, 1926.

Herwegh, Marcel und Elie Poirée. *Technique et interprétation sous forme d'essai d'analyse psychologique expérimentale: appliquée aux sonates pour piano et violon de Beethoven*. Paris: Magasin musical, 1926.

Hevesy, Andréde. *Beethoven: vie intime*. Paris: Émile-Paul frères, 1926. (Eng. Ed., 1927, as *Beethoven the Man*).

Hitzig, Wilhelm. "Die Briefe Gottfried Christoph Härtels an Beethoven." In: *Zeitschrift für Musikwissenschaft* 9 (1926–27): 321–40.

Schmitz, Arnold. "Beethovens Religiosität." In: *Bericht über den 1. musikwissenschaftlichen Kongreß der deutschen Musikgesellschaft in Leipzig: vom 4. bis 8. Juni 1925*. Leipzig: Breitkopf & Härtel, 1926.

Sonneck, Oscar George Theodore (Hrsg.). *Beethoven: Impressions of Contemporaries*. New York: G. Schirmer, 1926.

Unger, Max. *Beethovens Handschrift*. Bonn: Verlag des Beethovenhauses, 1926. (Veröffentlichungen des Beethoven-Hauses in Bonn, IV).

Allgemeine Verlagsanstalt, 1924. (8 Konversationshefte von 1819–20.]

Pannain, Guido. "La cultura di Beethoven in Italia." In: *Neues Beethoven-Jahrbuch*, 1 (1924): 184–201.

Reinitz, Max. *Beethoven im Kampf mit dem Schicksal*. Wien; Leipzig; München: Rikola Verlag, 1924.

Sandberger, Adolf. *Ausgewählte Aufsätze zur Musikgeschichte. Bd. II: Forschungen, Studien und Kritiken zu Beethoven und zur Beethovenliteratur*. München: Drei Masken, 1924.

Schenk, Johann Baptist. "Autobiographische Skizze." In: *Studien zur Musikwissenschaft*, 11 (1924): 75–85.

Wetzel, Justus Hermann. *Beethovens Violinsonaten nebst den Romanzen und dem Konzert*. Bd. 1: *Einführung. Erste bis fünfte Sonate und die zwei Romanzen*. Berlin: Max Hesse, 1924. (Max Hesses Handbücher; 59)

Neues Beethoven-Jahrbuch. 1.–10. Jg. Hrsg. von Adolf Sandberger. Augsburg: B. Filser, 1924–42.

Sinfonie /mit Schluß-Chor über Schillers Ode: "an die Freude"/für großes Orchester, 4 Solo und 4 Chor-stimmen, /componirt und /Seiner Majestät dem König von Preußen /Friedrich Wilhelm III /in tiefster Ehrfurcht zugeeignet /von /Ludwig van Beethoven: /125 tes Werk. –[Faksimilewerk]. Leipzig: Fr. Kistner & C.F.W. Siegel, 1924.

〈1925年〉

Deutsch, Friedrich. *Die Fugenarbeit in den Werken Beethoven's*. [Maschinenskript] Diss. Universität Wien, 1925.

Cassirer, Fritz. *Beethoven und die Gestalt: Ein Kommentar*. Stuttgart: Deutsche Verlags-Anstalt, 1925.

Leux, Irmgard. *Christian Gottlob Neefe (1748-1798)*. Leipzig: Fr. Kistner & C. F. W. Siegel, 1925. (Veröffentlichungen des Fürstlichen Institutes für musikwissenschaftliche Forschung zu Bückeburg: Reihe 5, Stilkritische Studien; 2)

Ley, Stephan. *Beethovens Leben in authentischen Bildern und Texten*. Berlin: Bruno Cassirer, 1925.

Marliave, Joseph de. *Les quatuors de Beethoven*. Paris: Librairie Félix Alcan, 1925.

Mies, Paul. *Die Bedeutung der Skizzen Beethovens zur Erkenntnis seines Stiles*. Leipzig: Breitkopf und Härtel, 1925. (Eng. Ed., 1929).

1927, No. 1-2).

Kinkeldey, Otto. "Beginnings of Beethoven in America." In: *The musical quarterly*, 13 (1927): 217-248.

Klier, Karl Magnus. "Beethoven und die deutsche Volksweise." In: *Allgemeiner Deutscher Sängerschaftskalender, Das Sängerjahr 1927*. Wien: Deutsche Sängerschaftsstelle, 1927, S. 392ff.

Kobald, Karl. *Beethoven, seine Beziehungen zu Wiens Kunst und Kultur, Gesellschaft und Landschaft; mit 80 teils farbigen Bildbeigaben*. Zürich; Leipzig; Wien: Amalthea-Verlag, 1927.

Levien, John Mewburn. *Beethoven and the Royal Philharmonic Society*. London: Novello, 1927.

Ley, Stephan (Hrsg.). *Beethoven als Freund der Familie Wegeler-von Breuning: nach den Familien-Sammlungen und -Erinnerungen*. Bonn: F. Cohen, 1927. [Einschließlich der Teile aus: F.G. Wegeler und F. Ries: *Biographische Notizen über Ludwig van Beethoven*, und Gerhard von Bruening: *Aus dem Schwarzspanierhause*.]

Mikulicz, Karl Lothar (Hrsg.). *Ein Notierungsbuch von Beethoven aus dem Besitze der Preussischen Staatsbibliothek zu Berlin*. Leipzig: Breitkopf und Härtel, 1927.

Nagel, Wilibald. *Beethovens Klaviermusik*. In: *Beethoven-Almanach der Deutschen Musikbücherei auf das Jahr 1927*. Hrsg. von Gustav Bosse. Regensburg: Gustav Bosse Verlag, 1927, S. 251-269.

Newman, Ernest. *The Unconscious Beethoven. An Essay in Musical Psychology*. London: A.A. Knopf, 1927.

Nohl, Walther. *Beethoven: Geschichten und Anekdoten*. Berlin: Union Deutsche Verlagsgesellschaft, 1927.

Schmitz, Arnold. *Beethoven*. Bonn am. Rhein: Buchgemeinde, 1927.

Schmitz, Arnold. *Das romantische Beethovenbild: Darstellungen und Kritik*. Berlin und Bonn: Dümmler, 1927.

Sonneck, Oscar George Theodore. *Beethoven Letters in America*. New York: Beethoven Association, 1927.

Sonneck, Oscar George Theodore. *The Riddle of the Immortal Beloved: A Supplement to Thayer's "Life of Beethoven"*. New York: G. Schirmer, 1927.

Sullivan, John William Navin. *Beethoven: His Spiritual Development*. London: A. A. Knopf, 1927.

Vetterl, Karl. "Der musikalische Nachlaßzu Erzherzog Rudolph im erzbischöflichen Archiv zu Kremsier." In: *Zeitschrift für Musikwissenschaft 9* (1926–27): 168–179.

Abert, Hermann. "Zu Beethovens Persönlichkeit und Kunst." In: *Jahrbuch der Musikbibliothek Peters*, 31.1924 (1925): [9]–24.

〈1927年〉

Adler, Guido. *Beethovens Charakter*. Regensburg: Gustav Bosse, 1927.

Bosse, Gustav (Hrsg.). *Beethoven-Almanach der Deutschen Musikbücherei auf das Jahr 1927*. Regensburg: Gutav Bosse, 1927.

Braunstein, Josef. *Beethovens Leonore-Ouvertüren: eine historisch-stilkritische Untersuchung*. Leipzig: Breitkopf & Härtel, 1927. (Sammlung musikwissenschaftlicher Einzeldarstellungen, Heft. 5).

Clark, Rebecca. "The Beethoven quartets as a player sees them." In: *Music and letters*, 8 (1927), H. 2: 178–190.

Engel, Carl. "Beethoven's Opus 3 an 'envoi de Vienne'? " In: *The Musical Quarterly*, 13/2 (1927): 261–79.

Grace, Harvey. *Ludwig van Beethoven*. New York and London: Harper & Brothers, 1927.

Gurlitt, Wilibald. "Robert Schumann in seinen Skizzen gegenüber Beethoven." In: *Beethoven-Zentenarfeier: Internationaler musikhistorischer Kongreß; Wien, 26. bis 31. März 1927* (veranstaltet von Bund und Stadt, unter dem Ehrenschutz des Herrn Bundespräsidenten Mischael Hainisch). Wien: Universal-Edition, 1927, S. 91–94.

Halm, August. *Beethoven*. Berlin: M. Hesse, 1927.

Haupt, Günther: "Gräfin Erdödy und J. X. Brauchle." In: *Der Bär: Jahrbuch der Firma Breitkopf & Härtel* (1927): 70–99.

Howes, Frank. "Beethoven der Tondichter der Demokratie." In *Kulturwille. Monatsblätter für Kultur der Arbeiterschaft*, Nr.4/4 (1927): 67–69.

Hull, Arthur Eaglefield. "Beethoven's Lesser Known Piano Works." In *Musical Opinion and Musical Trade Review* 50 (1927): 791ff. und 889ff.

Ivanov-Boreckij, Michail Vladimirovič. *Ein Moskauer Skizzenbuch von Beethoven*. Moskau: Staatskonservatorium, 1927. (*Musikalische Bildung. Zeitschrift für Musikpädagogik, musikwissenschaftliche Forschung und soziale Fragen des Musiklebens,*

Pharmazeutische Monatshefte, 9 (1928): 29–35, 62–68, 90–93, 107–110, 130–133, 151–155.

Beethoven Handschrift aus dem Beethoven-Haus Bonn. Bonn: Verlag des Beethoven-Hauses in Bonn, 1928.

Beethoven-Almanach der Deutschen Musikbücherei auf das Jahr 1927. Herausgegeben von Gustav Bosse. Regensburg: Verlag Gustav Bosse, 1928.

〈1929年〉

Müller von Asow, Erich Hermann. "Beethoven und Simrock." In: *Jahrbuch /N. Simrock GmbH*, 2 (1929): 11–62.

Schauffler, Robert Haven. *Beethoven: The Man who Freed Music*. Garden City/NY: Doubleday, Doran & Company, 1929.

Senn, Walter. "Das Hauptthema in den Sonatensätzen Beethovens." In: *Studien zur Musikwissenschaft*, 16 (1929): 86–115.

Veidl, Theodor. *Der musikalische Humor bei Beethoven*. Leipzig: Breitkopf & Härtel, 1929.

Tovey, Donald Francis. "Some Aspects of Beethoven's Art-forms." *Music & Letters*, 8/2 (1927): 131–55. (In ders. *Essays and Lectures on Music*, 1949).

Turner, Walter James. *Beethoven: The Search for Reality*. London: Ernest Benn, 1927..

Unger, Max. "J. N.Mälzels Briefe an Breitkopf & Härtel." In: *Der Bär: Jahrbuch der Firma Breitkopf & Härtel* (1927): 135.

Unger, Max. "Zu Beethovens Briefwechsel mit B. Schott's Söhnen Mainz." In: *Neues Beethoven Jahrbuch* 3 (1927): 51–61.

Van Aerde, Raymond. *Les ancêtres flamands de Beethoven*. Malines: W. Godenne, 1927.

Sonate appassionata (en fa mineur, opus 57). Paris: Edition d'Art H. Piazza, 1927.

Beethoven-Zentenarfeier, Wien 26. bis 31. März 1927: Festbericht. Veranstaltet von Bund und Stadt. Vorgelegt vom Exekutivkomitee der Feier. [Vorwort von Guido Adler]. Wien: Otto Maass, 1927.

〈1928年〉

Boettcher, Hans. *Beethoven als Liederkomponist*. Augsburg: Dr. B. Filser Verlag, 1928.

Closson, Ernest. *L'élément flamand dans Beethoven*. Brüssel: Veuve Monnom, 1928.

Halm, August. "Über den Wert musikalischer Analysen, i: Der Fremdkörper im ersten Satz der Eroica." In: *Die Musik*, 21 (1928–9): 481–4.

Herriot, Edouard. *La Vie de Beethoven*. Paris: Gallimard, 1928.

Marliave, Joseph de. *Les quatuors de Beethoven. Publiéavec une introduction et des notes par Jean Escarra. Préface de Gabriel Fauré*. Paris: F. Alcan, 1925.

Nef, Karl. *Die neun Sinfonien Beethovens*. Leipzig: Breitkopf & Härtel, 1928.

Rolland, Romain. *Les grands époques créatrices*. Paris: Éditions du Sablier, 1928–57.

Tovey, Donald Francis. *Beethoven's Ninth Symphony, in D Minor (op. 125): An Essay in Musical Analysis*. London: Oxford University Press, 1928.

Ullmann, Viktor. "Bemerkungen zur Retuschenfrage." In: *Pult und Taktstock*, 5 (1928): 5–8.

Zekert, Otto. "Apotheker Johann van Beethoven: Vortrag, gehalten in der Oesterreichischen pharmazeutischen Gesellschaft am 10. Februar 1928". In:

第2章

映画とベートーヴェン

一九二〇～三〇年代の断片化と神話化

白井史人

はじめに

心から生まれ出て心へ帰る――

ベートーヴェンの有名な言葉を語る男のナレーションに導かれて、映像はボンの街中へと近づく列車の車窓へと切り替わる。列車のなかから手持ちカメラで捉えているのだろうか。背景に流れているのは、ベートーヴェンのピアノ・ソナタ第二三番作品五七（「熱情」）の第一楽章である。カメラを持っていると思われる人物がボン駅のホームに降り立ち、街頭へ出ると、画面はボンの広場に立つベートーヴェン像を映し出す。像の頭には鳩がとまっており、突如、交響曲第九番の第二楽章の冒頭のモティーフが現れる。調子はずれのアンサンブルに導かれて、カメラはおぼつかない足取りで街をさまよう。街角で演奏する楽士やレコード屋のウィンドウに所狭しと並べられたジャケットを一瞥すると、店の中では一人一人の客がヘッドフォンを耳にしながら、ベートーヴェンのものと思われるレコードを並んで視聴している。映像は次第に、そのレコード盤を製作する工場へと移っていく。

一九七〇年のベートーヴェン生誕二〇〇年を記念して製作されたマウリシオ・カーゲル(一九三一~二〇〇八)の映画『ルートヴィヒ・ヴァン』の冒頭の場面である。レコード店に氾濫するベートーヴェンのさまざまな図像の喧しさと、ヘッドフォンから流れる音楽に一列になって耳を澄ませる音楽ファンの静けさは好対照だ。記念年のボンの街を捉えたこうした光景は、ベートーヴェンの音楽、ひいてはドイツのクラシック音楽の流通や産業をめぐる一九七〇年頃の状況を鮮やかに切り取っている。

さて、時計の針を半世紀ほど戻してみよう。この時代に人々はどのようにベートーヴェンと出会っていたのだろうか。

一九二〇年代のベルリンの街を歩く上で、フランツ・ヘッセル(一八八〇~一九四一)以上の適任者はいない。ヴァルター・ベンヤミンと親交を結び、マルセル・プルーストの小説の独訳を手掛けた人物としても知られるヘッセルは、一九二〇年代のベルリンの街を歩き尽くし、めまぐるしく変化する大都市の細部を活写した。その随筆『ベルリン散策』で、彼が街中のベートーヴェンの絵画を目にした際の一節を読んでみよう。

他の売り場では買い手はまだモダンではないままだ。良く知られた絵画《ベートーヴェン》は、薄暗いなか長椅子にうずくまったり、だらりと寝そべった男女たちが、ピアノに耳を傾けて集まっている様子が描かれている。これはまだジャズ楽団を描いた絵画に席を譲ってはいない。

(Hessel 2012: 41)

続く箇所では、巻き髪がモダンガールを象徴する短髪に取って代わられるモードの変化と、ベートーヴェンからジャズバンドへの変化が、時代の移り変わりを示すものとして並列されている。(1) この描写は、一九二七年頃、定型化されたベートーヴェンの図像的表現、ひいては一九世紀以来の芸術音楽の社会的イメージを古めかしいものと捉える視線をさらりと示している。(2)

もしカーゲルが一九二〇年代のドイツで、手持ちカメラで自由にその風景を記録することができたならば、街角に潜むさまざまなベートーヴェンをフィルムに定着させただろう。なかでも、映画館はさまざまな層の「大衆」がベートーヴェンと出会うことができる重要な場の一つとなっていた。映画という新興メディアがまさに大きな変革を遂げていた一九二〇年代、メディアの技術的・社会的な変化と、音楽や芸術に対する捉え方の変化が交錯する地点において、「映画とベートーヴェン」

との関係をどのように捉えることができるだろうか。

ベートーヴェンの視覚的イメージの変遷を論じた研究や（Comini 2008; 渡辺 1989)[3]、映画におけるベートーヴェンの音楽の引用などは、すでに盛んに議論の対象となっている。映画とベートーヴェンの関係としては、生誕二〇〇年にあたる一九七〇年前後の情勢を踏まえた研究が多く、ドイツの伝統的な、「偉大な」作曲家としてのイメージを異化するようなアプローチ——たとえばスタンリー・キューブリック『時計じかけのオレンジ』（一九七二）での電子音に編曲された交響曲第九番の転用など——が注目を集めてきた（Riethmüller 2022)。しかしながら一九二〇〜三〇年代に目をむけると、ベートーヴェンと映画との関係において、断片化と神話化という二つの傾向が同居していたことが見えてくる。前半では、既成曲を切り貼りしながら作られる無声映画作品の伴奏のなかで、ベートーヴェンの音楽や音楽家としてのイメージがどのような役割を果たしたのかを検討する。後半では、こうした楽曲の転用が、映像と音楽がより密接に結びつくトーキー映画において、ベートーヴェン像の国際的流通にどのような機能を果たしたのかを、具体的な作品の分析を通して明らかにしたい。

1　無声映画期のベートーヴェンの「断片化」

一九二〇年代、各国は無声映画の黄金期を迎えていた。くわえて、ベートーヴェンの没後一〇〇周年となる一九二七年は、映像と音声を同期させたトーキー技術を商業映画の主流として定着させるきっかけとなったアメリカ映画『ジャズ・シンガー』（アラン・クロスランド監督、一九二七）が公開された年でもある。無声映画の黄金期とトーキー映画の黎明期が重なるこの時代に、ベートーヴェンの音楽は実際にどのように使用されていたのだろうか。

無声映画期には、映画館ごとの音楽家が、配給される映画に対して音楽を選曲し、ライブで伴奏していた。そのなかで、実際にベートーヴェンのどの作品が、どれほどの頻度で、どのような場面で用いられていたのかを定量的に把握するのは、楽譜資料の散逸などを考慮するとほとんど不可能である。ただし、無声映画の伴奏を論じたいくつかの言説や、伴奏用の模範例として出版された楽曲集などは残されている。これらの伴奏譜や批評、映画館における上映記録などをつぶさに調べていくと、ベートーヴェンの音楽がいかに「断片化」され流通していったのか、そのプロセスが垣間見えるはずだ。

まずは、映画伴奏の実践から距離を取っていた側の声に耳を傾けよう。一九四〇年代に映画音楽に新ウィーン楽派などの新しい音楽語法を導入するよう提唱したテオドール・W・アドルノとハンス・アイスラーは、伴奏のための既成曲の切り貼りを強く批判している。彼らは共著『映画のための作曲』の第一章「偏見と悪しき慣習」で、無声映画期以来の「ストック・ミュージック（Stock Music）」の慣習を槍玉に挙げている。

「ストック・ミュージック」とは、映画に頻出する場面に転用しやすい楽曲を各映画館の楽士達が保管・分類し、「夜の場面」「行進」「ラブシーン」などのカテゴリーに分類して繰り返し使用した楽曲を指す。着目すべきは、こうした転用を「ラベル付け」としてアドルノとアイスラーが「最悪の慣習」と批判する際、その象徴的な例としてベートーヴェンの「月光ソナタ」や「皇帝」といった、いわゆる標題とともに流通する作品が持ち出されることである。

> 最悪の慣習として挙げられるのは、ラベル付けされたわずかな楽曲を飽きることなく使用していることだ。それらの楽曲は、実際のタイトルあるいは伝統的に呼ばれているタイトルによって、伴奏する映画の場面の状況と結び付けられる。
>
> (Adorno/Eisler 2006: 21)

しかし、実際に映画館で使用されていた伴奏の実情を調べると、何らかの「ラベル」として場面と結びつくやり方さえも、まだ「引用としての意義」は残っていたようだ。なかには流通した「標題」とは無関係に、切り貼りされ映画に用いられることもあったためである。

一九二六年から一九二八年にかけてドイツで刊行された『フィルム・トーン・クンスト』と呼ばれる映画伴奏専門誌は、同時代の無声映画伴奏に関する具体的で生々しい記録である。そのなかに、前衛映画『戦艦ポチョムキン』(セルゲイ・エイゼンシュテイン監督、一九二五)に対して、ベートーヴェンの交響曲第五番第一楽章が使用されていたという興味深い記述がある。ソ連で製作された『戦艦ポチョムキン』は、共産主義的・政治的な強いプロパガンダ色と映像上の実験に満ちていた問題作だった。一九二六年、この映画がドイツのとある郊外の小映画館で上映された際の様子を、ベトゥゲという人物が以下のように回想している。

映画『戦艦ポチョムキン』を最初に見たのは、この映画が郊外の小映画館にやってきた時だ。この映画に、楽団は良くも悪くも**モーツァルトを演奏し、物語が緊迫するにつれて、ベートーヴェンの第五交響曲の第一楽章を演奏した。**映画の印象は、私とは無関係の刺激的な共産主義的傾向をもつ作品のひとつで、これが有名な「きな臭い」映画とされていることに驚いた。私はその映画に対して、良いとも悪いとも情熱を掻き立てられることはなかった。　(Bethge 1926: 61、強調筆者)

この映画には、当時、いくつかの無声映画のために特別に伴奏曲を作曲していたエドムント・マイゼル（一八九四〜一九三〇）が映画のために付曲したオリジナルの曲がある。ベトゥゲは、後のそのオリジナルの伴奏による上映と先の上映を比べて、以下のように結論づける。

後になって私はこのフィルムを、この映画のために作曲された音楽と一緒に見る機会があった。今回は驚くほど印象が強く、心がかき乱された。包囲された戦艦から機械がドスンドスンと蒸気を吐き出し、音楽がこの振動と軋みを描写しリズムとして形作ったときに初めて、映像と音のリズムの完全な統一によって、クライマックスの息を飲むような緊張が意図された通りに生じるのである。

ベートーヴェンの響きに対して、［戦艦ポチョムキンの］あらゆる場面は、比較しようもなく下層の世界から生じたものとして、この上なく俗な（banal）印象を与える。身震いするように飢えた革命の対極にある崇高な音楽とは、まったく共通するものがない世界のものだ。

（Bethge 1926: 61、強調筆者）

映像と音響が統一される新しいメディア状況のなかで、「崇高な」ベートーヴェンが断片的に映画の伴奏に挿入されると、良い意味での写実的で「俗な」世界との乖離が生まれるというのだ。こうした感覚は、一九二〇年代の社会情勢のなかで、ベートーヴェンの音楽、および関連する伝統的なドイツ音楽のイメージと、新しいメディアとの間には距離があったことを示している。

2 「断片化」への抵抗？——伴奏音楽の改善の動きとベートーヴェン

一九二〇年代は、アドルノ／アイスラーによって強烈に批判された既成曲の切り貼りや転用が普及していた一方で、こうした実践を改善し、映像と伴奏との統一を目指す動きも顕在化していた。その実践を記録した最大規模の書籍が『一般映画音楽ハンドブック *Allgemeines Handbuch der Film-Musik*』である。この『ハンドブック』は歴史・理論を扱う第一巻と、伴奏楽曲例をまとめた第二巻からなり、映画伴奏に頻出する場面項目ごとにさまざまな伴奏譜例を例示している。三〇五〇に上る伴奏例は、マスネ、ヴェルディ、レオンカヴァッロ、プッチーニらの作品の抜粋も多く含んでいる。

しかし、こうした伴奏例のなかでベートーヴェンの楽曲は思いのほか少ない。掲載されているのは《シュテファン王》序曲、《タルペヤ》のための勝利の行進曲、《献堂式》序曲の三曲のみで、延べ五つの場面への例にとどまる（表2-1）。楽曲は劇作品の付随音楽で、「のんびりと、古風な」といった場面のほか、「祝祭行進曲」「ファンファーレ」など、きわめて限定的なレパートリーと場面に限られている。(4)

ここでは《シュテファン王》序曲を「のんびりとした室内」場面の伴奏に使用する場合の、具体的な抜粋方法を検討してみたい。『ハンドブック』には第九～一六小節、第二五～三六小節のみを反復するよう指定がある。冒頭のロングトーンでハーモニーのみが変化していく不安定な部分を取り去り、牧歌的な旋律のみが取り出されていることが分かる（譜例2-1）。

全体としてみるとハイドン、バッハの用例も少ない。無声映画伴奏におけるドイツのレパートリー拡充を目指してはいるも

掲載楽曲	掲載番号	場面指定			備考（抜粋方法など）
		大区分	中区分	小区分	
《シュテファン王》序曲	2355	民衆の集い	のんびりと、気楽に、古風に	のんびりとした室内	冒頭第9-16小節→第25-38小節→第9小節
《シュテファン王》序曲	2654	民衆の集い	大勢の動き	祝祭的な歓喜	
《タルペヤ》のための勝利の行進曲	1880	国家と教会	大規模な祝祭行進曲	勝利の行進曲	
《献堂式》序曲	1881	国家と教会	大規模な祝祭行進曲	ファンファーレの終止を伴う古い様式の祝祭行進曲	
《献堂式》序曲	1916	国家と教会	ファンファーレ	ファンファーレ行進曲	

表2-1 『一般映画音楽ハンドブック』（1927年）に伴奏例として掲載された

譜例2-1　場面内容：のんびりとした室内（Beschauliches Interieur）の抜粋部分（枠線部）

のの、「交響曲」を中心とした純粋器楽曲は多くはみられない。先述の『戦艦ポチョムキン』のような極端な「断片化」とまでは言わずとも、部分的に抜粋し反復する必要がある伴奏の実践のなかで、交響曲は模範的伴奏曲例としては扱いにくいジャンルであったことを示唆している。

3　作曲家映画による「神話化」

ベートーヴェンは、近年の『不滅の恋、ベートーヴェン *Immortal Beloved*』（バーナード・ローズ監督、一九九四）や『敬愛なるベートーヴェン *Copying Beethoven*』（アニエスカ・ホランド監督、二〇〇六）にいたるまでさまざまな作曲家映画の題材となった。こうした映画化は作曲家の「神話化」の一端を担ったが、その動きは無声映画期からすでに盛んであった。ここからは、先の断片化とは別の角度から、ベートーヴェンと映画との関係を見てみたい。

ベートーヴェンの生涯を描いた無声映画の初期のものとしては、一九〇九年のエジソン社による『ベートーヴェンの月光ソナタの起源』がある。(5) その後、一九一七年には『魂の殉教者 *Der Märtyrer seines Herzens*』（エミール・ユスティッツ監督）が公開された。そして無声映画期のベートーヴェン作品の頂点をなすのは、一九二七年にオーストリアで製作されたハンス・オットー・レーヴェンシュタイン監督による『ベートーヴェン *Beethoven*』である。『魂の殉教者』と同じ役者フリッツ・コルトナーがベートーヴェンを演じ、「大衆へ人間ベートーヴェンを近付ける」という記事が残っている（Anon. 1927b）[6]。

この映画は、ボンでの神童時代、ハイドンとの出会い、ウィーンで作曲に打ち込み周囲から距離が生じ始める時期、ジュリエッタへの恋と失恋、ナポレオンへの熱狂と失望、甥のカール、テレーゼらとのエピソードを経て、難聴や病にむしばまれながらも後期の大作を完成させて生涯を全うするベートーヴェンの一生が描かれる[7]。同時代にこの『ベートーヴェン』に対して特定の音楽が作曲された記録は残されていないものの、映像をもとに、本作におけるベートーヴェン像の特徴を、両大戦間期のベートーヴェン受容の文脈のなかで探ってみたい。

映画の冒頭では、ライン川沿いのボンに生まれ、チェンバロ演奏に才能を示す少年ベートーヴェンの場面が描かれる。一九二〇年代の政治的右派によって盛んに主張されたベートーヴェンの出自の「ドイツ性」（Dennis 1996: 127）に関しては、さほど大きく問題化されていない。

まず目につくのは、ボン時代のライン川、ウィーン時代の森など、自然への憧憬というロマン派的ベートーヴェン像が繰り返し強調される点である。またライブで音楽伴奏がなされていた無声映画期の特性として、上映の際に該当する楽曲を演奏しやすい構成となっている部分も見逃せない。ジュリエッタがいわゆる《月光ソナタ》の演奏を求める場面では、ベートーヴェンによる演奏場面のショットに続いて、月光の森を描いた絵画のスチルが続く。スチルである以上、上映の際にフィルムの映写速度を調整してライブの演奏に合わせることもできる。オペラ《フィデリオ》作曲の場面では、構想中のフィデリオの舞台風景が円形のワイプで二重になる編集もみられ、場面に合わせて該当する音楽が演奏された可能性も十分に考えられる(8)。

　政治的スタンスに関しては、共和制への共感などのリベラルな側面のベートーヴェン像が強調されており、第三交響曲の作曲をめぐる場面では、総譜に記された「ボナパルテ」を消し去る場面も描かれている。しかしながら、ワイマール期に右派によって強調された反フランス性や国際化への批判といった側面が強調されるわけでも、反対に左派によって強調された貴族社会への反発といった側面が前面に出ているわけでもない。映画としては、音楽に打ち込むことで深まる社会的孤立と度重なる失恋などによる実存的な危機、さらにその克服に焦点が当てられている。

　こうした映画全体のトーンのなかで、クライマックス近く、晩年のベートーヴェンが森のなかで作曲の構想を練る場面は、やや異質な演出となっている。寒々しい森の斜面の岩にひとり、ペンとノートを持って腰かけるベートーヴェンのロングショットののち、顔のアップに、ナポレオン戦争やウィーン会議にいたる同時代の戦乱を思わせるショットが二重写しとなる。作品名こそ言及されていないものの、直前に教会を訪れる場面があり、直後に一八二六年に病に倒れた描写が続くことを考慮すれば、第九交響曲や《ミサ・ソレムニス》などの社会的・宗教的メッセージを持った大作の構想場面と想定される。ナポレオン戦争を経験したベートーヴェンにとっての「戦後」の風景は、ワイマール期に映画でさかんに描かれた第一次世界大戦の戦場描写と重なっていく。一種の「戦後」映画の系譜に一九二七年の映画『ベートーヴェン』が置かれていることに、同時代のベートーヴェン受容と映画史の交錯を見ることができるだろう。

4 「ベートーヴェンの名のもとに文化プロパガンダを!」――映画館におけるベートーベン記念行事

ベートーヴェン受容の大衆化と映画との関係を考える上では、映画テクストのなかでのベートーヴェン像にとどまらず、ひとびとが集まる映画館という空間にも目をむける必要がある。興味深いことに、映画専門の日刊紙『フィルム・クーリエ』にも、一九二七年初頭には多くのベートーヴェンに関する記事が掲載されている。一九二七年一月から五月にかけて掲載された一三本のベートーヴェン関連記事からは、ベートーヴェン関連のイベントを催すことが、その映画館の「芸術性」を誇示する格好の機会となったことが浮かび上がってくる。

なかでも最も規模が大きかったのは、ミュンヘンのフェーブス・パラストにおけるベートーヴェン祭である。フェーブス・パラストは、当時のドイツ全体でも、収容人数が大きい最も華やかな映画館の一つであった。一九二七年三月二五日に開催されたベートーヴェン記念祭では、作家のハインリヒ・マンの演説に続き、州立歌劇場の演奏家たちによってベートーヴェンの《三重協奏曲》と《第五交響曲》が演奏された。映画上映に付随する実演の枠を大きく超えたプログラムとなっていたことが分かる(図2-1)。

ベートーヴェン祭の開催は、大都市における大規模な映画館にとどまらなかった。三月二六日に掲載された「国内の映画館におけるベートーヴェン祭」では、ハーブルクのウニオン劇場がベートーヴェン週間を実施し、通常よりも「増強された」一四名のオーケストラを伴って映画『ベートーヴェン』が上映されたことが報じられている。そのほか、デッサウのキャピトル映画館、ライプツィヒのウーファ・パラスト・アストリア、北ドイツのシュトラールズント、シェニンゲン、またニュルンベルクの交通博物館における「文化映画劇場」でも映画『ベートーヴェン』が上映された記録が残る。(9)

ベートーヴェン記念行事が、音楽というジャンルを超えて地方映画館を巻き込んで広がったのはなぜだろうか。その背景には、映画館が、より「高尚な」空間としてみずからを示したいという欲望が透けてみえる。一九二七年二月二六日の無記名の記事「ベートーヴェン没後一〇〇年」では、一定の規模の伴奏オーケストラを備えた映画館のみならず、二〜三名の楽士しかいない、もしくはたった一人のピアノ伴奏のみの小規模の映画館であっても、ベートーヴェンの記念祭に参加することが「義務」であるとされる。その記事を結ぶ呼びかけは、「ルートヴィヒ・ベートーヴェンの

9. Jahrgang — Nr. 73
Einzelpreis 15 Pfg.
Film-Kurier
Theater · Kunst · Varieté · Mode
TAGESZEITUNG
Berlin, Sonnabend, 26. März 1927
Die Beethoven-Feiern im Kino.
Weltfeiertag im Zeichen Beethovens.
Gedenkfeier der Nürnberger Kulturfilmbühne.
Heinrich Mann spricht im Münchener Phoebus-Palast.
Beethoven-Feiern im Kino des Reiches.
Beethoven-Filmfeier in Paris.
Die Ufasanierung.
Ein Konsortium garantiert die Kapitalserhöhung. Keine Zerschlagung der Ufa-Organisation.
Prinz Louis Ferdinand
PHOEBUS FILM A-G
Der Kolonialskandal
Einer gegen Alle
Die drei Niemandskinder

図2–1　『フィルム・クーリエ』1927年３月26日、表紙
「映画館でのベートーヴェン祭」

名のもとに、文化プロパガンダを！」というものであった（Anon 1927.2.26）。

作品とその上映空間を巻き込んで展開したベートーヴェン関連のイベントは、映画の「芸術化」をアピールする格好の材料となった。一九二七年は、映画史においては『ジャズ・シンガー』の成功による無声映画からトーキーへの転換点として記憶されている。しかし、ベートーヴェンと映画との共犯関係に目を向ければ、無声映画という新しいメディアが、ライブ伴奏などを取り入れながら、大都市にとどまらずに地方都市へと普及し、そのなかで新たな「芸術」としての地位を手に入れようと模索していた年にほかならないことが浮かび上がってくる。無声映画期のベートーヴェンに関しては、現場での実践における断片化の横行に伴うジレンマと、映画という新たなメディアを通した流通という、双方の側面が絡み合っていたことが分かる。

5　トーキー映画による新たな視聴覚表現

一九二七年の『ジャズ・シンガー』の世界的成功を経て、一九三〇年代に入るとドイツを含むヨーロッパ各国でもトーキー映画の製作が主流となる。こうした流れのなか、日本でも一九三一年に国産の長編劇映画『マダムと女房』（五所平之助監督）が公開されるなど、トーキーへの移行は世界的なものとなった。映像と音楽を一対一に、より緊密に対応させることが可能になった新たなメディアにおいて、ベートーヴェンの音楽はどのような機能を果たしたのか。本節では、日独仏の具体的な作品分析を通して、一九三〇年代という時代の情勢と絡み合いながら展開してゆくベートーヴェン受容を、さらに追いかけてみたい。

まず一九三〇年代のベートーヴェンと映画との関係において、もっとも有名で、世界的にも大きな成功を収めた映画『楽聖ベートーヴェン *Un grand amour de Beethoven*』（アベル・ガンス監督、一九三六年、フランス）を検討してみよう。ウィーンに移ってからの恋愛や難聴などの著名なエピソードを連ねたこの映画の音楽は、ベートーヴェンの作品からの断片的な引用によって成立している。《月光ソナタ》や交響曲第五番、第六番などを多用する本作の音楽の楽曲選択や抜粋方法には、一九二〇年代の無声映画伴奏の慣例が透けて見えるほど著しい「断片化」が生じている。

しかし、無声映画期からのこうした連続性が見て取れる一方で、トーキー映画によってはじめて可能となる表現により、立体的な視聴覚表現が生まれている点も見逃すことはできない。ここでは、とりわけベートーヴェンが難聴に苛まされ始める場面から、交響曲第六番の作曲にいたる場面を分析してみたい。

まずはベートーヴェンが自らの難聴が進行していることに気付く場面の描写を検討してみよう。「ベートーヴェンの人生でもっとも悲劇的な朝を迎えた」（32:47）という字幕から始まる場面では、仕事部屋にいるベートーヴェンのショットの背景に奇妙な騒音が付されているが、別の登場人物である使用人のピエールを捉えたショットになると騒音が消える。こうした騒音をめぐる表現にくわえ、辻音楽師が演奏するヴァイオリンの音は、ベートーヴェンが楽師に近づくと、音声が削除される。次に彼の顔のアップのショットが無音状態で続く。そしてベートーヴェンが離れていくと再び音がなり出す。そのほかにも、水車の音、鍛冶屋の鍛冶、動物の鳴き声など、「音が鳴っているはずなのに無音」であるシーンが続く。ベートーヴェンの主観的な「聴取点」[10]として、映像上は音源が示されるにもかかわらず音響が削られている場面と、第三者の聴取点からの音声が加えられている場面が対置されることで、音の不在が表現されているのである。

この場面では、いわゆるBGMではなく、「物語世界」の音を用いた表現がなされていることに着目する必要がある。映像と音楽との組みあわせに関しては、無声映画期から試行錯誤が行われていたことは前節でも触れたが、音響全般と物語世界との関係をめぐる表現は、トーキー映画の登場によって前景化してきた。こうした映像音響上の新しい表現と結びつくことで、ベートーヴェンの伝記における難聴に苛まされる場面の新たな表現が可能となったと考えられる。

聴取点をめぐる主観／客観の入れ替えを行なった上で、本作はさらに劇的な視聴覚的表現を試みる。それは、ベートーヴェンが交響曲第六番を作曲する場面である。ここでは、先に述べた無音のショットののちに、ベートーヴェンの顔のアップが映し出され、そのとき不意に鐘の音、鳥の声、ヴァイオリンの音、人々の話し声が矢継ぎ早に挿入される。そして最後に、交響曲第六番の冒頭が、オーケストラで響き渡る（39: 24-44）。カメラが捉え続けたベートーヴェンの表情が、わずかに緩む瞬間でもある。音楽は途切れて鳥の声などへ切り替わるが、再び交響曲第六番第一楽章への冒頭へ戻り、第一主題が木管楽器で繰り返される部分が開始する瞬間に、風にざわめく木々のショットへ切り替わる。カメラが次第にティルトダウンすると、森のなかを歩み始めるベートーヴェンの後ろ姿がフレームインしてくる。

これは「自然」の風景のなかで、孤独に沈思黙考するなかで生み出された音楽という一種のクリシェとなった描写の反復と捉えることもできる。ただし、音や音楽が物語世界に対する位置づけを細かく変化させながら、リアルとも想像上ともつかない音楽の生成の場面を形作っていることに気づくだろう。ここで聞こえてくる交響曲第六番の冒頭は、ベートーヴェンが楽想を捉える瞬間として提示されていると同時に、映画館で映像と音楽を楽しむ観客にとっては、伴奏音楽としての非物語世界の音楽と同質の聴覚体験を与えるものとなる。その際に、音楽のみならず、効果音を組み合わせながら主観的／客観的な聴取点を切り替えることで、物語世界の音楽と非物語世界の境界をかく乱するものとして音楽が提示されていることが分かる。

後に続く交響曲第六番の第四楽章の嵐の表現を作曲する場面では、嵐が吹き荒れるなかで一人恍惚とピアノを弾き、「私は聞こえる！」と叫ぶベートーヴェンがカメラに捉えられる。ここでベートーヴェンはピアノを弾いているが、映像にはオーケストラの音が付されている。さらにこの場面では、ピアノで作曲をするベートーヴェンの様子を見守るピエールらも登場する。ベートーヴェン自身の主観的聴取点、物語世界の別の登場人物の聴取点、さらに映画館でその作品を見守る観客といういくつかのレベルが重ね合わさることで場面の音響が構成されている。物語世界で響いているはずのピアノの音は聞こえないが、サウンドトラックに流れる該当部分のオーケストラの音楽は、映像上のピアノ演奏と同期することで、物語世界の内と外の境界に響く音楽と位置づけられるだろう。タイミングを同期させているにもかかわらず、異なる音色が流れるというトーキー映画特有の視聴覚表現で、ベートーヴェンの内的な音響世界が描かれているのである。

この映画を監督したアベル・ガンスは、一九二〇年代には極めて先進的な技法を駆使した『鉄路の白薔薇』や伝記映画『ナポレオン』でフランス映画を牽引していた監督であった。映画という新興メディアにおける無声映画期以来の「断片化」の影響を色濃く残しつつも、映像と音声を掛け合わせた新たな表現を試みるより所として、ベートーヴェンという形象が機能したのである。また第二次大戦の直前の時期に、フランス映画のなかでベートーヴェンが取り上げられている点には、フランスにおけるベートーヴェン熱の盛衰との関係が見て取れるだろう。

6　『間諜ヨハンナ』――サウンドトラックとしての交響曲第三番

次に、一九三四年にドイツで製作された映画『間諜ヨハンナ *Schwarzer Jäger Johanna*』（ヨハネス・マイヤー監督、日本未公開）を検討してみよう。この作品の音楽を担当したヴィンフリート・ツィリッヒ（一九〇五～一九六三）は、ベルリン時代のシェーンベルクの弟子として師と密な関係を築き、エーリッヒ・クライバー（一八九〇～一九五六）のアシスタントやデュッセルドルフ歌劇場の指揮者として演奏家としてのキャリアを築いた音楽家である。

ツィリッヒが映画の音楽を手掛けるようになったのは、トーキー映画の製作技術や形態が定着した一九三四年であった。一九三〇年代後半にかけて、ドイツ映画の音楽では、トーキー化に伴う一時的な音楽の減少から脱し、同時代のハリウッドにおけるスタイナー、コルンゴルト、ニューマンらに比するような「シンフォニック」な音楽のあり方を追求する動きが登場した（Henzel 2013: 249）。ファイト・ハーラン（一八九九〜一九六四）が監督した映画へ多くの音楽を作曲したハンス・オットー・ボルクマン（一九〇一〜一九七七）、無声映画期から映画館において活動し、『アクメッド王子の冒険』などの音楽を手掛けたヴォルフガング・ツェラー（一八九三〜一九六七）、ベルリン・オリンピックへの記録映画の作曲などを手掛けたヘルベルト・ヴィント（一八九四〜一九六五）らは、映画産業がプロパガンダへと取り込まれ拡大する潮流と軌を一にして、ドイツ映画の音楽の大規模化を牽引した作曲家たちである。ヘンツェルはこうした動きが「冒険映画、郷土映画、メロドラマ」などのジャンルを中心に展開した点を指摘しつつ、ボルクマンが作曲した一九四〇年代の『イメン湖 *Immensee*』（一九四三）などの分析を通じてドイツの初期トーキー映画における「シンフォニック・スコア」の特徴を示している（Henzel 2013）。

このように映画の音楽の規模の拡大が進展するなか、ツィリッヒは、初めて音楽を担当した映画『白馬の騎手』の公開に際して発表した小論「『白馬の騎手』への私の音楽」で（Zillig 1934a）、「筋（映画の文学による基盤）、映像的なもの（映画本来の視覚上の問題）、そして音声（これはほとんど音楽と同義）から、新しい高次の芸術的統一を達成すること」が音楽に取り組む際の「芸術上の目標」

であると宣言している（Zillig 1934）。

ツィリッヒは一九三〇年代のドイツで活動を続け、戦後は、西ドイツにおいて演奏や楽譜校訂などの面でも新ウィーン楽派の受容に尽力した。しかし一九三〇年代には、プロパガンダ映画への作曲も行なう立場となった。『間諜ヨハンナ』も、ナポレオン占領下のドイツでフランスへの対抗を続けたブラウンシュヴァイク公を助ける女スパイ・ヨハンナを主人公とした、ナショナリスティックな含意が透けて見える作品である。この『間諜ヨハンナ』においてツィリッヒは、ベートーヴェンの交響曲第三番からの転用を織り込み映画全体の音楽を構成した。ここで着目すべきは、無声映画期のような楽曲単位の独立した切り貼りではなく、ベートーヴェンからの転用と自作の伴奏部分が滑らかな移行を目指している点にある。ツィリッヒが述べる「新しい高次の芸術的統一」の試みを、ここでは具体的に分析してみたい。

映画全体のなかで、交響曲第三番からの転用は三か所である。第一の場面は、主人公ヨハンナが、対フランス戦線のために尽力しているコルフェス少佐と馬車で偶然出会う場面である（15:20–18:20）。この場面は、ブラウンシュヴァイクへ向かうヨハンナが乗る馬車に偶然コルフェスが乗り合わせた際に、フランス側からの攻撃を受け少佐は捕縛されるものの、間一髪でブラウンシュヴァイク公宛ての手紙をヨハンナへ預ける緊迫感あふれる場面である。

ここで交響曲第三番が引用されるのは、コルフェスが手にしているのが、ほかならぬ第三交響曲の楽譜であるためであろう。コルフェスが総譜を開くのと同時に、第一楽章の第一主題の部分が非物語世界の音楽として現れ、その後もツィリッヒが作曲した音楽のなかに時折第三交響曲の主題が織り込まれる。馬車を追うフランス側のファンファーレで音楽は一時中断するが、コルフェスはブラウンシュヴァイク公への手紙を楽譜に挟んでヨハンナへと託す。ヨハンナが楽譜を開き、その献辞によってヨハンナがコルフェスの名を知る瞬間に、第四楽章の第一変奏の旋律が登場する。

次に第三交響曲が登場するのは、ヨハンナが、戦闘による負傷者たちのなかにコルフェスの姿を探す場面である（1:04:36–1:06:18）。負傷者たちを収容する病棟でコルフェスの行方を聞き出そうとするヨハンナの場面で、画面の外からオルガンの演奏が聞こえてくる。演奏しているのはコルフェスその人で、弾いている旋律は第四楽章の主題なのである。ヨハンナがゆっくりとオルガンに近づくにつれて、コルフェスの演奏では、低音域での主題の演奏に変奏が重なっていく。演奏を終えて立ち上がったコルフェスは、振り返ってヨハンナと抱擁を交わす。主人公の再会という映画の最も重要な場面の一つでベートーヴェンの音楽が物語世界内の音楽として織り込まれている点に、ツィリッヒのこだわりが見て取れる。

最後の引用は、コルフェスの頼みによってヨハンナがハノーファーへ向かうものの、引き返して戦闘に参加する場面である（1:18:25–1:20:04）。場面の冒頭ではツィリッヒによる非物語世界の音楽が流れているが、ヨハンナが馬車を降りて男装し、馬に乗り込み戦闘へ参加しようとする部分で、第四楽章の第一変奏の旋律が登場する。こうしたヨハンナの「英雄的」行為を、物語世界のなかでのコルフェスとの関係と重なる形でベートーヴェンの第三交響曲が伴奏していくのである。

こうした転用も断片化の一種と言えるが、ベートーヴェンの交響曲第三番第一楽章を、映像の進行に合わせてツィリッヒが作曲した部分と細かく組み合わせ、円滑に映像と音楽が同期するよう試みられたことが分かる。単に伴奏音楽に既成曲を組み込むだけではなく、物語世界内のオルガン演奏で変奏曲の主題を演奏させ、後続する場面の非物語世界の音楽で変奏させる構成によって、トーキー映画ならではの映像と音楽の組み合わせを実現している。

この『間諜ヨハンナ』が製作された一九三四年、ツィリッヒは「音楽とドイツ映画」と題したインタビューで、「血と大地」から生まれた映画の音楽のあり方を理想として語っている。

> 映画の音楽は音響の書割でも、ある目的に奉仕する手段でも、また何らかの口実としてそこにあるわけではない。むしろ重要で芸術的な要素として、映像と筋という他の要素と等価なものである。音楽は映像と筋とともに、芸術的に価値が高い映画の顔を形作るのだ。そして映画音楽も血と大地に根差すものでなければならず、我々の文化を高く導くという責任を伴う。そのようにしてのみ、一つの映画を音楽的に深化させるという偉大な仕事は実現される。
>
> (Steinbach 1934)

この言葉は、映画専門の日刊紙に掲載されたインタビューの結語であり、ツィリッヒの本心がどの程度まで反映されているかは判断できない。しかし、ツィリッヒ自身の政治意識とは別に、対ナポレオン戦争期の歴史劇に一九三〇年代半ばの独仏関係を重ね合わせた一種の「文化プロパガンダ」のなかで、ベートーヴェンの音楽がふたたびより所となっていたことが分かる。

最後に、独仏の間で分裂するナショナル・イメージとベートーヴェンとの関係を踏まえ、日本の同時代の動きに触れておこう。『間諜ヨハンナ』よりもさらに明瞭に愛国プロパガンダを意図した映画『世紀の合唱　愛国行進曲』（伏水修監督、一九三八年、音楽：伊藤昇）は、《軍艦行進曲》の作曲家瀬戸口藤吉（一八六八〜一九四一）の生涯を描いた伝記映画である。《軍艦行進曲》などを作曲し、軍楽隊における西洋音楽の導入に大きな役割を果たした瀬戸口が、長引く日中戦争で高まる愛国熱のなかで、再び代表作となる軍歌《愛国行進曲》を作曲する過程を中心に描かれている。

この映画における「作曲家」という形象のモデルとなったのは、一九三〇年代半ばの日本で大きな話題となったシューベルトの伝記映画『未完成交響楽 *Leise flehen meine Lieder*』（ヴィリ・フォルスト監督、一九三三年、オーストリア）と、先のガンス『楽聖ベートーヴェン』と考えられる。軍歌で著名となった瀬戸口を、西洋音楽を習得した「国民的」作曲家として描写する上で、とりわけベートーヴェンが重要な参照項となる。瀬戸口が校庭で練習する学生オーケストラに西洋音楽の神髄を伝えようとする際に指揮したのは、ベートーヴェンの交響曲第三番だった(11)。また瀬戸口の自室にはベートーヴェンのデスマスクが飾られており、目を閉じて口を結びながら曲を構想している瀬戸口と、ベートーヴェンのマスクとを重ねるような構図のショットも登場する。

現時点では、一九三〇年代のトーキー映画におけるベートーヴェンの音楽の使用などを体系的に調査することはできていない。しかしこれらの事例からも、一九三〇年代のトーキー映画を媒体に、映像と音楽が緊密に組み合わさった形でベートーヴェン像が世界的に流通していく過程が見てとれる。その際に、文学での流通や、音楽に限定した受容とは異なり、ベートーヴェンの人間像と作品とが混ざりあう形で世界的普及が進み、さまざまなナショナル・イメージと結びついていったことが分かるだろう。

むすび

本稿では一九二〇~三〇年代にかけて、ベートーヴェンと映画に関して、無声映画期の伴奏における断片化された利用を中心に、さまざまな事例を検討してきた。同じ一九二〇年代においても、ベートーヴェンに対してやや距離を取る言説や見方がある一方、無声映画からトーキー映画への移行においても、伝記映画などを通じた「神話化」の側面は一貫して継続している。とりわけトーキー映画が普及する一九三〇年代には、物語、視覚的イメージ、作品の断片が一体となり、さまざまなナショナル・イメージへと結びついて分岐していったことが分かる。

このような拡散は、本書が問題としてきた「一〇〇年前」が、さまざまなレベルでの時代区分が重なっている時代であることを如実に示している。映画とベートーヴェンという問題に絞っても、ワイマール期からファシズム政権へ移行する社会情勢と、サイレントからトーキーへの転換というメディア史上の条件が偶発的に重なっている。

なお本稿では一九二〇〜三〇年代の状況の特異性へ着眼してきたが、一〇〇年前のベートーヴェンをめぐる状況は、それ以前や、その後のベートーヴェン受容とどのようにつながっているのだろうか。ここで、改めてベートーヴェンの音楽の聴取をめぐる参照性の高い議論であるマーク・エヴァン・ボンズ『「聴くこと」の革命――ベートーヴェン時代の耳は「交響曲」をどう聴いたか』の以下の指摘に耳を傾けたい。

> 第二帝国設立以来、ドイツのさまざまな政治局面のすべてが、その目標を進めるためにベートーヴェンの交響曲を利用したのである。極左から極右まで、異なった種類の信念をもつほぼあらゆる党派が、自らの目的を進めるために、まさに同じ作品を手にしたのである。ワイマール共和国では、左派の人々は《英雄》を革命的な作品と褒め称え、いっぽう、右派の人々は、この曲に軍事力の表象を聴いた。［…］
>
> これらの異なる解釈が互いに共有しているのは、ベートーヴェンの交響曲が個人や地域を超えて国民（民族）的な問題にかかわっているという確信である。この点において、ベートーヴェンの交響曲をナショナリズムの目的を進めるために利用した人々は、ベートーヴェン自身の時代にまで遡る伝統の継承者なのである。
>
> （ボンズ 2015: 187–188）

映画という媒体の登場と進展は、こうした伝統の継承の場を、より広く大衆へと広げる大きな契機となった。本稿で分析した通り、そのプロセスのなかで、無声映画期にも映画の題材や伴奏音楽の素材、さらに映画館の空間形成においてベートーヴェンは大きな役割を果たした。さらに映像と音楽が同期する技術の登場による変化はすくなからぬ影響を与えた。映像を通したベートーヴェン像の流通と変化は、小説や絵画によるベートーヴェン像の受容や、サロン・ミュージックなどでの一九世紀以来の断片的流通と、どの程度異なっているのか。速度や流通規模の拡大と捉えるべきか、あるいは新しいメディアを通した大きな質的変化を伴っているのだろうか。それを判断するには、今後も続いていくであろうベートーヴェンと映像文化との混交を追いかけ続ける必要がある。(12)

註

（1） 絵画のタイトルや画家は言及されていないが、ピアノ一台を取り囲み観客と演奏家が音楽へ没入する図は、ベートーヴェンの視覚化の一つの定型であり、例えば、バレストリエッリによる絵画に類するものであったと考えられる。

（2） 音楽学や作曲家の言説とは別の分野でも、例えばワイマール期のベルリンで活躍した批評家アドルフ・ヴァイスマン『音楽の脱神格化』（一九二八）などは、スポーツ、ラジオ、映画などの普及による当時の音楽文化の変化を伝えている。

（3）こうした図像分析の成果は、二〇二〇年のベートーヴェン記念年に刊行された研究によって、さらに補完されている。ベートーヴェンの視覚的表象の系譜を追いかけたテレスコらの研究は、「自然」「室内」「非物質性」という三つの観点から、視覚的なベートーヴェン受容の変遷をたどっている（Telesco 2020）。

（4）参考までに、モーツァルト二二曲、ウェーバー一五曲、メンデルスゾーン一三曲、ヘンデル一二曲、ハイドンは四曲、バッハ一曲で、最多のマスネは六二曲、チャイコフスキーは六〇曲である。

（5）盲目の女性へ即興的に捧げたというピアノ・ソナタ第一四番作品二七の二の成立をめぐる創作エピソードを描く本作に関しては、ブラウンによる分析が詳しい（Brown 2022: 123–139）。

（6）無声映画『魂の殉教者』は、オーバーシュレジエン地方の映画館で上演の際には「偉大な交響曲演奏会」の機会を提供したという記録も残り、無声映画が伝記や絵画などで流布してきたベートーヴェン像の大衆化のさらなる普及にも一定の役割を果たしたことが窺える（Biel 2014: 73）。

（7）フィルムアルヒーフ・オーストリアに現存するプリントに基づき出版されたＤＶＤは（Arte Edition, 2020）、Raymond Berner によるフランス語の字幕が付されている。

（8）作曲家映画において、その作曲家が作曲をした作品や舞台の場面が映像上に示されるケースとしては、一九一三年に製作されたワーグナーの伝記映画『リヒャルト・ワーグナー』（カール・フレーリヒ監督）にも同様の例がある。

（9）このほか、マクデブルク近郊のゲンティンなどでも開催された。

（10）映像音響研究者のミシェル・シオンは、映像の「視点」に対応するものとして、音響上の「聴取点」という概念を提起している。また物語世界／非物語世界の音響や、音響の不在による表現に関する研究手法は、拙稿『世界は映画でできている』テイク三において詳しく論じた（白井 2021）。

（11）明治学院近代音楽館に所蔵されている伊藤昇旧蔵資料の本作の音楽構成表（F-012-4）には、交響曲第三番の利用箇所に関する指定がある。書き込みでは、「Egmont」という書き込みが修正されて、「Beethoven Symphony No.3 第一楽章」と書かれており、映画全体の音響の構成として意識的に配置されたことが分かる。

（12） 本書の土田による論考のほか、最新のものとしては『新世紀エヴァンゲリオン』（一九九五～九六）や『クラシカ・ロイド』（二〇一六～一八）などのアニメ・シリーズにおけるベートーヴェンの音楽の使用を論じたヤショルトスフキの論考がある（Jaszoltowski 2022: 95–106）。

付記 本稿はJSPS科研費・若手研究「一九一〇～二〇年代の無声映画伴奏のグローバルな展開の解明——日米独の比較研究」（19K12990）の成果の一部である。

第3章

ロマン・ロランのベートーヴェン神話

フランスから日本へ

安川智子

音楽の中に神話構造を見出したレヴィ＝ストロース（一九〇八～二〇〇九）、失われた時から見出された時まで、音楽の引用をふんだんに取り入れた大河小説を創り上げたプルースト（一八七一～一九二二）。彼らの成し遂げたことの起点には、ロマン・ロラン（一八六六～一九四四）が築き上げたベートーヴェンの存在がある。必ずしも直接的な影響関係ということではない。プルーストは「サントブーヴに反論する」の中で、ロマン・ロランのベートーヴェン像に痛烈な批判を向けている（プルースト 1986: 390–395）。またレヴィ＝ストロースは全四巻からなる『神話論理』の第一巻『生のものと火を通したもの』を、序曲や変奏曲など、音楽の形式を借りて綴ったが、彼が神話論理の直接的モデルとしたのは、ベートーヴェンではなくワーグナーの楽劇だった。しかし後述するように、ロランもまた「ワーグナーのベートーヴェン」に大きな影響を受けていた。ロランへの賛否は別として、二〇世紀フランスにおける文学と音楽の新しい共鳴関係には、やはりロマン・ロランの存在が絶対的に必要であった。

ロマン・ロランが描いたベートーヴェンは、それ自体が二〇世紀に神話化した。その神話は世界中に広がり、日本においてもまた、変形して受け継がれた。ロマン・ロランのベートーヴェンとは何であったのか。本章ではベートーヴェンの後期弦楽四重奏曲から、第一四番嬰ハ短調作品一三一の楽章構造を枠組みに借りて、音楽が導くままに二〇世紀の歴史・文学・音楽をめぐる神話構造を解きほぐしてみたい(1)。真の大衆化の前には、大いなる神話化が存在するものである。

1　回顧（一九四一〜一九二二年）　*Adagio*

「親愛なるクローデル　あなたは覚えているだろうか、あの［一八］八九年の春の日曜日を」(Claudel et Rolland 2005: 178)。このように始まるロマン・ロランからポール・クローデル（一八六八〜一九五五）に宛てた手紙は、「戦争の只中（Anno Belli Maximi）」一九四一年一〇月二〇日に書かれ、ロランの『ベートーヴェン、偉大なる創造の時代』第Ⅳ巻の冒頭に献辞として掲載された（表3-4および『全集』第二五巻参照）。ルイ・ル・グラン高等中学校（リセ）の同級生であったロランとクローデルは、二〇歳台になると（ロランはその頃高等師範学校に進学していた）、アンドレ・シュアレス（一八六八〜一九四八）と三人で連れ立って、よくコンサートに出かけていた。献辞には、パリ音楽院の演奏会でベートーヴェンの《ミサ・ソレムニス》を共に聴き感動に見舞われた時の思い出が綴られている。(2) ロランとクローデルはその後全く異なる道を歩み、しかし互いに互いの創作を意識しながら、ロランの晩年に再会を果たしたのだった。その時二人を結びつけた共通の思い出が、ベートーヴェンの音楽である。

ロランは三度に亘り、ベートーヴェンをテーマに新たな「作品」を生み出している。『ベートーヴェンの生涯』（一九〇三）、『ジャン＝クリストフ』（一九〇四〜一九一二）、そして出版が死後にも及んだ『ベートーヴェン、偉大なる創造の時代』（一九二八〜一九四五、補遺一九四八）である。各作品の改訂再版時にロランは新たな序を執筆し、その都度今置かれている境遇から作品の書かれた当時を「振り返る」という作業を重ねていた。ここでロランが後から振り返り執筆した「序」を概観してみよう（表3-1）。

クローデルに手紙をしたためる一〇年前の一九三一年、ロランは『ロマン・ロラン全集』に含められることになった『ジャン＝クリストフ』の序で、この小説を実際に書き出す一九〇三年三月二〇日より一か月前に、「クリストフの死」を書いたことを初めて語っている。(3) あたかも「ジークフリートの死」の構想から長大な《ニーベルングの指環》（四部作）へと発展したワーグナーを思わせるような、創作の秘話である。必然的に読者は「クリストフの死」に象徴的な意味を期待しながら読み進めることになる。クリストフの死の場面とは、ジャン＝クリストフが「聖クリストフ」と

西暦	ロランの作品	フランスの出来事／日本の出来事
1903	『ベートーヴェンの生涯』	
1904〜12	『ジャン＝クリストフ』	
1920		ダンディ《聖クリストフォルス伝説》パリ・オペラ座初演 豊島与志雄訳『ジャン・クリストフ』第1巻刊行（のちにロラン1921年版にもとづき改訳）
1921	『ジャン＝クリストフ』改訂四冊版・序	
1927	『ベートーヴェンの生涯』の新しい序 『ベートーヴェン、偉大なる創造の時代』執筆開始（1928年〜刊行開始） 「ベートーヴェンへの感謝」（ウィーンにおけるベートーヴェン記念祭講演）	ベートーヴェン没後100年祭
1931	『ロマン・ロラン全集』 「ジャン＝クリストフ」の新しい序	ダンディ死去 高田博厚渡仏
1938		片山敏彦訳『ベートーヴェンの生涯』に、ロランによる1927年の序と、「ベートーヴェンへの感謝」（ウィーン講演）が訳出・掲載

表3-1　ロランの自作品における重要な「振り返り」

なり、「新たな一日」が生まれる小説最後の場面である。キリスト教の聖クリストフォルスは、子供を背負って急な川を渡り殉教した聖人である。石のように重くなっていくその子供はイエス・キリストであった。一方ロランのジャン＝クリストフは作曲家であり、今や老年となって病床にある。彼は音楽を聴きながら、心のうちに、ある情景を見る。左肩に子供を乗せて河の中を進むと、鐘の音が聴こえる。新たなる曙を感じつつ向こう岸にようやく辿り着いた彼は、その子供が「生まれつつある一日」であることを知る。実際はクリストフを包み込んでいるのは音楽であり、その音楽のなかで、新しい時代を夢見ながら人生を終えるのである。

『ジャン＝クリストフ』の新たな序が書かれたこの一九三一年、現実世界においても一人の作曲家が生涯を終えようとしていた。ロランの人生に深くかかわったヴァンサン・ダンディ（一八五一〜一九三一）である。ダンディは音楽劇（聖史劇 Drame sacré）《聖クリストフォルス伝説》を作曲し、この作品は一九二〇年六月九日にパリ・オペラ座で初演された。ダンディがロランの小説に影響されていることは明らかだった。『ジャン＝クリストフ』の序で「クリストフの死」に触れるロランが人生最期の時にあったダンディとの過去に想いを馳せていたかは分からない——ダンディの死は同年一二月二日であるし、ロランのキャリア初期から少なくとも一九一一年頃までは、二人は密な協力関係にあったが、その後疎遠となっていた（Saint-Arroman 2015: 16）。しかしベートーヴェンとワーグナーに深く沈潜した文学者（ロラン）と音楽家（ダンディ）は、日本人を含む多くの人々に影響を与えながら、二〇世紀の歴史絵巻を作り上げていく。この同じ一九三一年、日本人彫刻家の高田博厚（一九〇〇〜八七）が渡仏し、ロランと対面する。高田とロランの往復書簡（高橋 2021）は、この一九三一年からロランの死までの日仏の戦況と二人の交流をつぶさに描き出していて感動的であるが、ここにはまた後ほど戻ってくることにしたい。

さらに遡ること一〇年、一九二一年に、ロマン・ロランはもともと三部からなる一〇冊本であった『ジャン＝クリストフ』の決定版を刊行するにあたり、新たに執筆した序（一月一日付）のなかで、「交響曲の四つの楽章のような四巻」となるよう組み直したことを告白している。彼によれば「事実の順序に代えて感情の順序に、論理的で少々外的な順序に代えて、作品を雰囲気や調性（tonalités）の類似性によってまとめるという、芸術的で内的な順序」に置き換えたのだという（Rolland 1921: i）。前年には三幕八場からなるダンディの《聖クリストフォルス伝説》[4]がオペラ座で初演されており、ロランは聖クリストフォルスの物語が実際の音楽劇となって出現していたことを間違いなく知っていただろう。一九二〇〜二一年の『ミュージカル・タイムズ』誌はこの二つの作品を意識的か否か、連続的に取り上げている（Roberts 1920a; Roberts 1920b; Roberts 1921; Calvocoressi 1921）。ロバーツはロランの『ジャン＝クリストフ』が（唯一でないとしても）最初の偉大な音楽小説であると述べ（Roberts 1920a: 675）、その理由を考察している。[5]ロラン自身もまた、『ジャン＝クリストフ』を約一〇年ごとに振り返りつつ、常に自身の小説を音楽的に見直す、というより「聴き返して」いたのである。

さて『ジャン＝クリストフ』と同様、ロランの代表作である『ベートーヴェンの生涯』についてをしている。

も、ロランは一九二七年、ベートーヴェン没後一〇〇年の機会に新たな序を執筆し、「振り返り」をしている。

ここでロランは二五年前の執筆時を振り返り、この書が「音楽学的な著作」ではなく、「感謝の歌」であり「信仰と愛との証し」であったと述べる一方で、ロラン自身は当時、期待を背負う若き音楽学者（それは当時のフランスにおいてとても新しい職業だった）として歩み始めていたことをほのめかしている。そして序の最後に、「著者はベートーヴェンの芸術および彼の創造的人格についての研究へ、より正確な歴史的および専門的性格を持つ別の著作を献じるつもりである」（Rolland 2021: 52）と添えており、実際翌年から、記念碑的な『ベートーヴェン、偉大なる創造の時代』の刊行が始まる。

ロランが一九二七年に振り返った『ベートーヴェンの生涯』と、『ベートーヴェン、偉大なる創造の時代』は、我々日本の読者が想像する以上に、「音楽学者ロマン・ロラン」のなかではひと続きのものであったと考えられる。近年フランスにおいて、音楽学者としてのロマン・ロランが再評価され、新たな『ロマン・ロラン全集』においても音楽関連の巻が最初に刊行された（本書のサン＝タロマン氏によるコラム参照）。ロランの「音楽学者」「音楽史家」としてのキャリア初期に位置する『ベートーヴェンの生涯』については、これら最新の情報により、少なくとも日本における「ロランのベートーヴェン」のイメージとは、異なる姿が浮かび上がりつつある。ロランとダンディの関係性にも着目しながら、希望に満ちたロランの若き日を概観しておこう。

2 ロランとダンディ（一八九二〜一九一一年）

『ベートーヴェンの生涯』一九二七年版の序に書かれているように、一九〇二年にこの書を書いていた頃、ロランは「破壊し更新する幾多の嵐に富む、紆余曲折の一時期」をくぐり抜けつつあり、その時彼を支えていたのがベートーヴェンの音楽だった。そしてロランはマインツで、「ヴァインガルトナーの指揮するベートーヴェンの交響曲の音楽祭を聴いた」（Rolland 2021: 51; 参考ロラン 1938: 11）。

この記述の背景にあるものをもう少し詳しく見ていこう。ロランは一八九二年に知り合った最初の妻クロティルド・ブレアルと一九〇一年に離婚している。セザール・フランクやリヒャルト・ワーグナーを愛する感性豊かなこの女性は、ヴァンサン・ダンディの教え子でもあった（Saint-Arroman 2014: 16）。おそらくダンディは彼女を通して、ロランが準備していた論文（ロランは一八九五年に「リュリ、スカルラッティ以前のヨーロッパにおけるオペラの歴史」というテーマで博士号を取得している）を知り、一八九二年よりロランと手紙を交わし始めた。サン＝タロマンによれば、その交流は一九一一年まで続いた。この年、ダンディは自身の伝記『ベートーヴェン』（d'Indy 1911）を刊行している。

クロティルドとの結婚期間は、ロランが博士号を取得して音楽学者としての仕事が徐々に確立していく時期と重なる。ロランはフランスにおける音楽学分野の博士号取得者としては二人目にあたるため、[6] 自身だけでなく、フランスにおける音楽学の道を作っていく作業も求められていた。当時の駆け出し音楽学者ロランは、音楽史の講義の準備と雑誌における音楽批評の執筆仕事に明け暮れていた。ドイツ語・フランス語で読める文献が揃いつつあったベートーヴェンは、その意味でも彼の「仕事」生活を支えたと言えるだろう。フランスの『ロマン・ロラン新全集』(Rolland 2021) の解説によれば、アンリ四世校（リセ）でのロラン初講義は一八九四年で、ベートーヴェンの生涯と作品がテーマだった。その時の主な典拠資料は、ヴィクトール・ヴィルデルによるフランス語で書かれた『ベートーヴェンの生涯と作品』(Wilder 1883) である。ヴィルデルは一八七七年に『ル・メネストレル』誌で「新資料に基づくベートーヴェンの青年時代」(Wilder 1877) という記事を発表した後、同誌で「ベートーヴェン栄光と苦悩の日々」(Wilder 1878-1879)、「ベートーヴェンの晩年」(Wilder 1880-1881) という一連の連載を経て、それらを出版した。つまりヴィルデルは、レンツの名高い『ベートーヴェンの三つの様式』と同様の三区分式を取り入れている。[7]

さて一八九八年には、ロランはエコール・ノルマル（高等師範学校）でも最初の音楽史講義を行なった。第一回こそ同じ「ベートーヴェンの生涯」であったが、それ以降はドイツの文献を多数参照するようになる。『新全集』解説によると、もっともよく引用されていたのはワーグナーの『ベートーヴェン』（一八七〇）である。これは一八八五年に『ルヴュ・ワグネリエンヌ（ワーグナー評論）』に抜粋翻訳されていたものに基づいており、このワーグナーの『ベートーヴェン』は一九〇一年に『ルヴュ・ブランシュ』で新訳が公開される。

このように講義のための準備に明け暮れていたロランが初めてベートーヴェンについて公に発表したのが、一九二七年の序文で振り返っている「マインツでのベートーヴェン祭」にかかわる記事であった（Rolland 1901: 431-448）。ヴァインガルトナーがベートーヴェンの交響曲全九曲を指揮したこの音楽祭の記事は、一九〇一年に『ルヴュ・ド・パリ』誌に掲載された。いわゆる「演奏会批評」というのではなく、全一七ページに及ぶ立派な評論記事である。冒頭は「ベートーヴェンの思い出は、ドイツ［語圏］のどの国［地域］よりもライン河に深く結びついている」と始まる。当時クロティルドとの離婚が避け難い状態でマインツへ旅したロランは、音楽学者としても重要な仕事に携わっていたのであり、精神と実益の両面でベートーヴェンに救われていたのだろう。

そしてこの記事から発展して、『ベートーヴェンの生涯』（と『ジャン＝クリストフ』の構想）が誕生する。内容面では「音楽学の仕事」の延長線上にあるものの、『ルヴュ・ド・パリ』誌の評論記事と『ベートーヴェンの生涯』では、媒体が要求する文章の体裁は全く異なる。というのも、後者はエコール・ノルマルで知り合ったシャルル・ペギーが一九〇〇年に創刊した『カイエ・ド・ラ・キャンゼーヌ』[8]に含まれるもので、この出版物は昔ながらの「雑誌（la revue）」ではなく、「エディトリアル・コレクション（la collection éditoriale）」という新形態をとっていたからである（Rolland 2021: 33）。読者に直接呼びかけるような、一息で読める分量の演説のような伝記形態は、この『カイエ』の一冊分として、「偉人シリーズ」の第一冊目として刊行されたものだった。「学問的な書」ではないものの、音楽学的な仕事に支えられて生まれたことは、詳細な注から読み取れる。この時期のロランは、「ワーグナーのベートーヴェン」像と、さらに仕事上の密な協力関係にあったスコラ・カントルムの院長、ダンディにも影響されていた。[9] ダンディに対してロランは、一九〇三年に『ルヴュ・ド・パリ』誌に発表した評伝（Rolland 1903: 401-420）の中で賛辞を送りつつもすでにその人物像を冷徹に分析している。一九一一年以降二人は決別し、それぞれのベートーヴェン像を追求していくことになる。[10]

ベルリオーズの頃から続く定期刊行物（新聞・雑誌）における音楽批評の伝統（安川 2019b）、二〇世紀初頭に次々と創刊された重量感のある批評誌の流行（安川 2019a）、そしてフランスで生まれたばかりの音楽学者の居場所という時代の要請の中、出版界も大きな変革期にあった。多くの人すなわち「大衆」に呼びかける目的の『ベートーヴェンの生涯』（初版は二〇〇〇部だったが瞬く間に増刷された）や、おそらく学問としての「音楽学」よりも芸術としての文学・音楽に大きな価値が見出されていた潮流のなかで、「音楽のような小説」を生み出そうとして書かれた『ジャン＝クリストフ』。これらはいずれも、「音楽学者」としての日常の仕事に支えられつつ、時代の革新とつながっていたのである。

3　ベートーヴェン神話とロラン（一九二〇年代）

Allegro moderato

『栄光と苦悩の人生――第三共和制下のベートーヴェン神話』の著者であるマリー・ガボリオー

は、一九〇一年から一九一八年を「ロランのベートーヴェン」の時代としている。彼女によればロランの『ベートーヴェンの生涯』は、ロマン主義的、ワーグナー的なベートーヴェン神話を受け継ぎつつ、当時の文学的熱狂に参加したものであり、ロランの特殊性は、ワーグナーの形而上学が入り混じる一九世紀のベートーヴェン受容と、二〇世紀転換期に特有の道徳的な願望の中間的立場にあった（Gaboriaud 2017: 143）。偉人伝の一冊目を飾る「ロランのベートーヴェン」の成功により、音楽とベートーヴェンに対する好奇心がフランス国民の間に広がり、ベートーヴェンはフランス文化の正典として、あるいは大衆的人気を得た文学領域の主人公としても位置づけられることになった。同時代の人々がよく用いたのは、「記念碑 monument」という言葉だという。ベートーヴェンはフランスの記念碑となり、（あたかもヴィクトル・ユゴーのように）共和国の偉人崇拝の一翼を担うことになった。ロランの書以前にも、同様の伝記シリーズ（ただし宗教的、軍事的、政治的権力者を扱っていた）を刊行していた雑誌『レ・コンタンポラン *Les Contemporains*』は、一九〇一年にベートーヴェン特集号を刊行している（Gaboriaud 2017: 153）（図3-1）。音楽学者であり文学者であるロランのベートーヴェンは、それを当時の人々に寄り添う、より身近な大衆的な人物像へと転換する役目も果たした。

ガボリオーは、ベートーヴェン神話が戦争と共に崩壊することになる、とするレオ・シュラーデの考え（Schrade 1942: 203）には慎重であり、彼が出版の「空白」ととらえた一九二〇年代にこそ、ベートーヴェンの伝記的、神話学的歴史の決定的な瞬間があると断言している（Gaboriaud 2017: 164）。その前段階として、ロラン世代以後の、フランスの音楽学第二世代の成長がある。国際音楽協会のフランス支部から発展したフランス音楽学会を一九一七年に設立したプロドム（Jacques-Gabriel Prod'homme）は、ベートーヴェンについての研究のみならず、一九〇七年から一九二五年にかけて刊行されたフランス語による初めての『ワーグナー著作［散文］全集』の翻訳者としても名を残している（安川 2019a: 36; 安川 2021: 41）。また一九二〇年に『ルヴュ・ミュジカル』を創刊したアンリ・プリュニエール（一八八六〜一九四二）は、音楽学者としての先人ロマン・ロランを信奉しており、一九二七年に国際音楽学会を設立している（安川 2019a: 38）。そして一九二七年の『ルヴュ・ミュジカル』はベートーヴェン特集号であり、プリュニエールはその巻頭記事に、ロマン・ロランによる「ベートーヴェンへの感謝」を置いた。これは同年にウィーンで開催されたベートーヴェン記念祭の講演記録であり、一九三八年に片山敏彦訳で刊行された『ベートーヴェンの生涯』にも日本語で収録されている。

LES CONTEMPORAINS

BEETHOVEN (1770-1827)

I. DÉBUTS DANS LA CARRIÈRE MUSICALE — PREMIERS MAITRES DE BEETHOVEN — SA VISITE A MOZART — IL FIXE A VIENNE SA RÉSIDENCE

Louis Van Beethoven est un des plus grands noms de l'histoire. Il fut, d'après M. Bellaigue, le plus sublime artisan peut-être de la beauté sonore: cet éminent critique le compare à Napoléon, son contemporain. « Chacun des deux, dit-il, a renouvelé un monde. »

Beethoven naquit à Bonn, sur le Rhin, le 17 décembre 1770

Son père, Jean Van Beethoven, était ténor à la chapelle de l'électeur de Cologne, son grand-père avait rempli les fonctions de maître à la même chapelle. Comme Mozart (1), il appartenait donc à une famille de musiciens. Cependant, il ne faudrait pas en conclure que, à l'exemple de ce compositeur, le jeune Beethoven ait manifesté, dès l'enfance, un goût et des dispositions extraordinaires pour la musique. Au contraire, dans son jeune âge, il montra une réelle aversion pour cet art. M. Baden, de

(1) Mozart. Voir Contemporains, n° 49.

図3–1 『レ・コンタンポラン』ベートーヴェン特集号の表紙（筆者蔵）

ガボリオーは、彼ら第二世代のフランスの音楽学者たちによって、（一九二七年以前の）一九二〇年代にベートーヴェンの脱神話化が進んだとしているが、一九二七年の『ルヴュ・ミュジカル』はその見本市でもあった。ただしプリュニエールの配慮により、巻頭にロランの講演記事と、続いてロランのかつての同級生シュアレスの「我々のベートーヴェン」を掲載し、その後に一八七〇年代〜九〇年代生まれの音楽学者たちの様々な観点からの記事を収録することで、ロランの恩恵を受けた音楽学的成果という体裁が整えられている。さらに寄稿者は音楽学者にとどまらない。最後から二つ目の記事「ベートーヴェンの衰退」を執筆したのは心理学を専門とするリオネル・ランドリー（Lionel Landry）である。彼は同じ一九二七年、フランスの心理学ジャーナルに、映画の心理学について、音楽との関係で論文を発表している（Landry 1927; Cohen 2002: 217）[(11)]。そして最後の記事を締めくくるのは、映画もこよなく愛した作曲家シャルル・ケクランによる「ベートーヴェンへの回帰」であり、この二人の記事によって、もはや流行遅れとなったベートーヴェンの再評価が、強く促される形となっている。ロランはここに集合した若い研究者たちの刺激を大いに受けたのだろう。この年から新しいベートーヴェン研究、すなわち『偉大なる創造の時代』に着手することを決意する。つまりロランは、時代の読者層と要請に常に合致した媒体で、ベートーヴェンを提示しているのである。

本章でも一九二〇年代を重視するガボリオーと同じ立場をとり、一九二七年のベートーヴェン没後一〇〇年祭を中心として、あえて一九二〇年代にスポットを当てたい。とはいえここでは彼女の文脈とは異なり、この二〇年代が、ベートーヴェンをめぐるフランスと日本の交流において重要な時期であるという理由からである。高田博厚による『ベートーヴェンの生涯』の翻訳は一九二六年に刊行され、また前述の片山敏彦訳による『ベートーヴェンの生涯』は、フランスの一九二七年版を明確に打ち出すものであった。日本では、むしろ一九二〇年代にこそ、「ロランのベートーヴェン神話」が始まったとも言えるだろう。そしてこの年代に日本における音楽と文学（または造形芸術）の両分野の日本人たちが、フランスへ渡り、別々の道を歩み始めていたロランとダンディのそれぞれから、ベートーヴェンのエキスを吸収した。また一九二一〜二七年に在日フランス大使を務めたポール・クローデルの記録が象徴するように（クローデル 2018）、当時のフランスはドイツに対抗して、日本におけるフランスの文化面での存在感を高めようと腐心していた[12]。「東洋」が重要な関心事となったフランスにおけるロランもまた、第一次世界大戦を経て、その関心は「ガンジー」やインドといった東洋の思想に向かっていた。一九二四年一二月一四日の東京朝日新聞に掲載されたアルス出版社の広告は、すでにベートーヴェンの属していた「西洋音楽的世界」から乖離しているかのようなロランの紹介と、「西洋音楽」の分析的聴き

図3–2　1924年（大正13年）12月14日　東京朝日新聞広告

方の推奨が同居し、時代混合的な様相を呈している（図3-2）。ロマン・ロラン『ガンジー論』の宣伝文では、「時代は行き詰っている。西欧の物質的文明は救いの道を失った」とヨーロッパ文明を「悪魔的文明」と書き、「ベトオヴェンを論じ、ミケランゼロを説き、トルストイを記述した西欧思想の代弁者ロマン・ロランが、この東洋精神の使徒に対していかなる見解を下したかは、時代の思想に棹ささんとする何人も知らんとするところであろう」と書かれているのに対し、小松耕輔訳の『西洋音楽の聴き方』（クレエビイル Henry Edward Krehbiel 著）の宣伝文では、「元来音楽は芸術である［と］共に科学であり、精神的であると共に又物質的なものであるから、其の形式や規則を知ると共に美を認識する聡明なる叡知と感覚とが必要である」と記されている。

ではここからは、日本のベートーヴェン受容の特殊性にも注目し、「ロランのベートーヴェン」と日本とのかかわりをみていこう。次節に進む前に、一九一〇〜二〇年代の日本で刊行されたベートーヴェン関連書籍の一覧を掲げておく（表3-2）。小説『ジャン・クリストフ』[13]はここに含まれていないが、参考までに、『ジャン・クリストフ』の邦訳は、一九一四年に『闇を破つて　ジヤンクリストフ』のタイトルで三浦関造訳が刊行されたのち、一九一七年に一〜三巻、一九一八年に四〜六巻が後藤末雄（国民文庫刊行会）の訳によって刊行されている。また一九二〇年には、豊島与志雄訳による『ジャン・クリストフ（一）』が新潮社から刊行された。

出版年	著者・訳者・編者	タイトル・出版社
1915	ロマン・ロオラン (加藤一夫訳)	ベエトオフェン並にミレエ（洛陽堂）
1919	久保正夫	ベートーヴェンの一生（叢文閣）
1920	江馬修	ベートーヴェン（三幕悲劇）（新潮社）
1921	ロマン・ローラン (木村荘太訳)	ベートーヴェン（人間社） ロマン・ローラン著全集第3巻の内
1923	カール・ライネッケ (馬場二郎訳)	ベートーヴェンのピアノ・ソナタ その解釈と演奏法（中央美術社）
1924	田村寛貞訳著	ベートーヴェンの「第九ジュムフォニー」 (岩波書店)
1924	エルターライン、ノール共著（柿沼太郎訳編）	ベートーヱンの一生と作品研究 (十字屋楽器店)
1924	門馬直衛	ベートーフェン（岡田日栄堂） 音楽家と音楽1
1925	ヂョーヂ・グローヴ (遠藤宏全訳並編注)	ベートーヴェンと彼の交響曲 I–V (岩波書店) 音楽叢書第5編
1926	ロマン・ローラン (高田博厚訳)	ベートオヱン（叢文閣） 改訂1928；普及版1939
1927	兼常清佐	ベートーヴェンの死（岩波書店）
1927	小原國芳編	ベートーヴェン研究（イデア書院）
1928	乙骨三郎	ベートーヴェン（帝国地方行政学舎） 大谷教材研究所編「教材講座」第1巻の内
1928	ワグネル (村井康男訳)	ベートーヴェン（刀江書院） 音楽家叢書第1号
1928	ベートーヱン (中西武夫訳)	ベートーヱンの手紙（啓明社）
1930	ロマン・ローラン (高田博厚訳)	ベートオヱン（偉大なる創造時代） 第1巻（春秋社）

表3-2　小川昴編『本邦洋楽文献目録』(1952) より、1910～20年代のベートーヴェンに関する邦語文献（翻訳を含む）を抜粋し年代順に並び替えたもの

4　ベートーヴェン没後一〇〇年記念（一九二七年）

ベートーヴェン生誕一五〇年の記念年にあたる一九二〇年、学習院の講師であった小松耕輔（一八八四〜一九六六）がパリに降り立った。没後一〇〇年記念にあたる一九二七年には、二一歳の池内友次郎（一九〇六〜一九九一）が、横浜から長い船旅を経てパリに到着した。本節ではまず、ロランの翻訳者とはまた異なる立場のこの二人の作曲家が体験した一九二〇年代のパリにおけるベートーヴェン受容を辿ってみよう。

小松は一九二一年一一月一八日より、東京朝日新聞に「音楽遍路」と題する連載記事を寄稿している。「巴里にて」と題された一連の記事では、四月一六日にパリを経ち、スイスからミュンヘン、ハイデルベルク、ワイマール、バイロイト、ライプツィヒ、そしてベルリン、ウィーン、ボンとめぐり、最後はケルンを発って六月一日早朝にパリに戻るという、主にドイツ語圏を巡る長い音楽紀行の記録が綴られている。その間、バイエルン州立歌劇場で《トリスタンとイゾルデ》を観て、ハイデルベルクの市立歌劇場でベートーヴェンの《フィデリオ》を鑑賞し、コジマ・ワーグナーに会って「この頃では日本でもワグナアのものをしばしば聴くことが出来るようになりました」と会話している（一一月二六日付記事）。ウィーンではシュトラウスの指揮でワーグナーの《ローエングリン》やモーツァルトの《ドン・ジョヴァンニ》を聴き、連載最終回では、ボンのベートーヴェンの生家にたどり着いて、次のように書いている（一二月一三日付記事）。

ボンではベートーヴェンの一五〇年祭を記念して、新に彼の肖像を入れた貨幣を鋳造し、一般に使用しております。私はベートーヴェンの家を辞して「ライン橋」に出ました。橋の上から雄大なる河の姿を眺めていると、何時とはなしに彼の音楽を連想します。あの豪壮な、男性的な、そしてそのうちに蔵された無限の悲哀と、夫れを彩る憂鬱とは、とりもなおさずこの河の姿です。

（小松 1921.12.13）

「ライン河よ、さらば！」と締めくくられるこの記事はまさしく「ロマン・ロランのベートーヴェン」と共鳴している。一方で小松はこの記事を書いた翌年一九二二年二月に、パリのスコラ・カントルムにヴァンサン・ダンディを訪問している。その時を回想した東京朝日新聞の記事「きさらぎの思出（一）」（小松 1924.2.1）で語られているのは、小松がスコラ・カントルムで聞いた、ダンディによるベートーヴェンの交響曲（第三番「英雄」）と劇的音楽（オペラ）についての講義である。

現代仏蘭西楽壇の元老、世界的のシンフオニスト、傑れた指揮者として現在巴里コンセルヴアトアルの管弦指揮法の講座を受け持って居る彼れ、教育家として此スコラ・カントルムの校長として沢山の子弟を有しているヴアンサン・ダンデイ氏が今私の前に立っている。［…］講義は丁度ベエトオヴエンの交響楽の所であった。少し講義を続けたあとで、第三交響楽（英雄シンフオニイ）の総譜を取出し、其第一楽章をピアノでひき出した。何という立派な演奏だ！　あの読みにくいオルケストラの総譜をいかにも楽々とひいて、主題を指摘し、開展部を説明し、転調の関係を話しながら次から次へとピアノをひいていく。

すでに一九二三年に日本に帰国していた小松は、一九二四年二月にこのダンディとの思い出記事を書いたのち、同年一二月二日の東京朝日新聞朝刊に、「第九交響楽の初演を聴く」と題した記事を掲載している。これは、一九二四年一一月二九日と三〇日に、東京音楽学校奏楽堂において、東京音楽学校の職員・生徒によって行われた、日本人による有名な第九全曲初演のことである（指揮はグスタフ・クローン）。本場で多くの音楽だけでなく、ダンディによる交響曲の分析の講義を聴いてきたばかりの小松の演奏評価は手厳しく、特に第一楽章において、「開展部［展開部］としての統一した感じ又は変化に満ちた楽想を聴き取ることが出来なかった」として、指揮者への不満を吐露している。

パリから日本に帰国し、音楽を分析的に研究することの必要性を訴えていく小松は、ラジオでも講座を受け持ち、一九二六年の朝日新聞記事では「西洋音楽を解するには研究より外はない」と訴えている。その発言には、東京音楽学校出身という小松自身の経歴はもちろん、一九二〇年〜二三年の間のフランスの空気も反映されていると言えるだろう。先述したように、その時期のフランスは音楽学第二世代の台頭により、もっともベートーヴェンの脱神話化が進んだ時期でもあった。

日本では一九一五年にいわゆる『ベートーヴェンの生涯』が加藤一夫訳（『ベエトオフェン並にミレエ』）で紹介され、また『ジャン＝クリストフ』も邦訳されたばかりのタイミングである。おそらくそのイメージを携えてフランスに渡った小松であろうが、そこで待ち受けていたのが「ダンディ流」のベートーヴェン理解だった。帰国後の日本における小松の活動は、ロランとダンディのベートーヴェンをブレンドしたかのようで興味深い。それは例えば、小松が始めた「楽聖伝記叢書」の出版にもみられる。ペギーによる偉人伝記シリーズを思わせるこの叢書の第四巻（一九三五）は、小松自身の訳によるヴァンサン・ダンディの『ベートーヴェン』である（同時に諸井三郎による『ベートーヴェン』（一九四八）も同叢書の第四巻とされている）。小松はこのベートーヴェンと第一一巻の『ムッソルグスキー』を除いて、モーツァルト（三）、シューベルト（五）、シューマン（六）、ショパン（七）、メンデルスゾーン（八）、ワーグナー（九）、グノー（一〇）、ドビュッシー（一二）の伝記全てを自身で執筆している（第一〜二巻はやはり小松が執筆したベルリオーズとバッハであると思われるが、刊行年はモーツァルトが先であり、詳細を確認できていない）。作曲家である小松は、ダンディによる伝記について「自ら作曲し得る著者の如き人にして初めて成し得るところであろう。他のベートーヴェン研究者の論評はいずれも此の点に於て隔靴搔痒の感がある」（ダンディ 1934: 3）と述べている。一方で近年、秋田県由利本荘市（現在名）出身の小松について、『西洋音楽の伝道師小松耕輔物語』（原作小林義人、マンガ速水ゆかこ）が「マンガふるさとの偉人」の一冊に収められたのは[14]、とうとう自らが「ロランのベートーヴェン」になったようで微笑ましい（漫画とはいえ、情報量はきわめて充実している）。

さて小松からバトンを受け取るようにパリに渡った池内友次郎は、一九二七年三月一四日のパリ到着後すぐに、ベートーヴェン没後一〇〇年の記念音楽祭に立ち会っている。『池内友次郎書誌』には具体的な年月が記されていないが、「ベートーヴェン没後一〇〇年の記念大演奏会をソルボンヌ大学に聴く。フィリップ・ゴーベール、アンリ・ラボー、ヴァンサン・ダンディの三人の指揮に接する」（『池内友次郎書誌』1988: 94-95）という記述から、この演奏会は同年三月二二日（火）に行われたコンサートで間違いないと思われる[15]。下記はそのコンサートについて報じたフランスの新聞記事である（図3-3）。

M. VINCENT D'INDY

MARDI prochain, il y aura, au grand amphithéâtre de la Sorbonne, commémoration officielle du centenaire de la mort de Beethoven, avec le concours de l'orchestre de la Société des Concerts du Conservatoire. Le maitre Vincent d'Indy, avec MM. Henri Rabaud et Ph. Gaubert, prendra le pupitre, et les amateurs de musique, à l'écoute, pourront bénéficier de cette fort belle manifestation artistique à laquelle les chœurs de la Schola Cantorum apporteront leur concours.

図3–3　EXCELSIOR
1927年３月20日（日）

> 来週火曜日、ソルボンヌ大学の grand amphithéâtre（大講堂）で、コンセルヴァトワール（パリ国立音楽院）コンサート協会の協力により、ベートーヴェン没後一〇〇年の公式記念式典（commémoration officielle）が行われます。ヴァンサン・ダンディ先生が、アンリ・ラボー、フィリップ・ゴーベール両氏とともに、指揮をとります。音楽愛好家たちは、これを聴くことで、このきわめて美しい芸術的催しの恩恵を受けることができるでしょう。スコラ・カントルムの合唱団が、協力します。

これは写真入りの日刊紙として先駆的な存在である高級紙『エクセルシオール』のラジオ番組のページである。左側の番組情報に記載されているとおり、このコンサートは、三月二二日にラジオPTTで放送された。ラジオPTTとは、一九二三年一月二〇日から一九四〇年六月一七日まで放送されていたフランスの国営ラジオ局である。一九三三年に民間ラジオ局「ラジオラ」が国営化され、「ラジオ・パリ」となるまでは、パリで第二の国営ラジオ局だった（フランスでは一九二二年にエッフェル塔ラジオ局が放送されたのが最初の国営ラジオである）[16]。

したがってこの「公式記念式典」は国家的イベントであったと考えてよいが、当日のプログラムを掲載したパンフレットの実物が手に入ったので、さらに詳細を見てみよう（表3-3）。このパンフレットには、「ベートーヴェン記念碑 Monument Beethoven」と題された一枚の紙が挟まれていた（図3-4）。そこに書かれているのは、次のような内容である。

ベートーヴェンの一〇〇周年には、世界中で祝祭や式典が行われています。あらゆるところで、この音楽芸術のヴィクトル・ユゴーとラシーヌを合わせたような巨匠へのオマージュが捧げられることでしょう。第九交響曲という平和讃歌の至高の作者は、この全員一致の賞賛を受けるに値します。パリは、この宇宙（L'Univers）を構成する他の主要都市に遅れをとってはなりません。ところでパリにはベートーヴェンの銅像がありません。彫刻家ジョゼ・ド・シャルモワ作の台座はあり

表3-3　パリにおけるベートーヴェン没後100年記念祭のプログラムの詳細

ベートーヴェン没後100年記念式典

共和国大統領と芸術公教育大臣の列席と後援のもと開催されたコンサート

この記念行事は、学生たちのサナトリウム*を支援するために、フランス芸術振興・交流協会が主催しています。

協力：イヴォンヌ・ガル氏、マルト・シェナル氏、マドレーヌ・カロン氏、エドゥアール・ランボー氏（以上、オペラ座）、エドゥアール・リスラー氏、エクトール・デュフランヌ氏（オペラ・コミック座）、カペー四重奏団、パリ音楽院コンサート協会管弦楽団、パリ混声合唱団、マルク・ド・ランス（指揮）

指揮：ヴァンサン・ダンディ、アンリ・ラボー（学士院会員）、フィリップ・ゴーベール

〈プログラム〉

Ⅰ．コリオラン序曲
　　フィリップ・ゴーベール指揮の管弦楽団
Ⅱ．交響曲第５番　ハ短調　１～３楽章
　　アンリ・ラボー指揮の管弦楽団
Ⅲ．弦楽四重奏曲第10番　１～４楽章
　　カペー四重奏団：ルシャン・カペー氏、モーリス・エウィット氏、アンリ・ブノワ氏、カミーユ・ドゥロベール氏
Ⅳ．ピアノ協奏曲　変ホ短調　１～３楽章
　　エドゥアール・リスラー氏、フィリップ・ゴーベール指揮の管弦楽団
Ⅴ．遥かなる恋人に（A la Bien-Aimée absente）**
　　マルタ・シュナル氏、エドゥアール・リスラー氏
Ⅵ．交響曲第９番　合唱つき　第１～４楽章
　　イヴォンヌ・ガル氏、マドレーヌ・カロン氏、ランボー氏、エクトール・デュフランヌ氏、ヴァンサン・ダンディ指揮による管弦楽団、エラール社のピアノ

* サナトリウムとは、結核療養所のこと。

** 作品98の連作歌曲集。フランス語の歌詞を、ロランが最初期に参考にしたフランスのベートーヴェン研究者、ヴィクトール・ヴィルデルがつけている。

ます[17]。台座は完成して今はヴァンセンヌの森に設置されています。しかし、銅像を建てるための資金が不足しています。石膏が出来上がり、あとは石を彫って、記念碑を完成させるだけです。

そのため、公教育大臣エドゥアール・エリオ氏が委員長を務め、今日のもっとも偉大なフランス音楽家たちの名前が含まれる当委員会は、《田園》や交響曲ハ短調をはじめとする多くの傑作の作者に対する皆さまの称賛の思いに訴えることにしました。時間が迫っています。もう準備ができていなければなりません。どうか急いでください。ベートーヴェンから得た芸術感情に思いを馳せましょう。私たちの敬虔な感謝を込めた作品に、遅れずに参加してください。必要な資金の総額は、六〇〇〇〇フランとの見積もりです。

申し込み者のお名前、職業、募金額は、『パリ・ソワール』、『コメディア』、『シャントクレ』、『ク

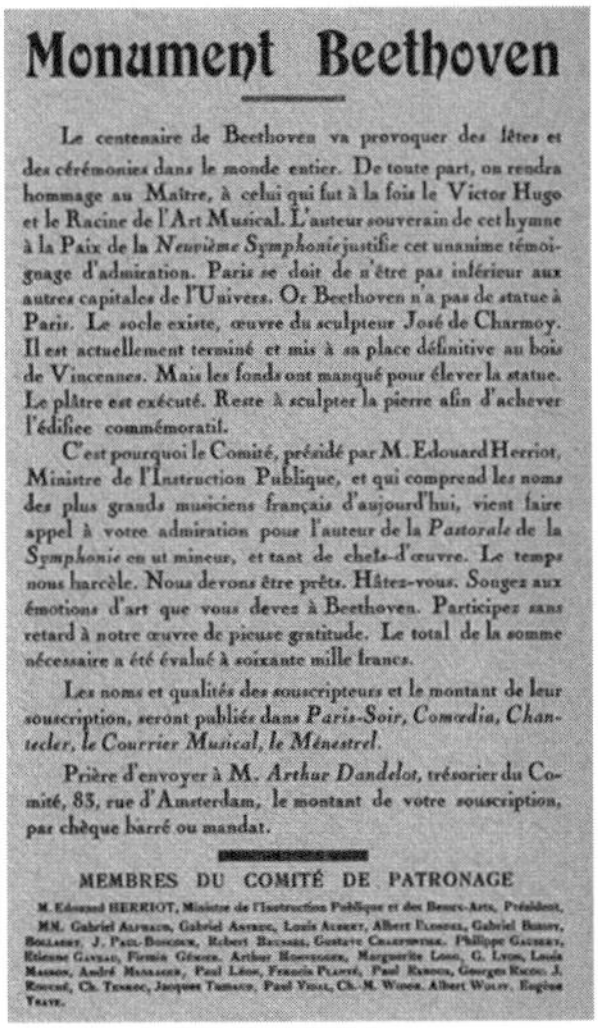
Monument Beethoven

Le centenaire de Beethoven va provoquer des fêtes et des cérémonies dans le monde entier. De toute part, on rendra hommage au Maître, à celui qui fut à la fois le Victor Hugo et le Racine de l'Art Musical. L'auteur souverain de cet hymne à la Paix de la *Neuvième Symphonie* justifie cet unanime témoignage d'admiration. Paris se doit de n'être pas inférieur aux autres capitales de l'Univers. Or Beethoven n'a pas de statue à Paris. Le socle existe, œuvre du sculpteur José de Charmoy. Il est actuellement terminé et mis à sa place définitive au bois de Vincennes. Mais les fonds ont manqué pour élever la statue. Le plâtre est exécuté. Reste à sculpter la pierre afin d'achever l'édifiee commémoratif.

C'est pourquoi le Comité, présidé par M. Edouard Herriot, Ministre de l'Instruction Publique, et qui comprend les noms des plus grands musiciens français d'aujourd'hui, vient faire appel à votre admiration pour l'auteur de la *Pastorale* de la *Symphonie* en ut mineur, et tant de chefs-d'œuvre. Le temps nous harcèle. Nous devons être prêts. Hâtez-vous. Songez aux émotions d'art que vous devez à Beethoven. Participez sans retard à notre œuvre de pieuse gratitude. Le total de la somme nécessaire a été évalué à soixante mille francs.

Les noms et qualités des souscripteurs et le montant de leur souscription, seront publiés dans *Paris-Soir, Comœdia, Chantecler, le Courrier Musical, le Ménestrel*.

Prière d'envoyer à M. *Arthur Dandelot*, trésorier du Comité, 83, rue d'Amsterdam, le montant de votre souscription, par chèque barré ou mandat.

MEMBRES DU COMITÉ DE PATRONAGE

M. Edouard HERRIOT, Ministre de l'Instruction Publique et des Beaux-Arts, Président, MM. [illegible]

図3-4　パリにおけるベートーヴェン没後100年記念祭パンフレットの表紙（上）と、挟み込まれていた紙片（下）（筆者蔵）

リエ・ミュジカル』、『メネストレル』各紙に掲載される予定です。
〔送金先と委員会メンバーの名前がその下に列挙〕

以上の情報を総合すると、この一九二七年に行われた「公的」なベートーヴェン没後一〇〇年記念音楽祭は、第三共和制下の音楽的政治において主導権を握ってきた諸機関（ソルボンヌ大学、パリ音楽院、スコラ・カントルム）が一致協力して演奏し、国営ラジオで放送され、全音楽愛好家が聴くことのできる民衆に開かれた演奏会であり、その収益はサナトリウムに寄付されるという慈善事業的な側面も持っていた。一方で付随する「ベートーヴェン記念碑」の寄付を募る用紙から見え隠れするのは、ベートーヴェンが世界中で称揚されているなか、それを宇宙（L'Univers）と表現し、パリが他の諸都市に遅れてはならないという意識である。公教育大臣の下に設置された後援委員会のメンバーには、アンドレ・メサジェ、アルテュール・オネゲル、ギュスターヴ・シャルパンティエ、シャルル＝マリー・ヴィドール、マルグリット・ロン、ウジェーヌ・イザイといった著名な作曲家・音楽家の名前を確認できる。多くの国民に直ちにメッセージを届けることのできるマスメディアであるラジオが登場したことにより、演奏会や芸術音楽の大衆化が可能となったが、その特徴を利用して、資金集めといった目的にも、音楽家とベートーヴェンが利用されている状況が見て取れる。

ガボリオーは、ベートーヴェン神話が疑問に付され始めているタイミングで、この一九二七年の記念年が介入したことを重視している。上記各種資料からはそれを裏付けるように、一九二七年の没後一〇〇年記念の機会には、もはや「フランス共和国の偉人」ではなく、ヨーロッパ中で（あるいはソ連や日本でも）[18]共有して称揚される存在として新たにベートーヴェンを位置づける必要があったことが分かる。これには、第一次世界大戦後、一九二〇年代初頭から高まる、平和を前提とした国際的な音楽組織を求める機運も関係しているであろう。[19]他方でこうした動きが、ベートーヴェンを国際化することによるドイツ包囲網という側面もあったことは否めない。ロランが『ベートーヴェンの生涯』で参考にしていた「ワーグナーのベートーヴェン」が、ドイツ帝国の成立と深い結びつきをもっていたこととは対照的である。

この一九二七年のフランスの国家的イベントにおいてロランの存在が希薄であることは少々不思議である。ロランは一九二二年四月にパリを引き払い、スイスに移住していた。一九二七年当時、ロランは反ファシズムの立場からソ連を擁護し、共産主義の接近をもはやかわすことができないところまで来ていた。彼はパリではなく、三月二六日からウィーンで行なわれるベートーヴェン一〇〇年祭には非公式に招待されており（デュシャトレ 2011: 297）、そこで行なう講演の準備を二月からしていた。その講演録が、有名な「ベートーヴェンへの感謝」である。この講演の全文は一九二七年発行の『ルヴュ・ミュジカル』ベートーヴェン特集号の巻頭に掲げられている。さらにその日本語訳が、片山敏彦訳『ベートーヴェンの生涯』（一九三八）に掲載されていることはすでに述べたが、それより前に、早くも同じ一九二七年に、小原國芳編『ベートーヴェン研究』（イデア書院）

の中に片山によって訳出されている。[20] この『ベートーヴェン研究』はベートーヴェン一〇〇年祭記念出版と銘打たれており、ロランの友人である片山はじめ、高村光太郎や高田博厚などロランの熱心な紹介者たち、近衛秀麿のような音楽家、伊庭孝や兼常清佐のような音楽評論家など、豪華な執筆陣が揃っている。ほぼ世界同時的に日本でも、一〇〇年祭の熱気を共有していたことが分かるが、その全編に、ロランの強い影響が感じられる。

　その中の一編、田中耕太郎による「ベートーヴェンの音楽の我等民衆に対する意義」は、当時の日本の社会の特徴とベートーヴェンを求める人々、没後一〇〇年を祝う人々を冷静に分析していて興味深い。田中によれば「現代」の日本は「物質主義、智識万能、ディレッタンチズム、懐疑主義、無神論的傾向、安価なる快楽主義が社会全体を風靡し、人格の尊厳とか神の愛とか其の秩序とかに就ての反省はあまり為されず、而して之れを主張する者が恰《あたか》も旧時代の魔物の如く嘲弄黙殺し去られんとする今日の社会」と形容されている。一方でその日本においてベートーヴェンを讃えるお祭り騒ぎをすることについての矛盾を感じ、ウィーン会議後のウィーンの公衆に例えて、「ベートーヴェンが今日生きていたならば、ロシニー［ロッシーニ］をかついでベートーヴェンを疎んじ、彼れを淋しがらせた其の当時の、殊に維納《［ウィーン］》会議以後の維納の公衆の如く、欧州大戦後忽《たちま》ち富裕になり物質化した日本、地震後精神的に殊に荒寥索寞たる東京の公衆も同様に彼れを遇しなかったと誰れが断言するを得ようか。」と述べている。一九二三年に起きた関東大震災後の東京というこの都市独特の状況が明らかになるとともに、田中は日本の公衆が当時のウィーンの二の舞となることなく、ベートーヴェンが没後一〇〇年経ち、十分にその偉大さが欧州で証明された後に日本に輸入されたことに安堵している（田中 1927: 67–69）。さらに田中は、「専門家」と素人である（しかし理解力ある）「公衆」を対比させて論じていくが、ここで大まかなベートーヴェンの研究史を概観しているところに驚く。すなわち、ベートーヴェンの生涯と作品に三期区分を認めたリスト、レンツ、ダンディから、伝記作者セイヤー、ノールの研究、ワーグナー、ベルリオーズ、グローヴらの分析に触れた後で、ロランの『ベートーヴェンの生涯』を指して、「僅々八十一頁の小冊子中に於て万人の心を揺り動かさずに置かぬ異常の感激を以て此の英雄の人となり、其の悩みと喜び、其の涙と其の血とを以て作品を描写し、実証的なる仏蘭西人の間に於ては勿論、一般にベートーヴェンに関する文献上に於て独特のメトーデと不朽の地位を得た」と評している（田中 1927: 78）。田中は、専門家に比べて（自身を含めた）一般公衆の理解の仕方が「絶対的」であると述べ、兼常清佐が「宮内省雅楽部や音楽学校や軍楽隊でもなく、専門の音楽批評家でもなく、ロマン・ローランのベートーヴェン伝を通して彼れを熱愛する詩人の一群」にこそ、ベートーヴェンを日本に真に紹介した功績があると断言したことに触れている。そして専門家であるにもかかわらずそれを超越して普遍的立場に到達し、「我等民衆と握手して我等と共にベートーヴェンを讃美している」人々として、ベルリオーズの解説や、ロマン・ロラン、ノール、ヴァンサン・ダンディのベートーヴェン伝を愛する、と述べている（田中 1927: 80）[21]。

このように、世界で共有された一九二七年のベートーヴェン没後一〇〇年祭は、それぞれの都市の状況と「音楽（ベートーヴェン）の国際化」の両面が複雑に絡み合い、両大戦間期という時代性もあって一種の緊張感を孕んでいたが、ロランとダンディの活動は、専門家を含み込んだ形でのベートーヴェンの大衆化に大きく貢献し、その影響は日本にも及んでいたのである。

5　一九三〇年代

後から振り返れば、この一九二七年のベートーヴェン祭は世界が一つになった幸福な一瞬だったのかもしれない。一九三一年にパリに渡り、以後片山敏彦とともにロランから絶大な信頼を得て交流を続けた高田博厚は、一九三〇年代半ばに「民衆の英雄」となったロランの苦しさを感じとっていた。一九三五年に再創刊された日本の重要な音楽雑誌『音楽研究』の第二巻第一号は七〇歳を迎えたロランの記念号であり、片山敏彦を中心に、ロランと音楽についての論考が並んでいる。その次の第二巻第二号には、高田による「ロマン・ロラン」が掲載されている。この高田の記事と、一号遅れた経緯の詳細は高橋（2021: 228–250）に詳しいためここでは割愛するが、高田の言葉を借りれば、ロランは「丁度迫って来たフランスの左翼的な力の波の上に乗った。今年［一九三六年］の彼の七〇歳の誕生記念はロシアやフランスやチェコスロヴキアではさながら**群衆の祝祭**」であった。高田は七月一四日の革命記念日にロランの革命劇《七月一四日》が上演されている劇場に、あえて行かなかった。「七十《ママ》歳のこの老いたる師の実に**錯綜した感慨**」を思い、「群衆の中に彼を見ることの淋しさを感じた」からである（高田 1937: 119）。

これまで見てきたとおり、「ロランのベートーヴェン」は二〇世紀初頭に一つの神話となり、共和国の英雄となり、国際化と脱神話化を経て真に「大衆化」されたところで、一九三〇年代に「左翼」化した。反戦と反ファシズムという点で、ロランがそうならざるを得ない時代の悲劇と、彼の心の中の苦しさを真に理解できたのは、ファシズム一直線であった当時の日本に身を置く音楽・文学知識人たちであったかもしれない。この時音楽は一種のカムフラージュあるいは「気晴らし」の役目を果たした（高橋 2021: 228）。一九三六年八月一六日付けの高田からロランへの手紙の中で、『音楽研究』への寄稿について、高田は「現今の日本の思想統制の状況下ではあなたの真の人物像を紹介することなどほとんど不可能なので、編集部は私に、あなたを音楽批評家として紹介するように言ってきている」と書いている（高橋 2021: 229）。

一九二八年からロランの没後まで刊行が続いたロラン最後の『ベートーヴェン、偉大なる創造の時代』が、一九〇三年の『ベートーヴェンの生涯』と対照的に、音楽そのものの分析に向かい合った渾身の学問的著作となったのは、フランスの音楽学の後進に刺激を受けたからだけではないだろう。「民衆」に近づきすぎたベートーヴェン像を再構築する必要性を、ロランはおそらく自分自身を救うためにも、強く感じたのではないだろうか。本章もそろそろベートーヴェンとロランの最晩年（ベートーヴェンの後期弦楽四重奏曲とロランの『未完成のカテドラル（偉大なる創造の時代第五巻）』第二巻「後期弦楽四重奏曲」）へと進んでいきたい（表３-４参照）。

表3-4　ロマン・ロランのベートーヴェン研究『偉大なる創造の時代』

Schneider 2017、およびみすず書房『ロマン・ロラン全集』(1979-1985) 全43巻、第23～25巻 (『芸術研究　IV～VI』) をもとに作成。初版年は Le Sablier 社のもの。

タイトル	初版年	再版
日本語版タイトル		
[I.] Beethoven. De l'Héroïque à l'Appassionata. Les Grandes Époques créatrices (全2巻)	1928	第2版1928, 1929 新版 (全1巻) 1939, 1947, 1950, 1955
ベートーヴェン　偉大な創造の時期　I　エロイカからアパッショナータまで (第23巻)		
[II.] Goethe et Beethoven	1930	1931 新版1951
ゲーテとベートーヴェン (第23巻)		
[III.] Beethoven. Les Grandes Époques créatrices. Le Chant de la Résurrection. « La Messe solennelle » et les dernières sonates	1937	1945 新版1947, 1952
ベートーヴェン　偉大な創造の時期　II　復活の歌 :「ミサ・ソレムニス」と最後のソナタ群 (第24巻)		
[IV.] Beethoven. Les Grandes Époques créatrices. La Cathédrale interrompue, t.1. La Neuvième Symphonie	1943	1948, 1950, 1958
ベートーヴェン　偉大な創造の時期　III　未完成のカテドラル　1. 第九交響曲 (第25巻)		
[V.] Beethoven. Les Grandes Époques créatrices. La Cathédrale interrompue, t.2. Les Derniers Quatuors	1943	新版1943, 1948, 1953
ベートーヴェン　偉大な創造の時期　III　未完成のカテドラル　2. 後期の四重奏曲 (第25巻)		
[VI.] Beethoven. Les Grandes Époques créatrices. La Cathédrale interrompue, t.3. Finita Comoedia	1945	新版1945, 1948, 1956
ベートーヴェン　偉大な創造の時期　III　未完成のカテドラル　3. フィニタ・コメディア (第25巻)		
[VII.] Les Aimées de Beethoven (Suppléments et Compléments)	1949	
ベートーヴェンの恋人たち (第24巻)		

6　ベートーヴェン《弦楽四重奏曲》第一四番

Adagio

　本章はなぜ、ベートーヴェンの後期弦楽四重奏曲、第一四番嬰ハ短調作品一三一の楽章構造を借りて進んできたのだろうか。一つにはこの作品が、七楽章のようでもあり、四楽章のようでもあり[22]、あるいはダンディがとらえたように六楽章の可能性もあり（ダンディ 1954: 140）[23]、しかし結局は河の流れのように、ひと続きの作品であるからである。ロランの死の前年、一九四三年に刊行された『後期弦楽四重奏曲』から、作品一三一の箇所を辿ってみよう。

　ロランは、この第一四番がベートーヴェンのあらゆる四重奏曲の中で、「最も偉大なものであり、傑作だと［ベートーヴェンは］言明することになる」と述べ、ロラン自身もこの曲について「最も完全なものであり」「この曲ほど、ベートーヴェンが心血を注いで労作したものはなかったのである」と書いている。さらにロラン自身は、この曲が「何楽章」であるかには言及せず（しかし五から七楽章の間で楽章数が論議の種になっていると注記しており、基本的にはダンディと同じ六楽章と考えているようである）[24]、「これがただ一つの流れになっている点が、例外的な点である」と述べる。「あらゆる音階と調性の動きを通過しているにせよ、これは、自然に流れてゆく本当に一つの音階であり、この曲の中のいくつかの水門はきっちり閉ってはいない」と比喩的に語る（『全集』第二五巻：288）。

　新旧のベートーヴェン研究をくまなく参照しながら、ロランはまずワーグナーの感傷的・ショーペンハウアー的解釈や、パウル・ベッカーのあらかじめ作り込まれた解釈を否定し、一次資料をもとに作曲の背景から掘り起こしていく。『ジャン＝クリストフ』の創作とさして変わらないその手法は、一創作者として、ベートーヴェンの創作者としての心理状況を理解し、一体化するところから始めようという心意気に感じる。二〇一七年に刊行された論文集『音楽学者ロマン・ロラン』の中で、ヘルベルト・シュナイダーは、ロランの『偉大なる創造の時代』における作品分析の手法を、イメージ／メタファーの利用、「心理学的」観察、そして技法分析の三項目に分けて検証している。そしてロランの「心理学的」観察手法は、単に比喩的な、小説的な記述をしているのではなく、シュライエマッハー、ディルタイ、クレッチュマーといった解釈学の伝統の中に位置づけられる、と述べている（Schneider 2017: 100）。

しかしロランの基本はあくまでエコール・ノルマルで学んだ「歴史家」である。次にロランは、ノッテボームやミース(25)の研究成果にも拠りつつ、（まだ不完全な）三冊のスケッチ帳から、その制作過程を探っていく。前の四重奏曲（作品一三〇）がフーガで終わり、この作品一三一がフーガで始まることから、ベートーヴェンの晩年におけるフーガへの愛着を、「ポリフォニックな動きだと区切りの度に停止しなくてすむ」からだと、ミースを参照しつつ考察する。しかしそのさらに深い動機として、形式面からフーガ様式の「根拠」を見出そうとするミースを批判し、「自己に集中する孤独な楽想」であるところにこのフーガ主題が生まれる源泉を見出している。たしかにロランが描写しているように、ベートーヴェンのスケッチから分かるフーガの楽想の変化は、ペンから自然と生まれ出てくるようであり、おそらくそれは作家としてのペンと同じものであろう。ロランは、ミースが「美学的な次元」でスケッチ変化の理由を探すのに対して、自身は「事実の心理学」に興味があると語る。それは同じ創作者として、創作の秘密を解き明かす過程であり、恐らくプルーストが長編『失われた時を求めて』を通じて試みたことと同じ作業でもあろう。つまりこの、ロランの最後の研究書シリーズ『ベートーヴェン、偉大なる創造の時代』そのものが、『ジャン＝クリストフ』と同じく、ロランによる一つの神話的・音楽的創作物なのである。

その後ロランは、一楽章から順に、音楽に入り込むように描写していく。第一楽章にはワーグナーの《パルジファル》への予告を聴き取り、この嬰ハ短調アダージョのフーガの後に、快活な第二楽章アレグロが続くことの「自然さ」を、音楽のなかに、その嬰ハ音から二音への横滑りのなかに感じとる。

紙面が尽きてしまったので、この先はぜひロランの書を読んでいただきたい。ロランは間違いなく音楽を聴きながら書き、そして書きながら、文字による「自分自身の音楽」を作曲しているのである。そして本章もまた、ベートーヴェンの弦楽四重奏曲作品一三一を聴きながら、その音楽の流れにふさわしい内容となるよう、筆を進めてきた。表３−４は、一九六六年に全六巻として、Albin Michel 社より刊行された『ベートーヴェン、偉大なる創造の時代（*Beethoven. Les grandes époques créatrices*）』の構成表である。補遺を入れると全七巻ということで、ベートーヴェンの作品一三一と近い構成であり、実際この七巻には、「Ⅰ・Ⅱ」「Ⅲ」「Ⅳ・Ⅴ・Ⅵ」そして「Ⅶ」という三ないし四部分構成が隠れている。

おわりに――ロランのベートーヴェン神話

生命は過ぎて行く。肉体と魂とは河のやうに流れ去る。齢は、老ひ行く樹の肉に刻みつけられる。形の全世界は滅び又よみがへる。おんみだけは過ぎ去らない、不滅の音楽よ。おんみは内在する海である。

――『ジャン・クリストフ』「新しき日」の章より（ロラン 1936: 2）

クリストフが渡ったのはライン河であり、彼にとって河は音楽の象徴であった。かつてのワーグナーがパリを敵視したのと異なり、二〇世紀のベートーヴェンはフランスとドイツの仲立ちとして河を渡り「新たなる一日」が生まれるのを見て人生を終えた。その後もロランのベートーヴェンは生き続け、キリスト教（カトリック）と共和国の仲立ちとして、敵対して戦う国々の仲立ちとして、普遍的な、国際的な、大衆的な、そして神のような存在となった。

ガボリオーは「神話」の定義を、ボードレールが一八六一年に「リヒャルト・ワーグナーと《タンホイザー》のパリ公演」で紹介した、ワーグナーによる詩人と神話と音楽に関する言葉を出発点に、さらにレヴィ゠ストロースその他の定義を加味して、次のように表現している。「民族のような集団で共有される価値をもち、文化に応じて絶えず修正され、そして絶えず再活性化されて現代的意味を与えられるという特徴をもつものである」(Gaboriaud 2017: 28)。ロランは資料を駆使しつつ、過去を参考に「今」を表現し、そしてより良い「未来」を作っていくことを生涯目指した、行動する歴史家であった。そのロランにとってのベートーヴェンは、生きる支えであると共に、いかなる時代、国においても共有される価値をもち、絶えず再活性化されて現代的意味を与えられる、「神話」そのものであった。

註

（１）本論考のもとになった二〇二〇年度の筆者の口頭発表も、同じ弦楽四重奏曲形式にしたがって行われた。

（２）一八八九年三月三日の夕方に行われたコンサートのこと（Claudel et Rolland 2005: 42）。エコール・ノルマル（高等師範学校）時代のロランの日記にはこのコンサートの時の印象が克明に記録されている（『全集』第二六巻：281-286）。すでに音楽批評家の片鱗や鋭い人物観察が見られる。ただしロランは一八八二年から一八八九年の初期の日記帳を一九一二年に写しとって廃棄しており、今日確認できる日記は、あくまで一九一二年の時点の「写し」に基づく。

（３）三月二〇日に最初に覚書として書かれたのは「クリストフの目から見たパリ」であり（デュシャトレ 2011: 123）、これはむしろかつてパリ滞在中のワーグナーが『ガゼット・ミュジカル・ド・パリ』に一八四一年一月から二月にかけて連載した短編小説『パリの外国人音楽家』（日本ではドイツ語題目である『パリに死す』で知られる）からの影響を思わせる。このワーグナーのパリ体験からは半世紀以上が経ち、ワーグナーではなくベートーヴェンを思わせる主人公が見たパリは、ワーグナーによるライン河の反対側の都市に対するいまいましい記憶の塗り替えとしても機能する。

(4) 今日その全体像を音で確認することはほとんど叶わないが、ピアノスコアは出版されている。

(5) ロバーツは音楽小説の二つの要素として、音楽的主人公と音楽的背景(環境)を挙げている。そして音楽小説家として、ロランが芸術家心理という特異領域を扱うことに長けており、それを描写することによって音楽小説がもつ弱点を克服したと論じている(Roberts 1921: 540–541)。

(6) 一人目はジュール・コンバリューである。ロランとフランスの音楽学初期の交流状況、音楽雑誌での活動については安川(2019a)にまとめた。

(7) ちなみにレンツの書はドイツ語で刊行されるより前に、一八五三年にロシアでフランス語版が刊行されており、一九〇九年に著名な音楽評論家カルヴォコレッシによる序文付きで再度フランス語版が刊行されたことで注目を集めた(Lenz 1909)。ダンディ『ベートーヴェン』(一九一二)でも、この人生と音楽様式の三区分法を強く支持しており、三区分法に反対したと言われているリストも、直接本人がダンディの前で、「三つのベートーヴェン、即ち少年、青年、及び〝神〟という問題について語ったという。ダンディ自身は、あらゆる創造的芸術家の生涯が「模倣期、過渡期、反省期」の三期に分かれるようだと考察し、創り手としての立場から、この最後の時期こそ「「信仰」と「愛」とを盛った純粋な「芸術」の作品を産む時であるだろう。」と説く(ダンディ 1954: 5–7)。

(8) 第一号、一九〇〇年一月五日刊行(『全集』第一六巻「ペギー」: 63)

(9) 一九二七年版序文では、『ベートーヴェンの生涯』が最初『ルヴュ・ド・パリ』に発表された後ペギーによって出版された、と書かれているが、正確には、『ルヴュ・ド・パリ』に発表されたのは先述のマインツにおけるベートーヴェン祭の記事(一九〇一)と、ダンディについての評伝(一九〇三)である。

（10）　決定的な理由は書かれていないが、サン＝タロマンは、二人が「ベートーヴェン像をめぐって一九一一年に仲違い」したと書いている（Saint-Arroman 2014: 22）。またガボリオーはダンディが『ベートーヴェン』においてて、ロランの共和主義者的な「間違った」ベートーヴェン像に反対し、宗教的な、カトリック的ですらあるベートーヴェン像を守ったと述べている（Gaboriaud 2017: 156）。

（11）　コーエンによれば、ランドリーはこの論文で、映画と音楽のアナロジーを速度、同時性、連続性、強度の四つの次元で説明した。そしてベートーヴェンが、音楽をほぼ完全に連続させることによって、ソナタ形式における主題の反復が生み出していた不連続性の問題を克服したと論じた（Cohen 2002: 217）。

（12）　日本滞在時のクローデルの活動をめぐる研究書が近年立て続けに刊行されている（ワッセルマン 2022; 大出敦編 2023）。

（13）　本章では「ジャン＝クリストフ」と表記しているが、当時の訳書の記述は『ジャン・クリストフ』なのでここではそれを踏襲する。

（14）　B&G 財団のホームページから読むことができる（https://www.bgf.or.jp/furusato_manga/index.html）。

（15）　安川（2020: 104）では池内が参加した演奏会が一〇月であると、書誌の記述を誤ってとらえていたが、その後の調査で三月二二日であることが分かった。

（16）　ラジオPTTとエッフェル塔ラジオ局はドイツ軍によるパリ占領に伴い廃止され、ラジオ・パリはドイツの統制下に置かれた。参考：ウェブサイト「100 ans de radio」（http://100ansderadio.free.fr/HistoiredelaRadio/Radio-Paris/RadioParis.html）

（17）　この彫刻家は第一次世界大戦で命を落とした。銅像は未完成のまま残され、現在この記念碑は台座のみである。以下のサイトで経緯とベートーヴェンの銅像を確認することができる。http://www.lvbeethoven.com/Lieux/FranceVincennesMonumentBeethoven.html

(18)『音楽新潮』第四巻第一一号（一九二七年一一月一日）九〜一四頁には、中根弘によるソ連のベートーヴェン祭報告「サウェートロシアに於けるベエトフォヴェン一〇〇年祭」が掲載されている。

(19) パリ講和会議（一九一九）、国際連盟設立（一九二〇）に続き、マーラー音楽祭（一九二〇、アムステルダム）、国際現代音楽協会ISCM（一九二二設立、ザルツブルク）などが創始された。

(20) https://dl.ndl.go.jp/pid/1192472（国立国会図書館デジタルコレクション）

(21) なお国立国会図書館デジタルライブラリー内の本記事では、八八ページ以降が欠落している。

(22) 現状の七つの楽章を、一．プレリュード（序奏）と第一楽章、二．序奏と緩徐楽章、三．スケルツォ、四．ゆっくりとした序奏とフィナーレの四楽章構成ととらえることもできる。

(23)「六つの中の唯一つの曲に於てしかソナタのタイプを現わしていない」と述べている（ダンディ 1958: 140）。ダンディの解説を読むと、彼は第二楽章と第三楽章を一つの部分ととらえており、「組曲」のタイプとしている。

(24) ダンディが第二楽章と第三楽章を一つととらえているのに対して、リーマンが第一楽章と第二楽章を一つにとらえようとしていることにも、ロランは言及している（『全集』第二五巻 289）。

(25) パウル・ミース『ベートーヴェンの様式を認識する上での彼のスケッチの意義』（Mies 1925、本書第1章**資料**参照）

付記　本稿はＪＳＰＳ科研費・基盤研究（Ｃ）「二〇世紀日本におけるフランス音楽文化モデルの存在と役割」（20K00234）の成果の一部である。

コラム1

『ロマン・ロラン全集』の中のベートーヴェン

ジル・サン＝タロマン
（安川智子訳）

パリのクラシック・ガルニエ社から、ロラン・ルディル（Roland Roudil）監修のもと新たな『ロマン・ロラン全集』を刊行する企画が、数年前に始まった。この文豪によるプロテウスのように変幻自在な著作群に向き合うには、学際的なチームの結成が必要だった。文学、舞台芸術、美術史、音楽学、人類学の分野から、およそ三五名の研究者がこの大規模なプロジェクトに協力している。

ロマン・ロランの著作は、彼の多岐にわたる活動と関心の反映である。小説家、劇作家、音楽評論家、音楽学者、教師、思想家、エッセイストとして、ロランは文学や音楽、造形芸術について書き、同時に政治や東洋哲学についても執筆した。新『ロマン・ロラン全集』は全八部門一六巻からなる。小説（一〜三巻）、戯曲（四〜五巻）、音楽についての著述（六〜一〇巻）、美術史（九巻）、文学的エッセイ（一二〜一三巻）、インドの伝記集（一四巻）、政治的テキスト

（二五巻）、哲学的・自伝的テキスト（二六巻）である。いくつかの巻は技術的な理由でさらに分冊にする必要があったため、全体は三〇冊に及ぶ。各テキストは作家の生前に出版された最後の版を底本とした、批判校訂版となっている。各巻は序から始まり、［ロランの本文の後、］批判的かつ解説的な注と、異稿（作者によって改訂された場合）、それから参考文献リストと、著作の内容や受容状況を補填的に注解するような参考資料がついている。各巻の編集者たちは、各巻に含まれるテキストの特性にしたがい、比較的自由に編集にあたっている。

刊行順に一貫した決まりはない。編者たちの作業の進行状況に応じて出版される。こうして、二〇二一年に『音楽的伝記』と『今日の音楽家たち』によって端緒を切る栄誉を授かったのは、音楽学である。(1) 二〇二二年には『ペギー』と『インドの伝記集』（『マハトマ・ガンジー』『生けるインドの神秘と行動』）(2) が続いた。二〇二三年には、『文学的エッセイ』と『哲学的・自伝的テキスト』が刊行される予定である。

『ロマン・ロラン全集』の中の音楽

ロマン・ロランの人生において音楽はかけがえのない存在だった。音芸術への愛を、作家は恋愛にも例えるほどだった。(3)『全集』の中で、音楽評論や音楽学にかかわる著述は重要な位置を占めており、全五巻八冊が捧げられている。すでに刊行された最初の二巻に続く三つの巻は、

『過ぎし日の音楽と音楽家たち』（第七巻）、『音楽批評と音楽についてのその他の著述』（第九巻）、そして『ベートーヴェン、偉大なる創造の時代』（第一〇巻）である。『過ぎし日の音楽と音楽家たち』は二冊に分かれており、一冊は『近代抒情劇（オペラ）の起源——リュリとスカルラッティ以前のヨーロッパにおけるオペラの歴史』である。ロランの博士論文であり、一八九五年に出版された。キャスリンヌ・マシップ（Catherine Massip）が編集にあたっている。もう一冊は、クリストフ・コルビエ（Christophe Corbier）が編集する二つの著作集、『過ぎし日の音楽家たち』（一九〇八）と『過去の国への音楽旅行』（一九一九）である。『音楽批評』の巻には、ロランによる多くの音楽関連記事や時評、報告が集められることになっている。ロランはキャリアの長きに亘って、これらの記事を発表した。寄稿先としては特に、『パリ音楽院の音楽百科事典と辞典』、ジュール・コンバリュー編集の『ルヴュ・ミュジカル』、そして『メルキュール・ミュジカル』などが挙げられる。『メルキュール・ミュジカル』は後に国際音楽協会（SIM）の会報となり、さらに機関誌となった。[4]『ベートーヴェン、偉大なる創造の時代』に含まれる膨大なテキストについては、その規模から三冊に分ける必要があった。ロマン・ロランが高等師範学校（l'Ecole normale supérieure）や、社会科学高等研究院（l'Ecole des hautes études sociales）、それからソルボンヌ大学で行なった音楽史の講義は未発表のままであり、厳密にはロランの「著作」に属さないため、本全集からは除外した。ただしフランス国立図書館写本部門のロマン・ロラン・コレクションに保管されているこれらの手稿資料は、その他の著作で出典不明なものを確認するために、編者たちが参照した。音楽についてのロマン・ロランの著作の中で、同時代の作曲家について書かれたものはわずかである。その中で『今日の音楽家たち』には、カミーユ・サン＝サーンスやヴァンサン・ダンディ、リヒャルト・シュトラウス、ロレンツォ・ペロージなどの肖像が収められており、『音楽批評』では、ギュスターヴ・シャルパンティエやジョルジュ・ユー、ガブリエル・デュポン、ポール・デュパンといった同時代の音楽家たちの作品について、ロランの考えを知ることができる。ロランがもっとも関心を寄せているのはやはり過去の音楽家たちであり、なかでも圧倒的な存在感を示しているのが、言うまでもなくベートーヴェンである。

ロマン・ロランの著作におけるベートーヴェン

一八八二年、一六歳と六か月のロランがベートーヴェンの交響曲第七番を聴いて啓示を受けたその日から、ベートーヴェンは彼の偉大なる「旅の友」だった。(5) 一九〇一年に妻クロチルド・ブレアル（Clotilde Bréal）との離婚に難儀していたロランにとって、このドイツの作曲家は「慰め人」となる。ベートーヴェンの名前はロランの私的な日記や書簡の中に、若い頃から晩年まで、途切れることなく登場する。またベートーヴェンの音楽はロランの人生の最後の日々まで、彼に寄り添うのである。(6)

書簡や私的な日記を別とすると、ロランがベートーヴェンについて最初に執筆したものは教育的な性格をもつ。それらは一八九四年にアンリ四世高等学校で行なった授業と、一八九八年に高等師範学校で行なった講義に関するものである。ボンの巨匠についてのロランのテキストがはじめて出版されたのは、一九〇一年のことである。[7] こうした予備的な仕事以降、ロランはベートーヴェンという音楽家だけでなくその人間に対する関心を示し、それがその後の著作においても一貫した特徴となる。一九〇二年にロランはこれまでの講義や記事の素材を『ベートーヴェンの生涯』にまとめ、これが一九〇三年に、シャルル・ペギーの主宰する評論誌『カイエ・ド・ラ・キャンゼーヌ（*Cahiers de la Quinzaine*）』に掲載された。「偉大なる人々の生涯」と銘打つ一連のシリーズの最初の書であり、このシリーズは、英雄や芸術家から複数の人物を集めて（オッシュ、ガリバルディ、ミケランジェロ、シラーなど[8]）、物質主義とエゴイズムが支配する時代に、模範となるべき人々を紹介するものだった。この小冊子は、ベートーヴェンが第三共和制下のフランス人作家や芸術家たちのインスピレーションの源として、特権的な地位にあったために、恵まれた条件のもとで世に出たのである。[9] 一九〇七年にアシェット社によって再編集され、何度も再版され、約三〇か国語に翻訳された『ベートーヴェンの生涯』は、莫大な成功を収め、大衆の心の中にこのドイツの作曲家のイメージを刷り込むことに貢献した。多くの脚注やそれに伴う充実した参考文献が、ベートーヴェンに対するロランの知識の幅広さを物語るが、この著作は音楽的または音楽学的というよりは、もっと道徳的、哲学的、また政治的な傾向をもつ。著者はこの書が自身の中では「学術書」ではなく、自分の「救世主」と認める人物に対する感謝の歌であることを繰り返し語るのである。この小さな書物がもたらした実りは、小説『ジャン＝クリストフ』（一九〇四～一九一二）の出版と並び、作家の人生におけるターニングポイントとなった。今やロランは幅広い名声を獲得している。

一九一二年にロランはソルボンヌ大学における教職を辞し、翌年から新聞雑誌への音楽学的な記事の寄稿を減らしていく。しかしベートーヴェン研究の最新の情報には変わらず通じていた。一次資料（書簡や会話帳、スケッチ、証言）を刊行したものやエッセイ、伝記などである。大作曲家の没後一〇〇年に当たる一九二七年に、ロランはベートーヴェンについての大著の執筆にとりかかる。今度は「音楽学の仕事」として、ベートーヴェンの楽譜の長大で緻密な分析を展開していくのである。しかし彼はあくまで、ある種の主観性を容認し、研究方法において、「ベートーヴェンの膨大な数の伝記、そこには天才の生気と感覚以外のあらゆることを見出せるのだが、それらの伝記をドイツで築き上げた、果敢にテキストの細かい粗探しをする人々[10]」とは対立する。この七巻からなる『ベートーヴェン』は、副題を「偉大なる創造の時代」として、サブリエ社より、一九二八年（『エロイカからアパッショナータまで』）から一九四九年（『ベートーヴェンの愛した人たち』）にかけて段階的に出版された。

『偉大なる創造の時代』はロマン・ロランのもっとも記念碑的な作品であり、結果としてベートーヴェンに捧げられたもっとも重要な書である。このドイツの音楽家は、ロランの他の作品でもあちこちに姿を見せる。ベートーヴェンの名前は、音楽評論の著作（『今日の音楽家たち』『過ぎし日の音楽家たち』『ヘンデル』）や音楽学的著作（『近代抒情劇の起源』）の中で、彼の偉大な先人たちや同時代人、そして後継者たちの比較対象として、何度も登場している。ベートーヴェンは、『同伴者たち（道づれたち）』や『トルストイの生涯』といったロランの文学的エッセイの中にも現れる。『トルストイの生涯』でロランは、このロシアの作家による、ドイツの音楽家に対する評価を引用し、「ベートーヴェンはおそらく、ベートーヴェン愛好家たちの愛よりも、彼［トルストイ］の憎しみに満足を覚えたことだろう[11]」と考えを述べている。『ミケランジェロの生涯』や『生けるインドの神秘と行動についての試論』、そして『クレランボー』や『魅せられたる魂』といった小説においても、もっと微かな形で、ベートーヴェンは招き寄

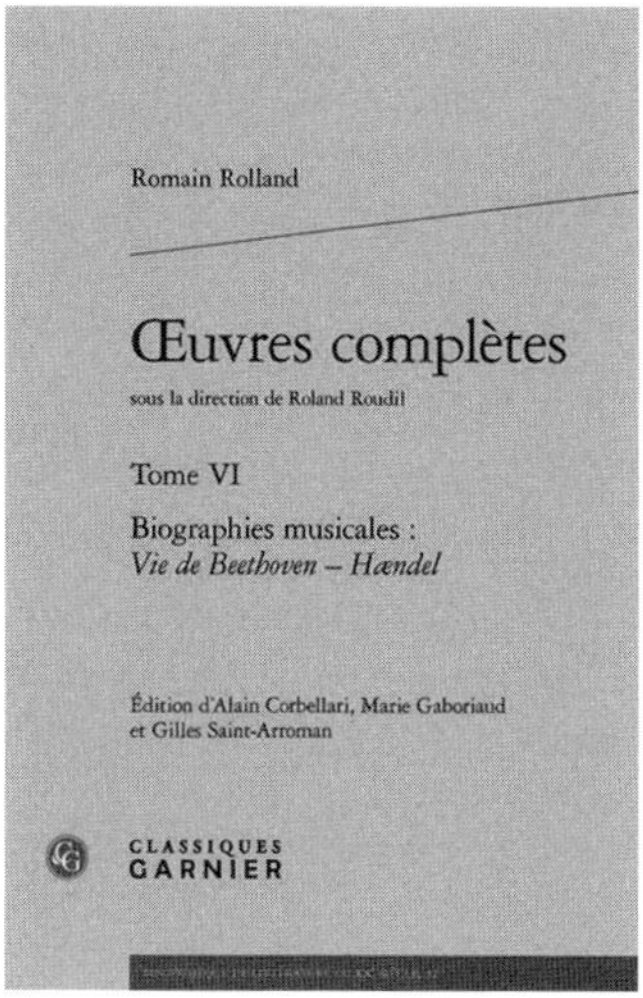

ロマン・ロラン新全集（Classiques Garnier）第６巻「音楽家の伝記：ベートーヴェンの生涯――ヘンデル」Alain Corbellari, Marie Gaboriaud et Gilles Saint-Arroman 編集、2021年

せられる。一九一五年、『戦いを超えて』の中で、平和主義作家としてのロランは、第一次世界大戦のさなか、自分が「ベートーヴェン、ライプニッツ、ゲーテの息子[12]」であると告白する。このドイツの音楽家は、劇作家としてのロランの思考にも存在していると言うことさえできる。というのも、ロランは《エグモント》の音楽の終結部を、自身の『七月一四日』の最後に添えたいと望んでいたようだから[13]。そしてベートーヴェンは、なんといっても、ロランの大河小説『ジャン＝クリストフ』の主人公のモデルである。ライン河のほとりに生まれ、パリに死すドイツの作曲家ジャン＝クリストフ・クラフトは、作家によって「いわば現代の生活と社会におけるベートーヴェン[14]」と形容され、その運命と性格は、ロランが交響曲第九番の作者に対して思い描いていたあり様にとても近い。ベートーヴェンはつまるところ、ロランの全作品の守護人であり、おそらくこの作家の個性と作品を理解するための最大の鍵の一つなのである。

註

（1） Romain Rolland, *Œuvres complètes*, sous la direction de Roland Roudil, tome VI, *Biographies musicales : Vie de Beethoven -Haendel*, éd. Alain Corbellari, Marie Gaboriaud et Gilles Saint-Arroman ; tome VIII, *Musiciens d'aujourd'hui*, éd. Claude Coste et Danièle Pistone, Paris : Classiques Garnier, 2021.

(2) Romain Rolland, *Œuvres complètes*, sous la direction de Roland Roudil, tome XII, *Péguy*, éd. Jérôme Roger et Roland Roudil ; tome XIV, *Biographies indiennes*, éd. Catherine Clémentin-Ojha, Sophie Dessen et Annie Montaut, Paris : Classiques Garnier, 2022.

(3) 以下参照。Mathias Roger, « Romain Rolland, musicologue », *Cahiers de Brèves*, n° 25, juillet 2010, p. 37.

(4) 以下参照。Danièle Pistone, «Romain Rolland face à la musicologie de son temps», *Cahiers de Brèves*, n° 29, juin 2012, p. 27–31.

(5) Bernard Duchatelet, « Romain Rolland et Beethoven », conférence donnée à Dijon le 17 mai 2005（二〇〇五年五月一七日にディジョンで行われた講演会）, *Cahiers de Brèves*, n° 16, septembre 2005, p. 22.

(6) 以下参照。Bernard Duchatelet, «Romain Rolland et Beethoven de 1940 à 1944», in *Romain Rolland et la musique*, sous la direction de Bernard Duchatelet, Dijon: Editions Universitaires de Dijon, 2013, p. 231–243.

(7) Romain Rolland, «Les Fêtes de Beethoven à Mayence», *La Revue de Paris*, 8e année, n° 10, t. 3, 15 mai 1901, p. 431–448.

(8) 『ミケランジェロの生涯』（一九〇六）と『トルストイの生涯』（一九一一）のみが日の目を見る。

(9) 以下参照。Marie Gaboriaud, *Une Vie de gloire et de souffrance: le mythe de Beethoven sous la Troisième République*, Paris: Classiques Garnier, 2017.

(10) ロランからマルセル・マルティネへの手紙、一九二六年一二月一三日。下記文献からの引用。Hervé Audéon, «Introduction», in *Romain Rolland musicologue*, actes du colloque du 150e anniversaire de la naissance de Romain Rolland, sous la direction de Hervé Audéon, Dijon: Editions Universitaires de Dijon, 2017, p. 12 note 1.

(11) Romain Rolland, *Vie de Tolstoi*, édition revue et augmentée, Paris : Hachette, 1921, p. 147.

(12) Romain Rolland, *Au-dessus de la mêlée*, Paris: Paul Ollendorff, 1915, p. 41.

(13) 以下参照。Marion Denizot, *Le* Théâtre *de la Révolution de Romain Rolland. Théâtre populaire et récit national*, Paris: Champion, 2013, p. 162.

(14) 以下参照。Marie Gaboriaud et Gilles Saint-Arroman, «Le *Beethoven* de 1903, entre littérature et musicologie» in Hervé Audéon (dir.), *Romain Rolland musicologue*, p. 76.

Gilles Saint-Arroman, « Présence de Beethoven dans les *Œuvres complètes* de Romain Rolland »

郵便はがき

料金受取人払郵便

神田局
承認

1124

差出有効期間
2025年9月30
日まで
(切手不要)

101-8791

535

千代田区外神田
二丁目十八—六

春秋社

愛読者カード係

*お送りいただいた個人情報は、書籍の発送および小社のマーケティングに利用させていただきます。

(フリガナ) お名前	歳	ご職業
ご住所 〒		
E-mail 小社より、新刊/重版情報、「web春秋 はるとあき」更新のお知らせ、イベント情報などをメールマガジンにてお届けいたします。	電話	

※新規注文書（本を新たに注文する場合のみご記入下さい。）

ご注文方法 □**書店で受け取り** □**直送(代金先払い)** 担当よりご連絡いたします。

書店名	地区	書名		
				冊
				冊

ご購読ありがとうございます。このカードは、小社の今後の出版企画および読者の皆様とのご連絡に役立てたいと思いますので、ご記入の上お送り下さい。

〈書　名〉※必ずご記入下さい

●お買い上げ書店名(　　　　地区　　　　　　　　書店　)

●本書に関するご感想、小社刊行物についてのご意見

※上記をホームページなどでご紹介させていただく場合があります。(諾・否)

●ご利用メディア	●本書を何でお知りになりましたか	●お買い求めになった動機
新聞 (　　　) SNS (　　　) その他 メディア名 (　　　)	1. 書店で見て 2. 新聞の広告で (1)朝日 (2)読売 (3)日経 (4)その他 3. 書評で (　　　紙・誌) 4. 人にすすめられて 5. その他	1. 著者のファン 2. テーマにひかれて 3. 装丁が良い 4. 帯の文章を読んで 5. その他 (　　　)

●内容	●定価	●装丁
□満足　□不満足	□安い　□高い	□良い　□悪い

●最近読んで面白かった本　(著者)　　　　(出版社)

(書名)

㈱春秋社　電話 03-3255-9611　FAX 03-3253-1384　振替 00180-6-24861
E-mail : info-shunjusha@shunjusha.co.jp

第4章　子どもとベートーヴェン
近代日本の教育現場における逸話「月光の曲」

山本耕平

1　高校生が語るベートーヴェン

「偉大な作曲家」、「不屈の精神をもって苦難を乗り越えた芸術家」、そしてこれらの特徴を総称するために用いられる「楽聖」という特別な称号。こうしたベートーヴェンの人間像が日本でどのように受容されてきたかについて論じる際、先行研究では、著名人たちが語るそれぞれの「私のベートーヴェン」を取り上げてきた。研究者たちは、古くは明治の文豪や音楽家といった、いわゆる著名人たちの言葉を手がかりに、「楽聖」としてのベートーヴェンの姿がいかにして描かれてきたのかを明らかにしてきた（西原 2000a; 西原 2000b; 瀧井 2004; 竹中 2016; 浦久 2020）。

その一方で、市井の人々にとって、ベートーヴェンに対するイメージというのはどのようなものだったのだろうか。ここでは一般の人々によるベートーヴェン受容を探るための例として、高校生が語るベートーヴェンを取り上げてみたい。

毎日新聞が主催する読書感想文の全国コンクール入選作品が掲載されている『考える読書　第一六回読書感想文　中学・高校の部』（全国学校図書館協議会 1971）を見ると、近衛秀麿による『ベートーヴェンの人間像』（一九七〇）が高等学校の部で課題図書の一つとなっている。

課題図書の著者である近衛は、『ベートーヴェンの人間像』というタイトルをつけた理由について、「人および偉大な芸術家としてのベートーヴェンの伝記、またはその個個の作品に関する評論などの類との混同を避けるため」（近衛 1970: 1）と述べ、ベートーヴェンの「生活記録を再現」（近衛 1970: 4）することを目指している。実際に、近衛が「彼の作品、芸術活動、その人となりについて、一切の評論はなされない」（近衛 1970: 9）と述べている通り、内容はベートーヴェンの容姿や肖像画、果ては食生活や引っ越し癖など、ベートーヴェンの実像に迫るような意図を持って書かれている。では、この本を読んだ当時の高校生たちはどのような感想を抱き、何を語ったのか。

入賞した感想文全体を通して言えるのは、そのどれもが「楽聖」という言葉からかけ離れたベートーヴェンの日常の姿に驚いているということである。しかしリアルなベートーヴェン像に迫るが故に、最終的にはむしろ精神的な苦悩を乗り越える場面が印象に残り、そこに青年特有の悩みを投影することを通じ、高校生たちはベートーヴェンの偉大な側面を積極的に見出そうとしている。たとえばある感想文では、ベートーヴェンの人間像に対し次のように書いている。

このリアルに描き出されたベートーヴェンの人間像は、自分というものを失いかけていた私に、大きな激しい力となって迫ってくるものがあった。自己の弱点から逃避することもなく、その置かれた現実を厳しく直視し、その苦しみの中に生き続けることによって、自らを昇華しようとしたその勇気ある生き方は、おそらく私に限らず、現実と理想の中で苦悩する我々の世代にかならずや価値ある方向を与えるものとなるであろう。（全国学校図書館協議会 1971: 421）

耳が聞こえなくなり、苦悩する中でなお作曲を続けるベートーヴェンの姿が、日々悩みに明け暮れている高校生に勇気ある姿として映っていることがこの文章から窺える。さらに、悩みを乗り越え、芸術作品を作り続けたベートーヴェンこそ「もっとも人間的な芸術家」（全国学校図書館協議会 1971: 421）であると称賛しており、人間的でリアルな姿が、むしろ芸術家の一つのステレオタイプとしてのベートーヴェン像を強化している。

別の感想文では、稀有の天才というイメージから一歩進んでベートーヴェンのリアルな人間像に触れる中で、ベートーヴェンの悩みと比べ、自分の悩みがいかに取るに足らないものであるかと自身の心情を吐露している。さらに、この感想文は「沈黙の中に音をつくりだしていく。彼の偉大さがそこにある」（全国学校図書館協議会 1971: 426）と、ベートーヴェンの偉大さを称揚するとともに、人生の岐路にある時期にこの本を読んだことで、人生について深く考えるきっかけとなったとも述べている（全国学校図書館協議会 1971: 426）。ベートーヴェンの実像に触れ、最初は違和感を覚えたものの、最終的にはそれがよりベートーヴェンの理解を深めることにつながり、結局は彼を偉大な人物として再認識させてくれたと感想を述べるものもある。ある感想文では次のようにベートーヴェンを評している。

この本はベートーヴェンに対する私のイメージを一時は撹乱したが結局はより深いベートーヴェンの心の中へと私を誘い込んだように思う。そして今、ベートーヴェンはやはり憧れの人であり、うらやましい限りの私の偶像である。（全国学校図書館協議会 1971: 488–489）

『ベートーヴェンの人間像』は、読書感想文の課題図書となることにより、ベートーヴェンの実像に迫るという近衛の意図を離れ、ベートーヴェンの日常生活に現れる苦悩を逆に際立たせることとなった。その結果、日々悩む高校生たちはベートーヴェンにより深く共感し、その偉大さを改めて見出した。高校生が語るベートーヴェンもまた、日本におけるベートーヴェン像の形成を考える上で示唆に富む事例の一つとなっている。

2　ベートーヴェン受容における「活字」および「子ども」という視点

先に述べた高校生の読書感想文の例は、日本におけるベートーヴェン像の一つの典型であると言えるだろう。我々の多くは、ベートーヴェンの作品に触れたことがそれほどないとしても、とにかく、ベートーヴェンが偉大な人物であるということは知っている。しかし、それはそもそも一体なぜなのであろうか。

その理由の一つとして、後に述べるように、ベートーヴェンを受容するにあたり、音楽そのものというよりも、ベートーヴェンにまつわるエピソードなど、活字を通した受容が中心だったことが挙げられる。

日本におけるベートーヴェン受容に関する先行研究では、楽曲にとどまらず、楽聖としてのベートーヴェンの受容が盛んになされたことがすでに指摘されている。当時の人たちは、鳴り響くベートーヴェンの作品というよりも、偉大な人間、つまり楽聖としてのベートーヴェン像を、彼にまつわる物語を読むことを通じて受容していた。

たとえば、瀧井敬子は森鴎外、夏目漱石、あるいは島崎藤村らの日記や文学作品の分析を通じて、明治の文豪たちがベートーヴェンを含む西洋音楽をどのように受容していたのかを明らかにしている（瀧井 2004）。ここで取り上げられている文豪たちは実際の音楽に触れ、時には演奏することを通じて西洋音楽を受容することがある程度は可能な環境にあった。その一方で、竹中亨は、主に日本におけるワーグナー受容を取り上げ、日本における西洋音楽を中心とする活字を通した音楽移転、すなわち、「ある地域の音楽文化が他の地域に移しかえられる現象」（竹中 2016: 21）のあり方について論じている。明治時代の日本の状況を考えた時、ワーグナーやベートーヴェンの楽曲を実際に聴く機会は相当限られていた。そうした状況にあった当時の西洋音楽の愛好者にとっては、音楽そのものというよりも、むしろワーグナーやベートーヴェン自身の言葉や伝記など、活字を通じた受容が大きなウエイトを占めていたことを竹中は明らかにしている。浦久俊彦も指摘する通り、西洋音楽を嗜む明治時代の日本人は、その多くが西洋音楽をまずは頭で理解し、「活字で音楽に感動する人々」(浦久 2020: 119) だったのである。

では、こうした音楽移転のあり方というのは果たして当時の子どもたちにも当てはめることができるのだろうか。たとえば小説家の五味康祐は、子ども時代に、どのようにベートーヴェンを理解しようとしていたのかについて、以下のように回想する。

> 昭和一五、六年といえば、岩波文庫で片山敏彦氏の名訳によるロマン・ローランの『ベートーヴェンの生涯』はもう発行されていた。忘れもしない、私がこの文庫本を買ったのは昭和一三年の暮である。むさぼるように私は愛読した。旧制中学五年生だった。つまり「大好きなベートーヴェン」をその作品の大部を聴く前に、私は書物で知りすぎてしまった。耳ではなく、頭脳で聴かざるを得なかった由縁だとおもう。私だけではなかったとおもう。
>
> (五味 2016: 304)

ここで五味が述べているように、昭和初期に子ども時代、あるいは青年時代を過ごした人たちもまた、ベートーヴェンを含む西洋音楽について、まずは活字を通して理解していたことが推察される。これはまさに竹中が述べたような音楽移転の一つの典型を示すものであると言えるだろう。五味はさらに次のように述べる。

> 私は、ベートーヴェンが好きであった。ベートーヴェンのことならなんでも知りたいと思い、しかも肝心の音楽そのものを聴く機会は限られていた。そんな不満をベートーヴェンの伝記や、生い立ちや手記を読むことで癒やしたのだ。（五味 2016: 305）

演奏会だけでなく、レコードで音楽を聴く機会が限られていた五味青年にとって、ベートーヴェンについて知ることとは、音楽そのものではなく、ベートーヴェンの伝記を読むことだったのである。

3　逸話「月光の曲」のルーツ

活字を通したベートーヴェン受容のルーツの一つとなったのが、現在の科目で言うところの国語教科書にあたる読本教科書に掲載されていた逸話「月光の曲」である[1]。明治時代から、子どもたちの多くは読本教科書に掲載された逸話「月光の曲」、つまり活字を通じてベートーヴェンについて学び、偉大な芸術家としてのイメージを描いていた。

学校で用いられる教科書は、その時代に応じて必要とされるイデオロギーや教育内容を子どもに効率的に伝達するために重要な役割を担っている。こうした、一種のメディアとしての教科書の役割について、佐藤卓己は「義務教育の教科書は国家のスポンサーシップで無償提供されており、大量生産される情報消費財としてマスメディアと呼ぶにふさわしい『公共性』と『形式』を備えている」（佐藤 2015: 205）と述べる。佐藤の主な分析対象は歴史教科書であるが、読本教科書を含む他の教科書についても、教科書が広く子どもたちに読まれ、教師たちによってその内容が教えられていることを考えるなら、事情はある程度は同じであると言えるだろう。近代日本のベートーヴェン受容を考える際、読本教科書に掲載された「月光の曲」というのは、限られた期間ではあるものの、実は非常に広範囲に亘って当時の子どもたちに影響していたのではないか。

従来の研究では、ベートーヴェンの伝記や、彼の作品の演奏記録や楽譜受容など、いわゆる「芸術音楽」の視点からベートーヴェンの受容について論じられることが多かった。しかし、多くの子どもが学校で目にする機会の多い教科書に掲載されていた「月光の曲」は、演奏会やレコード、あるいはラジオによる受容よりも、より広くかつ効率的にベートーヴェン像を作り上げていたと考えられる。

本章では、近代日本の教育現場における《月光の曲》にまつわる逸話の受容、すなわち、「活字を通した子どものベートーヴェン受容」の過程を辿る作業を通じて、音楽と作曲家をめぐるエピソードの関係や音楽の理解について、新たな視点を提示したい。

４　日本におけるベートーヴェン受容

日本におけるベートーヴェン受容に関する研究は、二〇〇〇（平成一二）年前後を境に活発になる。代表的なものとして、西原稔が「楽聖」としてのベートーヴェン像がいかに形成されたかについて詳細に論じている（西原 2000a; 西原 2000b）。福本康之は、明治時代の音楽雑誌の分析や、ベートーヴェンの没後一〇〇年にあたる一九二七（昭和二）年、あるいは戦時下の状況に着目しながら、ベートーヴェンの楽聖としてのイメージ形成や、当時の演奏会の記録からベートーヴェン受容について論じている（福本 2000; 福本 2001; 福本 2002; 福本 2004）。また長谷川由美子や大城了子は楽譜出版から（長谷川 2004; 大城 2008）、村井沙千子は、ラジオ放送の観点からベートーヴェン受容について論じている（村井 2011）。

以上のようにさまざまな観点からベートーヴェン受容について研究がなされてきたが、日本におけるベートーヴェン受容の時代区分について、西原は①明治三〇年前後から明治末年まで、②大正二年から大正末年、そして③昭和二年から昭和二〇年までの三つの時代区分を挙げる（西原 2000b: 104）。西原は、第一期にあたる明治においてベートーヴェンの音楽が東京音楽学校で演奏されはじめ、続く第二期にあたる大正時代において、ベートーヴェンが演奏面および美学面でも注目され、そして没後一〇〇年にあたる一九二七（昭和二）年を含む第三期において非常な盛り上がりを見せたと各時代区分を整理している。中でも西原は「楽聖」としてのベートーヴェン像の形成について第二期にあたる大正時代を重視し、次のように述べる。

大正デモクラシーの風潮のなかで自由な教養文化が開花し、ベートーヴェンを語ることが同時に、人間愛や倫理、理想を語ることであると見なされ、人々はこぞってベートーヴェンのなかに人間主義と自己陶冶を見出そうとしたのである。（西原 2000b: 105–106）

右記引用に見られるように、西原は、大正時代以降、ロマン・ロランを端緒とするベートーヴェンの評伝を通じ、人々がベートーヴェンを一種理想的な人間像として捉え出した時期であると指摘している。ベートーヴェンは、日本においてその音楽のみならず、めざすべき人間像のモデルとして――つまり、苦難を乗り越える偉大な人間のモデルとして――重要な役割を担っていたのである。

5　ピアノ作品としての《月光の曲》受容

ではここで、ピアノ作品としての《月光の曲》が日本においてどのような広がりを見せたのか確認しておきたい。《月光の曲》は一八〇一（寛政一三）年に作曲された。伯爵令嬢ジュリエッタ・

グィチアルディに献呈されたピアノソナタ第一四番嬰ハ短調作品二七の二《幻想曲風ソナタ *Sonata Quasi una Fantasia*》が正式な名称である。「月光 Mondschen」という名称は、ベートーヴェンによるものではなく、ドイツの音楽家で詩人でもあるルードヴィヒ・レルシュタープが、この曲の第一楽章を「スイスのルツェルン湖の月光の波にゆらぐ小舟のよう」と評したことが由来とされている（音楽之友社編 1980: 356–357）(2)。

日本における《月光》の初演は、一八九六（明治二九）年四月一八日に東京音楽学校の同声会演奏会で遠山甲子《きね》が演奏した《ムーンライトソナタ》であると言われている（西原 2000b, 104）。また、国内で最初に出版されたベートーヴェンのピアノ譜もまた《月光の曲》であった(3)。一九〇七（明治四〇）年に《月光ソナタ》が楽友社による雑誌『音楽』の中で四回にわたり綴じ込み付録として収録されている。しかし、長谷川や大城が指摘しているように、同雑誌では、三回目と四回目の楽譜が同じ第三楽章の同じ一部分を掲載しており、最後まで掲載されていない（長谷川 2004: 195; 大城 2008: 76）。一九〇九（明治四二）年に楽友社を引き継いだ音楽社が《月光の曲》のピースを発行している（長谷川 2004: 195）。

このように日本で広がっていく《月光の曲》が果たした役割について西原は次のように述べる。

わが国のベートーヴェン像を決定した作品は《月光》ソナタであり、人々は《月光》の逸話や《月光》にまつわる解説によって、作曲家ベートーヴェンを理解し、彼の作品を享受し、西洋音楽への憧れにも似た理想を語ったのである。遠山の演奏したこの作品こそ、わが国のベートーヴェン像を形成する一つの要因となったのである。（西原 2000b: 104）

ここで重要なことは、日本においてベートーヴェン像を決定した作品は《月光の曲》であるものの、それは実際の音を通じてというよりも、むしろ《月光の曲》にまつわる逸話を通じて人々が作曲家ベートーヴェンを理解したという点であろう。というのも、当時の演奏会は現在よりも限られた場所で行われていただろうし、またレコードやラジオを通じてベートーヴェンの作品にじかに触れることが比較的容易になるのも昭和に入ってからである。特に明治や大正時代にあっては、おそらく多くの子どもたちにとって、一番身近でベートーヴェンに触れることができたのは読本教科書に収録されている逸話「月光の曲」であったと思われる。

6 逸話としての「月光の曲」受容

では、「月光の曲」の逸話はどのようにして日本に伝わってきたのだろうか。もともと「月光の曲」の逸話は、一八八四（明治一七）年にアメリカで出版された「New National Fifth Reader」に掲載されている「BEETHOVEN'S MOONLIGHT SONATA」というタイトルの話を訳出したものである。(4)「New National Fifth Reader」を含むいくつかの英語教科書が日本に輸入され、底本となり、日本語に訳されることで日本国内に広がっていった。「New National Fifth Reader」を日本語に訳したものでは、一八八八（明治二一）年に発行された渡邊松茂による『ニユーナシヨナル第五読本直訳』（渡邊 1888）や同年に清水維誠が訳した『正則ニユーナシヨナル第五読本直訳』（清水 1888）などが挙げられる。また、音楽評論家の中村とうようが指摘しているように（中村 1974: 138）、一九〇二（明治三五）年に小柳一蔵が『海外遺芳』に収録している「月夜奏琴」（小柳 1902）、あるいは一九〇二（明治三五）年に雑誌『音楽之友』に掲載されている巌本捷治による「嫦娥之曲《ムーンライトソナタ》を論じてベートーフエン氏の人格に学ぶ」という記事においても「月光の曲」が取り上げられている（巌本 1902）。小柳は、前掲書の冒頭において、『海外遺芳』がナショナルリーダーを訳出したもので、特に教訓的、道徳的なものを選んだと書いているように（小柳 1902: 凡例）、ここで掲載されているベートーヴェンに、ある種お手本とするべき人間像が期待されていたことが推察される。

この逸話の概要はおおよそ次の通りである。ある月のさえた夜、友人と二人で散歩していたベートーヴェンが、どこからともなく自分のピアノ作品の音がしてくることに気づく。ピアノを演奏していたのは貧しい靴屋に住む目の見えない少女であった。ベートーヴェンはここで月の光をテーマにピアノを弾く。これが後の《月光の曲》となったとされる。逸話「月光の曲」は、ナショナルリーダーから訳されたのち、日本の読本教科書に掲載されるようになる。

7　教科書に見る「月光の曲」

「New National Fifth Reader」を訳出する形で日本に入ってきた「月光の曲」は、当時の読本教科書に掲載されて広がっていく。古いものでは一九一一（明治四四）年の『高等小学読本巻三』（文部省 1911）に始まり、一九二三（大正一二）年『尋常小学国語読本巻十二』（文部省 1923b）、一九三八（昭和一三）年『小学国語読本巻十一』（文部省 1938）、一九四二（昭和一七）年『初等科国語七』（文部省 1942）のそれぞれの教科書に掲載されている。内容についてはどれもほぼ同内容で、ナショナルリーダーの原文と同じ体裁をとっている。

さらに、戦後になってからも「月光の曲」は教科書で取り上げられている。たとえば『五年生の国語上』は、出典が戦前の国語読本であることを明記した上で「月光の曲」を掲載している。また『改訂版中学標準国語二上』では、ロマン・ロランの『ベートーヴェンの生涯』を訳した片山敏彦による伝記（片山 1949）をもとに「ひとすじの道――ベートーヴェン」という文章を掲載している。ここでは、「月光の曲」や「第九交響曲」にまつわるエピソードを軸にベートーヴェンの生涯が描かれているが、「月光の曲」については、先に取り上げた逸話をベースにしている。また、この時期に耳が聞こえなくなってきていたことについても触れている。『ベートーヴェンの生涯』の訳者である片山が、「月光の曲」の逸話を採用していたことは注目に値する。片山は、ベートーヴェンに関する史実を知った上で、この逸話が持つ教育的な効果を期待した上であえて採用したと思われる。このように、逸話「月光の曲」は、戦前から戦後にかけ、その教育的効果を期待されながら教科書に掲載されていたのである。

では、教科書に掲載されていた「月光の曲」はどのようにして指導されることが目指されていたのか。ここで当時の指導書をいくつか見てみたい。三浦喜雄、橋本留雄による『教材精説　実際教法尋常小学国語読本教授書』では、「月光の曲」の指導について次のように述べている。

> 大天才の大創作談は聞いただけで読んだだけで既に面白いものである。況して其の創作動機を考へて斯る心境は自分にもあることを発見した時どんなに愉快なものであらう。私共は本課を読んでこの天才にひさまじく事を知り、この物語を味はへるによって芸術家の心境を察して行きたい。
>
> （三浦ほか 1923: 116）

この文章では天才ベートーヴェンの芸術家としての心境を察することが求められている。また、《月光の曲》を一晩で書き上げたベートーヴェンの精神力について「大天才にして始めて存する事で、事務的であり又あらざるべからざる凡人及び平凡の児童には望み得べからざる事である」（三浦ほか 1923: 124）と述べている。その一方で、《月光の曲》が作曲された当時ベートーヴェンがボンではなくウィーンにいたことを知っていた著者は、「事実を超越して考へて行きたい」（三浦ほか 1923: 121）と述べ、逸話から得られる教育的効果を優先している。

一九二六（大正一五）年に出された『各課精説　国語読本の真使命　巻十二』の著者で読み方教授の専門家であった友納友次郎は、《月光の曲》の評価について「余り名高いものではない」（友納 1926: 185）と先ほどの指導書とは対照的に否定的な評価を下している。また、この逸話についても実際にはウィーンの郊外の別荘で作られたもので、月光の美しさを捉えた曲ではなく、頗る陰鬱な曲であると捉えており、《月光の曲》そのものやそれにまつわる逸話については慎重な立場をとっている。しかし、音楽雑誌で紹介され、また教科書にも掲載され一定の広がりを見せていた「月光の曲」の取り扱いについては次のような見解を示している。

実際の曲は斯うした伝説から生まれたものではありませんが、無理に考証だてして、此の伝説は間違ってゐると云ったやうなことは、子供に知らせない方が宜いと思ひます。どこまでもやはり伝説を伝説の儘にして置きたい。ベートーベンのムーンライトは此の伝説にあるやうな事実から生れたものだとして教へて置きたい。そこにベートーベンのベートーベンらしい所が現れ、芸術家の芸術家らしい気分を味ふことが出来るからです。（友納 1926: 191）

友納は、史実と異なる逸話であることは認めつつも、芸術家の気分を味わわせるためにはむしろ逸話は教育上好都合なものとしてそのまま教えるよう勧めている。(5) この他に、音楽評論家の兼常清佐もまた《月光の曲》を紹介する文章の中でこの逸話について次のように述べる。

ピアノの曲では、諸君が読本でよく知つてゐるベートーヴェンの「月光の曲」をのせた。物語だけ読んで、まだ実際の曲に接した事のない諸君は、この譜を見れば大体の様子はわかるであらう。読本にあるあの物語は、もちろん、作りばなしで、本当にあつた事でも何でもない。併し諸君がこの曲を聞くときに、勝手に、あの様な美しい物語を想像して聞いても、少しもさしつかへない筈である。

（兼常 1927: 189）

これらの発言からも明らかなように、大正末年から昭和初期にかけて、すでに《月光の曲》に関する物語がフィクションであることが明らかでありながらも、教育的にはその効果が認められ、逸話を逸話として学ぶことが認められていた。

こうした動きは読本教科書にとどまらず、唱歌教育の側からもこの逸話へのアプローチがある。たとえば、雑誌『学校音楽』一九三四（昭和九）年一一月号において、石村ちからによる「読本教材『月光の曲』を観る」という論文がある（石村 1934）。石村は、国語読本に掲載されている「月光の曲」について、国語教師だけでなく、音楽教師もこの教材に触れ、研究すべきだとして、教材としての「月光の曲」について分析を行っている。石村はこの逸話に登場する妹、兄、ベートーヴェン、そしてその友人の人物像、あるいは当時のピアノについて詳細に検討した上で次のように述べている。

> ベ《マ》ートベ《マ》ンは月光の偉力が愛に作用して現はれた芸術の聖さの象徴である。偉大なる作品は単に作られるものでなく、感激から生まれる。感激なき創作は肯定されない。此の点を強調して作家の心理過程をうかがわせ、音楽の尊さに触れしめてゆく所に此の教材の本義があらふ。教育の目標たる、魂の限りない発展に作用してこそ之れ始めて全人格に触れ合ふ教育である。
> （石村 1934: 41）

また『初等科国語七　教師用』においても、《月光の曲》がもともと月光にゆかりのないものであることに触れつつ、逸話として描かれるベートーヴェンに対する教育的効果を重視している（文部省 1943: 269）。この指導書では、子どもに伝えたいことについて次のように書かれている。

> 世に「月光の曲」といひ伝へられてゐるベートーベンのピヤノ曲にまつはる物語を掲げ、音楽家らしい純情と親切心とを描くとともに、創作三昧の情熱と努力とを写し、児童をして音楽の偉大な力に想到せしめ、且真の芸術作品は、不朽の生命力をもつて後世の人々の魂を浄化し、鼓舞し、慰撫することを感得させようとするものである。
> （文部省 1943: 269）

学校教育においてもまた、ベートーヴェンには、逸話としての「月光の曲」で描かれるベートーヴェン像が求められていた。それはとりもなおさずそこに教訓的、道徳的な人間像が描かれているためであった。

このように、逸話「月光の曲」を通して、ベートーヴェンの人間性について学ぶということに加え、逸話について学ぶとともに、レコードで《月光の曲》をかけることを勧めているものもある。たとえば教師用の指導書を書いた秋田喜三郎や佐藤末吉は、「月光の曲」の指導に際し、準備物としてベートーヴェンの肖像画に加え、蓄音器と《月光の曲》のレコードを準備するよう指導書に書いている（秋田 1926: 491; 佐藤 1936: 453）。

では、大正末から昭和初期にかけて、子どもたちは「月光の曲」をどのように学んでいたのだろうか。ここでいくつかの例を挙げておきたい。たとえば、小説家の河野多恵子は小学校時代に学んだ「月光の曲」に関する経験について以下のように回想している。

小学校では、鑑賞教育はなかった。ただ一度、五年か六年の国語の教科書で「月光の曲」という課を教わった時、受持の先生が当分のあいだベートーヴェンのその曲を毎日昼休みに全校のスピーカーで流してくださった。お弁当を食べたり、運動場で遊んだりしている私たちの耳に自然に聞えてくるのだった。曲そのものについては何の解説も聞かされなかったけれども、遊んでいる途中でふと「ここ好きやわ」と耳を澄ます子がいたり、下校時靴箱の蓋をバタンとしめて往きながら、ハミングでそのひとくさりを歌う男の子がいたりするようになった。昼休みになっても、もうその曲が流れなくなった時には、物足りない気がしたものであった。（河野 1981: 81）

河野は、逸話「月光の曲」について学び、それとともに《月光の曲》を聴いていた。鑑賞教育が当時なかったという証言から推察するなら、《月光の曲》を聴くことができたのは、音楽の授業の一環というよりは、読本教科書の「月光の曲」の理解を深めるためであったと言えるだろう。これはまさに秋田や佐藤が指導書で書いていた通りの内容で「月光の曲」について学んでいたと考えられる。

しかし、こうした例がある一方で、音楽評論家の武川寛海は、「月光の曲」に関する思い出を次のように語っている。

> ベートーヴェンの名前を知ったのは小学校の六年生のときである。国語の教科書の「月光の曲」である。心のやさしい人だなァ、と思った。小学校は宇都宮の女子師範の附属小学校である。本校には音楽学校出身の先生がいたし、小学校にはピアノも蓄音器もあった。条件は良かったわけなのだが「月光の曲」は聞かせてもらった覚えはない。
>
> （武川 1978: 235）

河野とは異なり、武川の場合は、音楽的な環境は整っているにもかかわらず、逸話「月光の曲」について学ぶ際、レコードで《月光の曲》の演奏を聴くことはなかった。

読本教科書に掲載された「月光の曲」では、あくまで逸話としての内容を学ぶことを通じて、ベートーヴェンの人間性を理解することが目指されていた。たとえ実際の《月光の曲》を聴いたとしても、それは逸話「月光の曲」をより深く学ぶための補助教材としての位置づけだったのである。

8　「月光の曲」変奏曲――翻案される「月光の曲」

ここからは逸話としての「月光の曲」がさらに姿を変えて広まっていく様子をもう少し追ってみたい。一九〇〇年代から徐々に読み物として広まった「月光の曲」であるが、一九二八（昭和三）年に、童話劇として「月光の曲」が取り上げられている（中西 1928: 246–256）。この童話劇集の冒頭で著者の中西芳朗は、学校で行われる劇について「好き材料を与へよき表現と、それによる子供たちの人格陶治、人情教育に十分の考慮を用ふることは教育者や父兄のまさに帯ふべき使命だと考える」（中西 1928: 2）と述べ、子どもの人間形成のために、大人が望ましいと考える題材を与えなければならないとする。

実際に、『学校劇傑作集　高学年用』の冒頭で学校劇は「学校内で公演しうる合科目的な共同作業による情操的教育活動であらねばならぬ」（吉野 1941: 1）と述べられており、情操教育として学校劇の教育的効果が期待されている。この劇集では、「良寛さま」や「野口英世」とともに「月光の曲」もまた学校劇の演目の一つとして取り上げられている。子どもたちは学校においてベートーヴェンの曲」の登場人物を演じることで、「月光の曲」の内容をより深く理解するとともにベートーヴェンのような高い人格を備えた人物に少しでも近づくことが期待されていたのである。(6)

こうした動きは学校劇にとどまらない。一九三六（昭和一一）年の朝日新聞の記事を見ると、東京学校劇グループという団体が「月光の曲」をモチーフとしたラジオ劇を放送していた（著者不明 1936: 14）。この記事では次のように書かれている。

小学生の時間には国語読本巻十二でお馴染の大作曲家ベートーヴエンの「月光の曲」の物語に音楽をつけてドラマに仕上げたものが東京学校劇グループの人々によつて送られる、作者の藤浦洸氏は『ベートーヴエンの行ひは「哀れなものを憐れむやさしい心」だけでやつたものでなく、もつと深いものがあつた事を皆さんに知らせ度いのです』と語つてゐる。
（著者不明 1936: 14）

ここでは「優しいベートーヴェン」という姿が認められつつ、そこにとどまらない偉大な存在としてのベートーヴェンを感じ取ってほしいという思いが表れている。さらに、「月光の曲」は白雲齋樂山という講談師によって講談にもなっており、さまざまな形で「月光の曲」が語られていたことが窺われる（白雲齋 1940: 707–736）。

「月光の曲」は、その逸話をモチーフとして唱歌にもなっている。管見では、これまでに二つの唱歌《月光の曲》が確認されている。その一つが一九三一（昭和六）年に発行された『新尋常小学唱歌　第六学年用』（日本教育音楽協会 1931: 22–23）に収録されている。これは国語読本に掲載されていた「月光の曲」をモチーフとした唱歌で、先に触れた雑誌『学校音楽』一一月号において、当時東京市の視学であった柴田知常がこの唱歌の指導法について述べている（柴田 1934: 99–103）。柴田は、「歌曲月光の曲を巧に唱謡せしめ、読方科と相俟って『月光の曲』作曲の際の詩趣豊かなる物語の醍醐味を味得せしめて高尚優美なる感情を養ふ」（柴田 1934: 100）ことをこの教材を学ぶ際の目標に定め、唱歌を歌うことで逸話「月光の曲」の理解をより深めようとしている。この唱歌は四分三拍子で変ホ長調の明るい曲調となっている。次に示すのは『新尋常小学唱歌　第六学年用』に収録されている唱歌《月光の曲》の歌詞および譜例である（日本教育音楽協会 1931: 22）（譜例 4-1）。

一　「今宵の月を題にして、
さらば一曲かなでん。」と、
ベートーベンは賤《しず》が家の
古きピヤノに手を触れぬ。

譜例4-1 『新尋常小学唱歌　第六学年用』に収録されている唱歌《月光の曲》

二　優しくいとどしめやかに
沈める調《しらべ》は、ぬばたまの
闇を破りて冬の月、
静かに空を上るごと。

三　やがてぞ起る物すごき
調べは、山の奥深く
魔物むれゐて夜もすがら
月の芝生にをどるごと。

四　荒波岸に砕くるか、
急流岩に激するか、
ベートーベンは弾き終えぬ、
月の光を身に浴びて。

一方、一九三五（昭和一〇）年に日本教育唱歌研究会が編纂した『最新昭和小学唱歌伴奏　尋常科第五六学年用』にも《月光の曲》というタイトルの唱歌が掲載されている（日本教育唱歌研究会 1935: 51–52）（譜例4–2）。歌詞にベートーヴェンの名が出ており、歌詞の内容も月光の曲にまつわる逸話から連想される情景を描いた内容となっており、こちらの唱歌もまたピアノソナタ《月光の曲》ではなく、読本教科書に掲載されていた逸話「月光の曲」から着想を得た内容となっている。こちらは四分の四拍子でト短調の暗い曲調となっている。

一　賤《しず》が家に、月の光を仰ぎ見て、
　　ベートーベンは弾き出でぬ、
　　妙なる調《しらべ》、月光の曲。
二　山の端の、そらにほのぼの夕月の、
　　のぼりて闇を照らすごと、
　　やさしき調、月光の曲。
三　ぬばたまの、闇の芝生に物の怪の、
　　つどひて奇しく踊るごと、
　　さびしき調、月光の曲。
四　急流の、岩に飛散り、荒波の、
　　怒りて岸をうつがごと、
　　はげしき調、月光の曲。

なお、二つの唱歌の歌詞に似た部分があるのは、読本教科書において描かれる《月光の曲》に関

譜例4–2 『最新昭和小学唱歌伴奏　尋常科第五六学年用』に収録されている唱歌《月光の曲》

する記述を参照しているからであると思われる。以下に『尋常小学国語読本　巻十二』より対象となっている箇所を引用しておく。

やさしい沈んだ調は、ちやうど東の空に上る月が次第々々にやみの世界を照らすやう、一転すると、今度は如何にもものすごい、いはば奇怪な物の精が寄集まって、夜の芝生にをどるやう、最後は又急流の岩に激し、荒波の岸にくだけるやうな調に、三人の心はもう驚きと感激で一ぱいになって、唯ぼうっとして、ひき終ったのも気付かないくらゐ。

(文部省 1923b: 43-44)

いずれの唱歌においても、右記の読本の記述をたよりに歌詞が構成されていることが分かる。この唱歌は、読本に書かれた内容の理解を深めるために作られたものである。つまり、ベートーヴェンの音楽というよりも、逸話「月光の曲」を通じてベートーヴェンという人間の理解を深めることが企図されている(日本教育唱歌研究会 1935: 50)。

なお、一九一〇(明治四三)年にはのちの『尋常小学唱歌集』の布石とも言える『尋常小学読本唱歌』が発行される。(7) これは文部省による初の教科書で、「教科統合」という考えのもと、読本教科書の教材を使用したもので、《我は海の子》などが掲載されている。渡辺が指摘する通り、『尋常小学読本唱歌』は、当時の読本教科書の内容をよりよく理解するための、いわば「副教材的な位置づけのもの」（渡辺 2010: 76）であった。当時の状況を考えるなら、唱歌として作られた《月光の曲》も、『尋常小学読本唱歌』には収録されていないものの、読本教科書の内容をよりよく理解するための位置づけで作られたものであると言える[8]。

以上のように、逸話としての「月光の曲」は劇化され、学校やラジオドラマで演じられるようになる。また、唱歌の題材ともなったが、ピアノ作品としての《月光の曲》ではなく、逸話としての「月光の曲」がモチーフとなっていることは非常に興味深い。

ベートーヴェンは、音楽そのものというよりも、むしろ芸術家、あるいは作曲家としての一つのモデルとして描かれ、その人間像が受容されていたことを示す例であるといえよう。そしてその姿は、さらに独自の進化を遂げていく。一九三九（昭和一四）年に発行された平井美奈子による『楽聖物語』（一九三九）でも「月光の曲」は取り上げられているが、その描かれ方はこれまでのものとは異なっている。「月光の曲」が描かれる舞台はボンからウィーンに移っている。またこの曲が作曲された時、ベートーヴェンの耳が聞こえなくなっていたことを強調しつつ物語が進行していく。立派な邸宅を歩いているとかすかに聴こえてくるピアノの音を聴診器で聴きとり、それが自作のピアノソナタであることを知り、家の中に入る。そしてそこで月を主題に作曲する。それが《月光の曲》であった（平井 1939: 48–56）。

ここでは、史実とフィクションが混ざりあい、耳の聴こえないベートーヴェンの姿が強調され、さらに恋愛の要素が含まれ、物語としての効果がより増幅されている。もちろんこの逸話に対する批判的な意見[9]もあったのだが、こうした傾向は戦後になっても続く。

雑誌『小学六年生』の一九五〇（昭和二五）年九月号に掲載されている「感激物語　月光の曲」（平井 1950: 124–131）では、舞台はウィーンであるものの、貧しい靴屋の少女の家に行くところはナショナルリーダーのものに近い。ベートーヴェンは、先ほどと同じく耳が聴こえないことに悩む様子が強調されている。そしてさらに目の見えない少女と耳の聴こえないベートーヴェンとを対比させつつ物語は《月光の曲》を作曲するシーンへと進行する。

この「耳の聴こえないベートーヴェン」と「目の見えない少女」との対比は一九五一（昭和二六）年発行の『美しい心　正しい人　社会科美談読本四年生』に収録されている「月光の曲――ベートーベンものがたり」（児童文学者協会編 1951）でも同様に物語の効果を高めるために用いられている。また、『小学六年生』一九六四（昭和三九）年一〇月号でも目の見えない少女と耳の聴こえないベートーヴェンの対比が強調され（宮地 1964）、『小学四年生』一九六五（昭和四〇）年三月号でも目の見えない少女に《月光の曲》を捧げるベートーヴェンの姿が描かれている（宮 1965）。

こうした逸話が好まれたのも、柴田南雄が新聞記事の中で皮肉を込めて述べるように、目の見えない女の子の演奏に感動するという筋書きが「たいへん日本的」（柴田 1979: 5）であったためであり、耳の聞こえないベートーヴェンの記述が後になって追加されるようになったのもこうした理由からであると考えられる。

おわりに

「月光の曲」に関する逸話は、ナショナルリーダーに収録されていたものが翻訳される形で戦前の日本で受容が広がっていった。この逸話は物語にとどまらず、童話劇、ラジオ劇や唱歌などさまざまなヴァージョンで語られてきた。ただ、一九二〇年代後半からすでにこの逸話が逸話であることは認められていた。しかし、それでもなお子どもへの教育的効果から、逸話をそのまま教えることが推奨されていた。また、この傾向は戦後になっても変わらなかった。

渡辺は、ドイツにおいて、《月光の曲》に関する逸話が語り継がれ、また、逸話をモチーフとした絵画が様々に描かれる過程を分析することを通じて、これらを含めた総合的な音楽体験には、《月光の曲》の理解を深めるための「マルチメディア的想像力」（渡辺 2014: 204）が働いているとする。ただし、渡辺が主張する《月光の曲》をめぐる「マルチメディア的想像力」とは、あくまで《月光の曲》、つまり音楽を中心に据えた考察である。もちろん、今回取り上げた逸話「月光の曲」は、読本教科書に掲載されていたものであり、読本教科書の教師用指導書の記述が「月光の曲」を補完するために《月光の曲》を聴くことを求めていたこと、あるいは逸話「月光の曲」をモチーフとした唱歌が作られていたことは、それが国語の授業であることからすれば、当然のことと言えるのかもしれない。しかし、逸話「月光の曲」を、国語教育という観点ではなく、ベートーヴェン受容、ひいては西洋音楽受容という観点から広く捉え直すならば、逸話を中心とする作曲家の理解を補完するために、音楽や逸話をモチーフにした唱歌や学校劇が用いられるという、これまでの音楽の理解の方法とは異なる視点を示す事例となっている。

マーク・エヴァン・ボンズは、ベートーヴェンが生きた時代には、作品に作曲家の人生を結びつけるようなものはほとんどなかったものの、一九世紀の中頃までに、聴き手はベートーヴェンの音楽を魂の発露として聴くようになり、魂を音楽理解の鍵とみなしたと指摘する。ボンズは「音楽のうちに作曲家を聴きとろうとする傾向――「ベートーヴェン症候群《シンドローム》」と名付けよう――はあまりに深く聴き手に染みついている」（ボンズ 2022: 4）と述べる。しかし、本章でこれまで考察してきた日本の西洋音楽受容のあり方の一つの側面、つまり、音楽そのものではなく、それらを取り巻く言語や図像など、耳からというよりもむしろ頭から理解する、という側面を考えるなら、次のようなことが言えるのではないか。すなわち、作曲家の自伝（あるいは逸話）のうちに音楽を聴きとろうとしていた、と。もちろんすべてがそうだとは言えないとしても、西洋音楽受容のあり方として、どちらの方向性も考えられうる、という立場をとることができるのではないだろうか。

作曲家をめぐる逸話について学ぶことを、歴史的事実とは異なるものだからといって切り捨ててしまうのではなく、むしろ音楽を理解する一つのヴァージョンとして位置づけてみる。そして、その背景にどのような意図が働いていたのかについて考えるという態度の重要性を、逸話「月光の曲」をめぐる「マルチメディア的想像力」は示している。

註

(1) 本章では、ピアノ作品と、逸話としての月光の曲とを区別するため、ピアノ作品については《月光の曲》、逸話のことについて述べる際には「月光の曲」と表記する。また、ベートーヴェンの表記については、本文中ではベートーヴェンとし、引用および文献については実際の表記に従っている。

(2) 渡辺裕は先行研究を検討しながら、《月光の曲》というタイトルについて、その由来は一般的にレルシュタープによるとされているが、のちにベートーヴェンの伝記作家であるヴィルヘルム・フォン・レンツの解釈や想像力が加わっているという可能性を挙げる(渡辺 2014: 189–190)。その上で渡辺は、正確な由来がどうであるかというよりも、「言語的想像力の集大成が、一八五〇年代になって確立された《月光》というタイトルであったと言ってもよいだろう」(渡辺 2014: 191)とこの曲のタイトルが定着した経緯の重要性について総括している。

(3) 日本におけるベートーヴェンの楽譜受容については、前掲の大城(2008)を参照している。大城によれば、日本における最初の楽譜出版は一八八一(明治一四)年の『唱歌集』であり、最初のピアノ教則本は一八九〇(明治二三)年の奥好義による『洋琴教則本』、そして国内における最初のベートーヴェンの楽譜出版として一八九二(明治二五)年『君は神』という題で『中等唱歌集』に収録された『自然における神の栄光』が挙げられる(大城 2008: 74–75)。

(4) アメリカの小学生が用いていた教科書で、アメリカのBarnes社から一八八三(明治一六)年から一八八四(明治一七)年の間に出版された。全五巻からなり、「BEETHOVEN'S MOONLIGHT SONATA」は第五巻に収録されている。また、この話の作者についてはナショナルリーダー内で明記されておらず、Amelia Ann Blanford Edwards というイギリスの女性作家によるものという説があるものの、詳細は確認できていない（木村 1948, 6）。

（5）友納は、別の指導書（1936）において、読本教科書に掲載された「月光の曲」の中にある挿画を取り上げ、そこに描かれる少女やベートヴェンの姿に言及している。なお、ドイツにおけるベートーヴェンの描かれ方の変遷やその意義に関しては渡辺（2014）を参照のこと。

（6）学校劇に求められた教育的意義については畑中（2003）に詳しい。

（7）『尋常小学読本唱歌』の詳しい成立過程については、岩井正浩（1998）を参照のこと。

（8）複数の教科を合わせて学ぶことで、教育的効果を高めようとする方法は、特に国民学校時代にさかんに行われていた。例えば、日の丸の旗を扱う授業では、修身で天長節について学び、国語の授業で日の丸に関する文章を読み、音楽の授業では、《ヒノマル》という曲を歌い、工作の授業では日の丸の旗を作る、という具合に、複数の教科で集中的に日の丸について学ぶよう計画されていた。こうした方法は、国民学校が目標とする「皇国民の錬成」を効率よく達成するためのものであった。詳しくは入江陽子（2001）を参照。

（9）たとえば童謡歌手で山田耕筰に師事していたダン道子は、逸話としての「月光の曲」について批判的で、国民学校で「月光の曲」について学んだが、それが実は言い伝えにすぎず、月に少しも関係がない曲であったと述べている（ダン 1947: 19; ダン 1949: 202）

付記　本章は、以下の論文に加筆・修正を加えた上で再構成したものである。「山本耕平　二〇一八「子どもとベートーヴェン――近代日本の教育現場における逸話「月光の曲」」『阪大音楽学報』第一五号：一―一八」

第5章　『大菩薩峠』とベートーヴェン

大衆・民衆の芸術とは何か

齋藤　桂

はじめに

四一巻にも及ぶ長大な中里介山の小説『大菩薩峠』。その中で最も知られているのは、連載時から行われた舞台化や、一九三五年〜三六年に大河内伝次郎主演で、また一九五三年と一九五七〜五九年には片岡千恵蔵、一九六〇〜六一年には市川雷蔵、一九六六年には仲代達矢のそれぞれ主演で繰り返し行われた映画化、あるいは近年ではふくしま政美による漫画化（二〇一〇〜　）、夢枕獏の再創作小説『ヤマンタカ』（二〇二〇）などで扱われる冒頭〜前半部分だろう。

幕末を舞台に、突発的に悪を為し、己の業に翻弄される剣豪、机竜之助を主人公に据えて、彼を仇として狙う者、恋に落ちる者、利用しようとする者などなど、主人公と同じく一筋縄ではいかない登場人物を揃えて繰り広げられる物語は前半だけでも十分に複雑で長大でもあるが、後半はさらに複雑かつ難解である。

現代の小説の基準から言えば、物語後半のキャラクター設定やストーリー展開はほとんど破綻していると言ってもいいほどだが、その破綻が近代以降の人々が直面する世の中の不条理や、個々人の内面のままならなさと共鳴し、これまでに多くの読者を獲得してきた。

その後半では、主人公であったはずの机竜之介は次第に脇に追いやられ、自然と仇討ちのストーリーも語られなくなる。代わりに新たに投入された、さらに個性的な登場人物たちによる思想小説とでもいうべきものへと変わっていく。あまりに突飛な展開ゆえ、未完で終わったのも必然だったかもしれない。もともとが厳密な時代考証がなされた作品ではないが、そもそもの時代設定も曖昧になり、登場する文物も、必ずしも時代背景に即したものではなくなってくる。

その時代背景に合致していないものの一つが「ベートーヴェン」である。彼の名前が登場するのは、一九三一年に発表された「勿来の巻」で、「茂太郎《しげたろう》」という突然歌や詩を詠じる登場人物が、即興的に叫ぶ場面だ。

皆さん――
元来、私は
エロイカの名称によって

知られている
ベートーベンの
第三シムフォニーが
大好きであります……

と、海の方へ真向きに向って、半ばは独語の如く、半ばは演説の如く叫び出したのが、尋常の声ではありません。
無論、誰も聞く人はない、また聞かせようと思って、呼びかけたものではないのです。

第八シムフォニーよりも
第五シムフォニーよりも
いわんや非音楽的な
あの第九シムフォニーよりも
この第三と第七とが
最も好きであります
そこで、私は
幾度となく、

この曲を聴いたり
或いはその解剖を
している間に
昔からエロイカに就て
論ぜられて来た
このシムフォニー特有の
神秘——換言すれば
謎に対して
人並みに気になり出して
来た次第であります……

出鱈目であるが、その声がすみ、おのずから調子がととのい、それに海の波の至って静かな夕べでしたから、出鱈目の散文が、やはり詩のようになって聞えました。

出鱈目とはいえ、即興とは申せ、これはまた途方もない。しかし、この少年は、いつか一度耳に触れたことは、脳によって消化されても、されなくっても、時に随って、必ず反芻的に流れ出して、咽喉《のど》を伝わって空気に触れしめねばやまない特有の天才を備えているのですから、いつ、何を言い出すか、それは全く予測を許されないのですけれども、いかに天才といえども、無から有を歌い出すことはできますまい。

（『大菩薩峠　勿来の巻』）

一応物語の設定である幕末で、ベートーヴェンの音楽が、まして各交響曲の内実が日本に伝わっていたはずはなく、矛盾をきたしている。もちろんフィクションであるから、実際の時代背景に合致していなくても問題はないが[1]、現実から乖離した名前を出すからには、この後のストーリーの展開にベートーヴェンが関わってくることになるかといえば、そうでもない。ベートーヴェンが登場するのは全編でもここだけで、あくまで「出鱈目」として片づけられるだけである。「出鱈目」に敢えて滑り込まされたこの、ある種の異物は、小説の外、すなわち『大菩薩峠』が発表された当時の状況や中里自身の思想を反映していると考えるのが妥当だろう。もちろん、長大な作品の中の一単語だけを取り出して論じることには、過度の深読みや誤読の危険が伴う。しかし本章は、敢えてその深読みを通じて、介山にこの人名を書かせた当時の音楽状況を明らかにしたい。つまり、この『大菩薩峠』に登場するベートーヴェンを一つの出発点にして、当時の日本におけるベートーヴェンを巡る状況と、そこから見える音楽観について論じる試みである。

本題に入る前に一点述べておきたい。本章では「民衆」「大衆」という言葉が頻出する。後に引用する直木三十五「大衆文芸作法」のように、この二つの言葉を区別する例もあり、また現代でもこれらを本質的に違うものとして扱う立場もある。すなわち「民衆」が主体的に文化を担うのに対して、「大衆」は主に都市に生活し消費を専らとする存在であるという定義である。しかし、都市化が進んでもなお、少なくとも主観的には人々は何等かの文化の担い手であると感じるものであろうし、そもそも扱う時代範囲を限定している本章ではこの二つはむしろほとんど同じものを指しているのであって、むしろ同じものの異なった側面を強調するために使い分けられるという点が重要であると考えている。

時に、社会の主体として高い価値を置かれつつ、時に社会の趨勢にただ流される、というような（おそらく今も変わらぬ）人々の有りようが、この二つの言葉に現れている。本章で論じたいのも、そのような二面性がいかに発露されるか、という点だからである。

1 『大菩薩峠』の概要と背景

『大菩薩峠』にはすでに多くの先行研究がある。まずはそれらに従って、この作品の基本情報・概要と背景を述べて、議論の前提としたい。

『大菩薩峠』は一九一三年に『都新聞』で連載が開始された。直木三十五は明治三十年代に隆盛した通俗小説を、関東大震災以降に「大衆文芸」として復興させたのはまさにこの『大菩薩峠』であると書いている(2)。重要なのは、ここで直木が用いている「大衆文芸」が、以前から提唱されていた「民衆芸術」に比して、直接的な政治思想色の薄いジャンルとして定義されていることだ。

嘗《かつ》て震災前に加藤一夫等によって始めて提唱された民衆芸術とは、如何に違っているのか、ということを明らかにしておく必要があると思う。その当時提唱された民衆芸術というのは、かの、ロマン・ローランが唱えた「民衆の芸術」を我が国へ輸入したのであった。彼等の主張は、民衆のための芸術を作らなくてはならない、ということにあった。それらの芸術は、民衆そのものの中から生産されるか、それとも民衆の中から生れなくとも、それが民衆のために書かれた芸術でなくてはならない、というのであった。即ち、彼等によって嘗て叫ばれ、そしてその後発達して今日のプロレタリア芸術論となった、民衆芸術というのは、目的意識的のものであった。処が現在我々が問題としている大衆文芸というのは、何ら目的意識的なものではなく、通俗的といった程の意味のものなのである。

(直木 1935/1932: 4)

もちろん、これは数ある定義の一つに過ぎない。実際には中里介山本人は大衆文学という呼称を嫌っており、後に「余は大衆作家にあらず」という文章を書いている。だが、少なくとも連載開始初期に『大菩薩峠』が、その時代の大衆性を何らかのかたちで代表するものとして捉えられたことは確かで、それはその後の長谷川伸らによって受け継がれていく。

このように大衆文学として登場した『大菩薩峠』であるが、その後、『大阪毎日新聞』『東京日日新聞』『隣人之友』『國民新聞』『読売新聞』と掲載媒体を変えて、また適宜書き下ろしを加えて、断続的に書き継がれていくに従って、当初の仇討ちを中心とした分かりやすい大衆性は薄まっていく。

鹿野政直（一九七三）は、執筆時期・媒体によってこの作品をA～Eの五つに区分している。すなわち、

A：一九一三年九月～一九一五年七月『都新聞』
B：一九一七年一〇月～一九二一年一〇月『都新聞』
C：一九二五年一月～一九二八年九月『大阪毎日新聞』『東京日日新聞』、一九二八年九月～一九三〇年七月『隣人之友』
D：一九三一年四月『國民新聞』、一九三二年書き下ろし、一九三三年三月～一九三四年四月『隣人之友』、一九三四年一〇月～一九三五年六月『読売新聞』
E：一九三八年二月～一九四一年八月　書き下ろし（未完）

である。この変遷については折口信夫が次のように述べている。

> 大菩薩峠が、都新聞の読者ばかりに喜ばれてゐた間は、芸術意識から自由でゐたゞけに、其處に自然の芸術味が滲み出てゐた。世間がかれこれ言ひ出す様になってから、急に不思議な意識が加って来て、序に芸術味なども、吹き飛して了うた感がある。
>
> （折口 1968/1930: 2–3）

折口は、この文章の中で、いわゆる高文化としての芸術を意識しない「民俗芸術」という言葉を使って、近松以来のこの種の大衆文化の流れの中に初期の『大菩薩峠』を置いている。上記の区分で言えばC以降が「不思議な意識が加わって来て」と幾分ネガティヴに捉えられている。件のベートーヴェンの登場箇所「勿来の巻」はこの分類ではDに当たる。この箇所では、もはや仇討ちではなく、ユートピア建設が物語の主題となってくる。このような中で登場する「ベートーベン」は、作中の、あるいは作者のユートピア観を反映していると考えることができるかもしれない。

当時、あるいは今日でもそうかもしれないが、ベートーヴェンの第九は近代的な社会におけるユートピア思想を体現したものとして理解された。欧州でのベートーヴェンの神格化をそのまま受容した日本では、その神格化がさらに純化したかたちで行われ、本書第4章にもあるように教材にすら登場して道徳的な役割を担わされることすらあった。実際演奏の頻度でも「楽界全般はショパンとベートーベンで一杯である」（横山 1933: 53、傍点省略）と語られるほどである。

では、この第九を「非音楽的」と否定的に述べる茂太郎のユートピア思想はどこに由来するのだろうか。

2　トルストイ受容と『大菩薩峠』の大衆性

「この曲を聴いたり／或いはその解剖を／している間に／昔からエロイカに就て／論ぜられて来た／このシムフォニー特有の／神秘――換言すれば／謎に対して／人並みに気になり出して／来た次第であります」という点については、おそらく当時すでに訳されていたベルリオーズ『ベートーヴェン交響楽の批判的研究』（仏蘭西書院、一九二三）が手がかりになる。この中でベルリオーズは「題名の曲解」「際立って不思議な感じを持つ」「不可思議な効果」「［第三楽章にスケルツォを用いた］其の理由がはっきりしない」と述べて、この作品を論じている。ここに、有名なナポレオンへの幻滅の逸話を加えれば、後に述べるように、大衆的なものにより価値を見出した介山が第三番を高く評価したことの説明となるかもしれない。

それでは第九への低評価はどうだろうか。ここで重要なのが介山のトルストイ受容である。介山自身『トルストイ言行録』（一九〇六）を編んでいることからも明らかなように、介山へのトルストイからの影響はすでに指摘されている（森崎 1987: 11–21）。特に一九〇六年に有馬祐政訳で博文館から出版された『芸術論』は、本人が前述の「余は大衆作家にあらず」において「どうしてもこれは一つ『芸術とは何ぞや』に触れて見て、芸術そのものの正体を掴んで見るようにしなければ、枯尾花《かれおばな》を幽霊と見ておそれるような結果になってしまうのである、それを検討することに於て、先ず最も適当な著述はトルストイの『芸術論』即ち What is art『芸術とは何ぞや』を熟読玩味して見ると甚だ宜しい」（中里介山 1934: 46）[3] と述べており、介山の芸術観の基礎となった思想のひとつとして考えられる。[4] そして、まさにこのトルストイ『芸術論』の中で「第九」が批判されているのである。

トルストイのベートーヴェン理解は特殊である。両者を称える伝記を書いたロマン・ロランでさえ、トルストイのベートーヴェン理解については複雑なところがあるようだ。ロランは「彼は音楽に関しては、一八八四年頃の既に古典になつた音楽家から得た、幼年時代の印象以上に出ることが出来なかった」（ロラン／宮島 1921: 311）と述べ、あらゆるものを批判するトルストイの傾向を指摘しつつ、しかしそこに自身の確とした基準で物事を見る芸術家らしさを見出してもいる。

このように複雑な反応を生んだ『芸術論』ではあるが、トルストイ自身の思想に従えば、その論理は素朴である。彼は次のように言う。

此シムフォニー［第九］によりて表示されたる感情が、特に人工的催眠を感受すらん如くに、啓発され又準備されたる人を聊《いささ》かにても統合し得べき所以を認めず、且つ不可解の大洋とも云ふべき、かの宏大にして錯綜せる作品に於て二三短句を除くの外、之を了解し得ること、普通の人衆中には、甚だ覚束なかるければ也。［…］シムフォニー全体の音楽は、先にシルレル［シラーのこと］その人によりて表示されたる思考に対し毫《わずか》も応答する所あるなし、畢竟これ全体にあらゆる人類を統合する所以のものにあらずして、単に或部分の人のみを糾合し、爾《その》他のものより孤立せしむるに有効な

る全然特殊的の音楽なるを以ての故也。（トルストイ／有馬 1906: 232）

すなわち「第九」は万人に呼び掛けるシラーの詞とは対照的に、高度に複雑な音楽はごく一部の人のためのものであって、「普通の人衆」から「或部分の人」だけを孤立させるものなのだ、と。

しかしトルストイは『クロイツェル・ソナタ』でのベートーヴェンの扱いからも分かるように、ベートーヴェンのすべてに否定的な訳ではない。むしろその芸術的な価値の高さを称えてすらいる。けれど一方で、ベートーヴェンを頂点とするような芸術音楽よりも、より素朴な音楽に多くの価値を置く傾向もあり、トルストイの音楽観は芸術と大衆性の間のジレンマをよく示している。あらかじめ言えば、このジレンマは本章が問題とする日本の例にも共通するものである。

ここでいうより素朴な音楽とは、民謡である。

トルストイの『芸術論』の中でそのことがよく表れているのは「何等のオルガンもまた良く謡ふ牧人の敵てする所を為すこと能はじ」（トルストイ／有馬 1906: 175）という一文で、芸術音楽よりも民謡を高く評価していることが分かる。

前出の森崎光子は、介山がトルストイ『芸術論』のみから影響を受けたのではなく、介山自身が当時の詩壇への馴染めなさから俚謡（民謡の古い呼称）への共感を抱いていたことが、後にトルストイ『芸術論』に共鳴することへとつながっているのだと指摘している。この素朴な芸術観は、社会主義の影響を受けつつ、それを狭義の政治ではなく文化や芸術の問題として受容したことによるもので、日本でもその後の音楽文化のあり様に影響を与えている。

たとえば介山が私淑しており、トルストイと非戦論を通じて親交のあった内村鑑三の、歌に関する論考「歌に就て」（一九〇二）もまた同様の指向をもつ文章で「平民歌なるものは大嶽と大河と亦蒼空を歌つたものでなくてはならない、歌は娯楽のためではなくて労働を援け促すものでなくてはならない。／○平民歌であるから労働歌でなくてはならない」（内村 1908/1902: 239-240）として、野口雨情らに影響を与え、大正期以降流行する民謡・新民謡に通じていく。野口雨情自身、社会主義思想のプロパガンダ詩を書いていた若い時期を経て、その後に民謡詩を発表しており、前述の直木三十五による「大衆文芸」が「民衆芸術」のもっていた社会的・政治的な含意を取り除いたところで成立していると論じたことと重なるものである。その意味で『大菩薩峠』に取り込まれる音楽観は、その後の日本の大衆音楽の展開を胚胎している。

このようにトルストイは文学を超えて影響を与えており、様々な場面で参照される文化的なアイコンでもあった。一九二七年に出版された小原國芳編『ベートーヴェン研究――ベートーヴェン一〇〇年祭記念出版』の序文には「『日本に戦にまけた。されど日本には大音楽がない。日本が大帝国たるためには遠き将来を有す』とトルストイにいはれても仕方ないではありませぬか」（小原 1927: 1）という文章がある。日露戦争終結時のトルストイの言葉だが、編者の小原は教育学者として著名な人物で、この言葉が気に入っていたのか、その後の著作でも同じ引用を何度か行っている。とはいえ、ここまで見てきたトルストイの民謡への指向を考えると、単純に「大音楽」のみを称揚していたわけではないことが分かる。ここでもやはり芸術と大衆性の葛藤が内包されている。

3 『大菩薩峠』における民俗音楽

すでに指摘されていることではあるが、『大菩薩峠』は紆余曲折するストーリーとは別に、前節で述べたような民謡への指向から、多くの民俗音楽を作中にとり込んでいる。ここでは、本論の主役であるベートーヴェンがどのような文脈にあるのかをより明確にするために、それらの民謡・民俗音楽の用いられ方について見ていく。

まず何よりも『大菩薩峠』が『都新聞』で始まったまさに初回の冒頭場面に、民謡が置かれている。

山が焼けるが
立たぬか雉子ヨ——
これが立たりょか——
子を置いて——

と妙な調子を張り上げて、鄙びた節おかしく歌う声が、青葉の中から洩れて来ると見れば、峠の頂きの十一面観音の社の横道に姿を現わしたのは二人づれの若い男、樵夫か炭焼でありましょう。

（『大菩薩峠』『都新聞』版）

ここで用いられているのは『山家鳥虫歌』（一七七二）には紀伊の民謡として収められているもので、他地域でも民謡として広く普及している詞である。森崎は、この民謡が介山が『大菩薩峠』以前にトルストイ『イワンのばか』の影響下で発表した短編「留さん」のタイトルロールが歌う民謡と同じであることを指摘しており、『大菩薩峠』の登場人物である与八にその人物造形が受け継がれているとする。なおこの民謡は、後の改訂版では削除されるが、連載中の一九三五年の映画版では用いられている。

主人公の机竜之介も、尺八を吹く設定である。「小名路の巻」に、と金伽羅童子《こんがらどうじ》と制多伽童子《せいたかどうじ》という名で呼ばれる親のない双子の演奏する尺八と歌を聴き、かつて親の影響で演奏していた尺八を再開するという場面がある。そこでは双子の演奏する尺八の秘曲「鈴慕」を竜之介が聞き覚えて、この曲が後に弁信という平家琵琶を弾き語る盲僧との出会いへとつながる。だが、他に双子の演奏するのは「岡崎女郎衆」のような小唄であり、シリアスな秘曲と俗曲とを並べて「まことの金伽羅童子、制多伽童子がこの場へ天降《あまくだ》りして、戯れ遊んでいるのではないかとさえ思われるほどに、世間ばなれがしています」と表現される天真爛漫な様子を描いている。

また「間の山の巻」では、「お杉」「お玉（お君）」という二人が登場して「間の山節」を歌う。「間の山節」は伊勢参りに関わる歌で、伊勢神宮に向かう旅人に向かって、お杉とお玉という名の二人が美しく歌って金を乞うたという逸話をもつ。作中では三味線唄だが、逸話ではササラや胡弓が用いられたとするものもある。もちろん『大菩薩峠』のお杉・お玉は、この逸話に登場する本人ではなく、いわばコスプレというべきか、現地でその二人であるという体で間の山節を歌っている大道芸人である。多くのお杉・お玉がいる中で、作中のお玉は、客からは「間の山節を昔ながらの調子で聞かすものは、古市古けれども、今のあのお玉とやらのほかにはない」という評判をもつという設定である。

だがこれは大衆芸能・民俗芸能の置かれたジレンマをよく示す民謡でもある。本文には次のように書かれている。

間の山節なるものが、名こそ風流にも優美にも聞ゆれ、実は乞食歌に過ぎないというさげすみと、何を言うにもお玉風情《ふぜい》の大道乞食がという侮《あなど》りがあるからでありますす。（『大菩薩峠　間の山の巻』）

また、「昔ながらの調子」というのは「陰気」な調子であり、現地の人はお玉の演奏を高く評価していないということが作中で描かれる。

すなわち、大衆的なものを評価しようという姿勢と、しかし大衆的なものは野卑なものであるという実際との葛藤が描かれているのである。もちろん介山自身は、ここで描かれているお玉の間の山節のような芸能のあり方をこそ評価しており、それが前述のトルストイによる第九批判と共鳴しているのである。

この、コスプレのお杉・お玉が間の山節を歌うというのは、介山の創作ではなく、舞台となっている一九世紀にはすでに実際に定着しており、馬琴の随筆『壬戌羇旅漫録』（一八〇三）には「間の山の片かげにあやしき小屋がけして、木綿のふり袖にもやうあるものなど着て、かほはげるばかりに粧ひたる乞女三絃を鳴らし銭を乞ふ。されどその三絃の曲折もいとさはがしきものにて、今江戸の芝居にてする間の山の章歌には似ず。老婆は小屋の前にて草履を作りこれを売る」と書かれている。すでにこの時点で、大衆芸能の実際（乞女）と、理想（江戸の芝居）との乖離が意識されていたことが分かる。

さらに言えば、作中で間の山節は、その「陰気」さゆえに死を喚起する歌として登場しており、ネガティヴな感情をも掻き立てる音楽という意味ではトルストイ『クロイツェル・ソナタ』における音楽の扱いにも通じている。

さらに、西洋楽器ではあるが、マドロスと呼ばれる登場人物は、音楽の才能に長け、ハーモニカやアコーディオンを演奏する。

　このウスノロのマドロスの生国は何国の者だかわかっていないのです。［…］教育もなければ、教養もない。しかし、官能だけはどうやら人間並みに発達していて、特に音楽は好きでした。［…］巧いとか拙いとかいうことは別として、ともかくも、みんな直接本場仕込みであることだけは疑いがないのです。本場仕込みと言ったところで、おのおのその国の一流の芸事に触れて来たというわけではないが、気分にだけは相当にひたって来ているのですから、今、スペインのフラメンコをやり出そうとも、ナポリのタランテラを振廻そうとも、それが物になっていようとも、いなかろうとも、ともかく、自分みずからその境地に身を浸して拾い取って来たのですから、一概にごまかしと軽蔑してしまうわけにゆかないのです。

（『大菩薩峠　恐山の巻』）

ウスノロのマドロスまでが、大はしゃぎでハーモニカを持ち出すと、それがまた一座の人気を呼ぼうというものです。

（『大菩薩峠　椰子林の巻』）

マドロスさん、ハーモニカを吹いて下さい、わたしが踊ります、でなければフリュートをつき合って下さい、越後獅子を踊りましょうか、さあ皆さん、越後獅子を踊りますよ。

（『大菩薩峠　弁信の巻』）

越後獅子の旋律は、明治期からすでにハーモニカをはじめ、銀笛（ティン・ホイッスルに似た安価な笛）や吹風琴（縦笛に金属製のリードを配置して、鳴らしたい音の孔の指を開けて演奏する楽器）など、素人向けの楽器の楽譜には欠かせない演目として定着していたものである。

マドロスは引用で何度も「ウスノロ」と呼ばれているように、教養のない、知性の低い人物として描かれている。また音楽の才能に恵まれてはいるが、彼の演じるのは「一流の芸事」を参考にしたものではない。むしろまがい物なのだが、それが説得力をもつものとして位置づけられている。

これら、作中での音楽はどれも社会の周縁に位置づけられている人々が演奏するという点で共通している。ここにトルストイの第九評価を加えて考えれば、「第九」を「非音楽的」と評する茂太郎の言葉に、介山の音楽観が表れていると考えることは妥当だろう。

4　大衆文化としてのベートーヴェン

前節で扱ったように『大菩薩峠』に登場する音楽は、社会の周縁に置かれた人々によって演奏される。このことは、人物に限ったことではなく、演奏する楽器にもよく表れている。ここでベートーヴェンとの関わりで取り上げたいのが、マドロスが能くする楽器の一つであるハーモニカである。ハーモニカは、西洋楽器でありつつ、しかしピアノのような芸術音楽向けではなく、大衆が自ら楽しむものとして、後の引用にあるように「民衆の楽器」として受け入れられていた。

安価で手軽なハーモニカが「民衆の楽器」というのは容易に理解できる。また「民衆」という概念に高い価値を置くことも、これまでの議論の通りである。とはいえ、そこからも推測できるように「民衆の」という言葉は諸刃の剣であり、肯定的にも否定的にも用いられ得る。「民衆の楽器」であるハーモニカのイメージもまた、この二面性をもつ。

この二面性をよく示す出来事が起こっている。

一九三六年、日本演奏家連盟設立委員の会議において、ハーモニカを「玩具」とみなしてハーモニカ奏者を連盟所属の対象者としないという報道がされたのである。この報道について全日本ハーモニカ連盟の雑誌『ハーモニカ・ニュース』（第十巻第五号）はすぐに特集「ハーモニカは玩具か？」を組み、様々な反論を載せている。

この中で、ハーモニカ奏者で同連盟の常務理事であった宮田東峰は「『ハーモニカは玩具なり』ときめつけて、自分達を高い處に置いたやうなつもりでゐる演奏家連盟の人達を憫笑すると同時に彼等の認識を茲に到らせたハーモニカ関係者の井の中の蛙的な態度を、お互いに自戒しやうではないか」（宮田 1936: 5）と呼び掛けている。この、日本演奏家連盟からハーモニカが除外されたことについては、同連盟委員から「貴団体［全日本ハーモニカ連盟のこと］とは自ら趣きを異にしてゐる点もありますし、ハーモニカの分野に於ては已に強固なる連盟がある」（宮田 1936: 3）ことが理由であるとの返答が紹介されている。

だが、ハーモニカが他の西洋音楽の楽器に比べて軽く扱われてきたことは事実である。そのことがよく表れており、また本書のテーマであるベートーヴェンと関わる記事が、ベートーヴェン没後一〇〇年の一九二七年の新聞に掲載されている。

死んでから一〇〇年目、極東日本で自分の作品が正当に鑑賞され、その上自分を楽聖と讃仰されやうとはベートーヴェンは夢にも考へたことはなかつたらう。まつたく昨年から今春の三月廿六日の彼の歿後満一〇〇年の忌日を中心に、そして来年までもベートーヴェン一〇〇年祭は我が楽壇を賑はすであらう。

それにしてもベートーヴェンなる人は我国では余りにも偶像視されてはゐないだらうか。［…］彼は徹頭徹尾民衆の音楽家であつた。民主々義は彼の信條であつた。だから一〇〇年後の今日彼の作品が大衆の音楽、民衆の楽器ハーモニカで吹奏されてゐることを地下でどんなにか悦んでゐるだらう。［…］ハーモニカで彼の作品を演奏することは彼に対する大なる冒涜であると見得を切つてゐる者共の見当違ゐの議論を冷笑してゐるだらう。

（『読売新聞』一九二七年五月一八日朝刊六面）

先の、楽器か玩具か、という問題と通じる議論である。この記事は「偶像視」に疑問を投げつつも、ベートーヴェンの価値を否定するわけではない。むしろ彼の「民衆の音楽家」という点を強調することで、これまでベートーヴェンに託されてきた価値やステータスを保ちつつ、その価値を大衆文化の側に引き寄せているのである。「或部分の人のみ」を対象とする第九を否定するトルストイや介山と通底する芸術観だと言えるだろう。

とはいえ、この一九二七年はハーモニカにとっては特別な年でもあった。この年は全日本ハーモニカ連盟が設立された年であり、樫下達也はこの設立時期を「ハーモニカ音楽界が最も隆盛を極め、それと同時に慢性的な停滞期に入る頃」（樫下 2013: 14）とする。ハーモニカの人気が高まることで出版される楽譜も多く、クラシックやジャズなどが演奏される一方、それらはあくまで「代用品」であった。そのような、ほとんど「自分で演奏する」ことのみが西洋音楽を受容する手段だった状況が、一九二〇年代以降レコードやラジオの普及により、新たに「聴く」という受容が拡がり、二〇年代も終わりになると人々はハーモニカという代用品では満足できなくなったとする。

もちろん現代にいたるまでシリアスな楽器としてのハーモニカの系譜は続いているが、一般的にはすでに述べたように「代用品」として受容されたのであり、どのような楽曲を演奏しようとも、ある種「まがい物」になってしまうハーモニカという楽器の一般的なイメージは、「本場仕込みと言ったところで、おのおのその国の一流の芸事に触れて来たというわけではないが、気分にだけは相当にひたって来ている」マドロスと合致している。『大菩薩峠』が、マージナルな人々や文化に共感をもって書かれているがゆえに第九を否定的にとらえたことと、ベートーヴェンをハーモニカで吹くことで大衆化し、それを民主主義発展の印とする前述の記事とは、当時の、民衆的なものこそが文化的な価値をもつのだというイデオロギーをよく反映している。

おわりに

ここまで見てきたように『大菩薩峠』の茂太郎の第九評価は、トルストイを下敷きに、作中でのその他の音楽や楽器の扱いと共通の大衆的であることに最大の価値を置く思想が反映されている。

もちろん、これもすでに見たように、その「大衆」という概念は、「民衆」という概念との関係で示されるように、理念と現実の間で揺れ動いている。

そしてこのことは作中だけの問題にとどまらず、介山の『大菩薩峠』という作品そのものもまた、大衆・民衆を重視して「大衆文学」の嚆矢として受容されつつも、本人はその呼称を否定し、また物語も娯楽的な仇討ちものから思索的なものへと変容していくという複雑なあり方を示しているという点で、大衆のもつジレンマを体現している。

文化の主体は国や社会を牽引するエリートではなく、大衆・民衆であるという一九二〇年代以降のイデオロギーは、教養主義的なハイカルチャーとしてではなく、大衆文化としてベートーヴェンを理解しようとする。すでにベートーヴェンが文化的ヒエラルキーの中で高い位置を占めているということが前提となった受容である以上、その試みが歪みを生じるのは必然である。だが歪みは歪みのままに作品が生まれ、聴かれ、読まれるのが芸術でもある。『大菩薩峠』という超大な奇書の一か所に埋め込まれたベートーヴェンの名前は当時の大衆・民衆と芸術を巡る葛藤の痕跡なのである。

註

（1）欧州文化に関連するものとしては他にもユーゴーやラスキンの名前も登場する（『白骨の巻』）。

（2）「復活以後の最初の作品として挙げるべきは、震災前即ち大正四五年に東京都《みやこ》新聞に連載された、中里介山の「大菩薩峠」である。今日でこそ、大衆文芸の一典型とまで持囃《もてはや》されているが、発表当時は勿論、大正十二三年頃に到る迄は、その存在すら一般には認められなかったのであった」（直木 1935/32: 18）

（3）『芸術論』はロシア国内における検閲の問題があり、英語版が先に出版された。介山が What is art と英語で題を付しているのはそのためだろう。

（4）『トルストイ言行録』は一九〇六年七月、『芸術論』は同年一〇月に出版されており、『～言行録』には『芸術論』からの影響は少ない。音楽に関しても、トルストイが執筆開始前にピアノを弾くのだという逸話を紹介するに留まっている。

（5）後述のお杉・お玉と同じく『大菩薩峠』には仮の名前をもつ、あるいは渾名で呼ばれる登場人物が多く登場する。本名の属する現実世界に仮名の属する物語的な世界が重ねられる仕組みである。同じく後述の、マドロスが演じる音楽が、オーセンティックな民俗音楽ではなくとも、あるいはそうでないからこそ本質をつかんでいるかのように描かれるのも同様の構図だろう。

付記　本稿はＪＳＰＳ科研費・基盤研究（C）「近現代日本における『服旅もの』芸能の研究」（19K00136）の成果の一部である。

第6章

小沢昭一の「ベートーヴェン人生劇場〈残侠篇〉」

『題名のない音楽会』における日本の伝統音楽・伝統芸能の役割

鈴木聖子

はじめに

ベートーヴェン生誕二〇〇周年を迎えた一九七〇年、作曲家・黛敏郎（一九二九〜一九九七）の企画・司会によるテレビ番組『題名のない音楽会』（NETテレビ）では、「ベートーヴェン人生劇場」というタイトルの作品が七回のシリーズで放映された。このタイトルは、作家・尾崎士郎（一八九八〜一九六四）の自伝的小説『人生劇場』に由来するもので、異なるサブタイトルを付けられて次のような日程で放送が行われた(1)。

ベートーヴェン人生劇場〈青春篇〉、一九七〇年一月二三日放送、テレビ欄名前掲載なし

ベートーヴェン人生劇場〈痛恨篇〉、一九七〇年二月二〇日放送、テレビ欄名前掲載なし
ベートーヴェン人生劇場〈情痴篇〉、一九七〇年三月六日放送、高木彬光
ベートーヴェン人生劇場〈番外蚤の市〉、一九七〇年五月二二日放送、山本直純
ベートーヴェン人生劇場〈経済篇〉、一九七〇年七月一〇日放送、黛敏郎
ベートーヴェン人生劇場〈怨霊篇〉、一九七〇年七月三一日放送、観世栄夫
ベートーヴェン人生劇場〈残侠篇〉一九七〇年一一月六日放送、小沢昭一

翌一九七一年には、「バッハ人生劇場〈破戒篇〉」（二月五日）と、「ワグナー人生劇場〈不倫篇〉」観世栄夫他（四月一〇日）が制作されたが、こちらは単発で終わったようである。

原作の『人生劇場』は、任侠を重んじる父に育てられた青成《あおなり》瓢吉《ひょうきち》の成長と生きざまを中心とする人間模様を描くもので、一九三三年から『都新聞』に連載が開始され、一九三五年三月に「青春篇」が単行本化されると、それが川端康成に賞賛されたことでベストセラーとなった。その後も連載は、「愛慾篇」「残侠篇」「風雲篇」「離愁篇」「夢幻篇」「望郷篇」「蕩子篇」と一九五九年まで掲載誌を変えながら続くことになる。また、異なるメディアにおける展開として、一九三五年一〇月に新築地劇団の千田是也（一九〇九〜一九九四）の演出によって「青春篇」が舞台化されたのち、一九三六年には内田吐夢監督（日活）による「青春篇」の映画化、一九三八年に千葉泰樹監督（日活）による「残侠篇」の映画化が行われた。楠木繁夫の流行歌『人生劇場』（佐藤惣之助作詞・古賀

政男編曲）が流行したのも同じ頃である。戦後も引き続き多くの映画監督の手にかかっており、戦前から合わせると映画化は一四回という驚異的な数字をみせる。『人生劇場』は、戦前から戦後へと引き継がれた一つの「集合的記憶」であると言っても過言ではないだろう。

ただし、「ベートーヴェン人生劇場」が制作された一九七〇年という年に、「人生劇場」という言葉から多くの人々が想起したのは、一九六三年の沢島忠監督『人生劇場　飛車角』に始まる鶴田浩二・高倉健による東映任侠映画でのシリーズと、それをベースに一九六八年に内田吐夢監督が東映で制作した『人生劇場　飛車角と吉良常』、そしてそれらの主題歌『人生劇場』（一九三八年のもの）を歌った村田英雄の歌謡浪曲の声であったと考えられる。実際、番組ディレクターの白石正直によれば、口演を小沢昭一へ依頼する前に、村田英雄に依頼をして断られたという経緯がある（『週刊ポスト』1970.10: 28）。さらに、一九七二年七月には、田宮二郎や森繁久彌など大勢の豪華キャストを配した松竹の加藤泰監督『人生劇場　青春篇　愛欲篇　残侠篇』が評判を呼ぶことになる（主題歌『人生劇場』は美空ひばり）。同年一二月の雑誌『太陽』（平凡社）では、「尾崎士郎・人生劇場」特集が組まれたが、横尾忠則（一九三六〜　）の表紙画は、この松竹版の映画で悲恋の仲の飛車角とおとよを演じた高橋英樹と倍賞美津子の海岸でのラストシーンである。三島由紀夫が指摘した横尾におけるる土俗性とアメリカン・ポップアートの類縁性（三島 1989: 108）は、『人生劇場』が高度経済成長期の文化であることを理解させてくれる。これらのことからは、「ベートーヴェン人生劇場」シリーズは、昭和初期生まれの小説『人生劇場』の単なる本歌取りというのではなく、戦前から高度経済成長期へと構築されてきた「人生劇場」という空間において企画されたものであることが分かる。

本稿が分析対象とする「ベートーヴェン人生劇場〈残侠編〉」は、二六分程度のテレビ番組用の作品で、七回シリーズの最終回にあたる。内容は、ベートーヴェンとゲーテの出会いの史実や、ベートーヴェンの交響曲第三番《英雄》の作品にまつわる逸話——ナポレオンが皇帝の座に就いたことを裏切りと感じたベートーヴェンが楽譜の献辞を抹消した——を、任侠仕立てに脚色したものである。脚本・演出は藤田敏雄（一九二八～二〇二〇）、音楽構成は黛で、新劇俳優の小沢昭一（一九二九～二〇一二）が浪花節のフシ（旋律）とタンカ（科白）を唸り、曲師の杉山うた江が三味線で伴奏し、その合間に石丸寛の率いる東京交響楽団がベートーヴェンの諸作品を断片的に演奏するという、

浪曲師を演じる小沢昭一がサングラスをかけているのは『壺坂霊験記』（〽妻は夫を労わりつ、夫は妻を慕いつつ）の名調子で長く人気を博した盲目の浪曲師・浪花亭綾太郎（1889–1960）を模したものと推測される（写真は筆者所有のLPジャケット）。

ポップアート化された飛車角とおとよ（「特集：尾崎士郎・人生劇場」『太陽』、平凡社、1972年12月号）

「カンタータ（長編叙事詩）形式」（藤田 2007: 12）の音楽劇である。

上演の仕上がりは黛によって絶賛され、公開番組として収録されたときの録音は、ＬＰレコード『ベートーヴェン人生劇場　残侠篇　題名のない音楽会』（POP RECORD／日本ビクター）として出版された。「ベートーヴェン人生劇場」シリーズのうちこの作品以外の録音は残されておらず、このレコードはシリーズ全体の方向性を理解するための貴重な音源資料でもある。[2]『題名のない音楽会』の制作を担当した大石泰《ゆたか》（一九七四年にＮＥＴテレビ入社。現東京藝術大学名誉教授）は、二〇二〇年に東京藝術大学が制作したベートーヴェン生誕二五〇周年記念サイトにおいて、『題名のない音楽会』の歴史上で、この作品が放送された回を「今も語り草になっている名番組」としている（大石 2020.9）。このように、この作品は発表当時に高い評価を受けたばかりか、現在もなお人々の記憶に残るものでありながら、研究対象として取り上げられたことがなかった。

西原稔は、日本では大正期から昭和初期にかけて理想的な人間性や人格の高揚といった「人間修養」的なベートーヴェン像が形成された経緯を、その著『「楽聖」ベートーヴェンの誕生――近代国家がもとめた音楽』において明らかにしたが、その「あとがき」において、一九七〇年代のベートーヴェン受容についての予測を提出している。それは、一九七〇年のベートーヴェン生誕二〇〇年を記念して各種イベントが開催され、レコード全集が発売されたことにより、ベートーヴェンの音楽がその全貌をみせたちょうどその頃を境に、「人間修養」的なベートーヴェン像が少しずつ薄らぎだしていったのではないか、というものである（西原 2000: 353–375）。また筆者も、近代日本音楽史において、大正期の日本音楽研究の形成過程で、日本の「伝統音楽」の価値基準としてベートーヴェンの音楽が設定されたことと、敗戦後の「文化国家」のイデオロギーの元で、「古典」としてのベートーヴェンやモーツァルトが日本の「古典」の評価基準とされたことを明らかにした（鈴木 2019: 134–141: 286–289）。こうした視座からは、一九七〇年の「ベートーヴェン人生劇場〈残侠篇〉」は、近代日本音楽史におけるベートーヴェンと日本の伝統音楽との位置関係を示すものとして、たいへん興味深い事例である。

ところが、この作品を近代日本音楽史の問題として分析しようとすると、直ちに困難に向かい合うことになる。それは、日本の「伝統音楽」と「西洋音楽」がせめぎ合う近代日本音楽史は、日本の「伝統芸能」と「西洋演劇」がせめぎ合う近代日本演劇史と、異なる学問領域として別に研究が行われてきた傾向があるということである。つまり、「ベートーヴェン人生劇場〈残侠編〉」が日本音楽史研究において扱われにくい原因の一つは、この作品を演じた小沢昭一が伝統的な浪曲師ではなく、「新劇」という、歌舞伎などの「旧劇」に対抗する呼称をもつ「西洋演劇」の演劇俳優であったことにあると考えられるのである。[3] ゆえに、この作品を具体的に分析するためには、小沢の演劇活動の一環としてこれを捉える必要があるだろう。

もう一つ、この作品が取り上げられにくい原因は、これが「笑い」を生じさせるパロディ作品であることで、音楽史上に位置づけるのが難しいことにあると思われる。脚本を書いた藤田は日本におけるミュージカルの開拓者であるが、この作品を「ミュージカル・パロディ」（藤田 2007: 13）とも呼んでいる。「笑い」は、ベルクソンの『笑い』に従えば、「精神的なものが本義となっているのに、人物の肉体的なものに我々の注意を呼ぶ一切の出来事」によって引き起こされることが多い（Bergson［1900］1991: 411［ベルクソン 2018: 54］）。この定義から推定可能であるのは、聖化された「精神的」なベートーヴェンが、「肉体的」な『人生劇場』という世界に描かれたことで、笑いが引き起こされたのではないか、ということである。こうした笑いは、イーグルトンがベンヤミンによるブレヒトのコメディ論に見出した、社会的・歴史的な慣習や文脈を断絶してこわばりを解く「喜劇的異化効果」の役割を持つと考えられる（摂津 2006: 53）。ただし、飛車角をベートーヴェン、吉良常をゲーテと配役する脚本はそれだけでパロディ作品であることを示しているが、その笑いは小沢の演技によって初めて立ち現れる質のものである。ゆえにこの視座からしても、小沢の演劇活動における笑いの意味を理解する必要がある。

加えて言えば、この一九七〇年という年、後に日本音楽史と日本演劇史のエポックメーキングともなるＬＰレコード『ドキュメント　日本の放浪芸』（日本ビクター、一九七一）の録音収集のために、小沢は日本各地を忙しく歩き回っており、週一回のパーソナリティーを務めていたラジオ番組の他は、舞台も映画もほぼすべての仕事を断っていた。そうしたなかで制作された「ベートーヴェン人生劇場〈残侠篇〉」の重要性を考慮に入れると、この作品を通してこの時代の日本音楽史と日本演劇史の位相をも観察することができるだろう。

以上のことから本稿では、まず、西洋音楽の作曲法を学んだ作曲家である黛が『題名のない音楽会』で浪花節を扱った文脈を概観し（第1節・第2節）、次に、西洋演劇の教育を受けた新劇俳優である小沢昭一が浪花節の口演を行なうに至った経緯の詳細を観察する（第3節〜第5節）。その上で、この作品を「笑い」と音楽的な側面から分析する（第6節）ことを通して、一九七〇年の『題名のない音楽会』における日本の伝統音楽・伝統芸能の役割を明らかにしたい。

1 「ベートーヴェンから浪花節まで」にみる「異化効果」

一九六四年四月、東京12チャンネル（現テレビ東京）が開局した。テレビの普及率が伸びるきっかけとなった東京オリンピックが開催される年である。東京12チャンネルのディレクター黒沼昭久は、TBSとの契約が切れた東京交響楽団をレギュラーにした新番組を計画し、開局から四か月後の八月、『題名のない音楽会』をスタートさせた。司会・音楽監督の作曲家の黛、指揮者の石丸、脚本家の藤田は、その数年前に東京文化会館で行われた「コンサート形式によるミュージカルの夕べ」という企画で顔を合わせていたメンバーであった（長木・藤田 2002: 6）。番組タイトルの命名者は黛で、番組のコンセプトについて以下のような言葉で紹介している。

あなたは音楽が嫌いですか？
退屈ですか？　難しいですか？

音楽なんかなくたって人生は成立すると考えますか？
もしあなたがそう思っているなら、あなたはこの番組を見る資格があります。
私たちの番組はそうした人たちにささげる番組です。
（黛 1977: 6）

藤田は、このように司会者が自己主張をもつ音楽番組の誕生について、この時期にそれまで放送作家であった昭和一桁生まれの永六輔、前田武彦、大橋巨泉らが、ショー番組の司会者として頭角を現し始めていたことを背景として挙げている（藤田 2007: 11-12）。番組のキャッチフレーズである「ベートーヴェンから浪花節まで」にも黛が関わっていることを、藤田は次のように語っている。

さすがに記者会見では放送記者ばかりでなく、音楽記者まで集まって、黛さんと石丸さんが「もちろんベートーヴェンも演奏するけれど、極力一般大衆にも親しまれる番組にしたい」と力説すると、《じゃ、演歌もやるのか》と質問があった。すると黛さんは胸をはって答えましたね。《浪花節だってやります》（笑）。私は大喜びで『ベートーヴェンから浪花節まで』というキャッチフレーズを作りました［…］
（長木・藤田 2002: 7）

ここに見られる音楽の価値づけが、音楽において最も聖なるものから最も俗なものまでを扱う、という意味であるのは明白である。これらを解釈しておくならば、まず、「もちろんベートーヴェン」という表現は、聖化されたベートーヴェン像の影響がまだ残っていたことを示している。そして、「浪花節だって」やるという表現は、日本音楽の価値づけにおいてそれが下位にあるのものと認識されていたことを示している。浪花節は、明治期に桃中軒雲衛門（一八七三〜一九一六）という浪曲師の出現によって一気に寄席芸から劇場へと進出を果たした大衆芸能で、低俗であるという評価に長くさらされてきたのである。このキャッチフレーズは、一九六〇年後半から一九七〇年代にかけて、ベートーヴェンは聖なるものという認識はありながらも、低俗とされた浪花節と並べようとする行為は可能になっていたこと、そして、その行為が聖なるものを俗化することで、「異化効果」として機能したことの証左として捉えることができる。

このような異化効果は、ベートーヴェンと浪花節のみに限ったことではない。この番組は、前衛作曲家である黛が、「音楽を考える専門的な認識の枠を広げてみる」（黛 1977: 6）ための実験的な場でもあり、音楽研究者の皆川達夫・小泉文夫・木村重雄をブレーンとして抱き、クラシック音楽以外の西洋音楽、民族音楽、歌謡曲など、今でいう「ワールドミュージック」を専門的な見地から一般へ向けて解説する姿勢を貫いていた。同時代のＮＨＫ教育テレビの『芸術劇場』（一九五九年放送開始）のような、「正統」なクラシック音楽や日本古典音楽の劇場公演を長時間放映する音楽番組とは、全く異なる性質をもつものであった。

番組提供は出光興産一社で、一九六六年に東京12チャンネルの経営が行き詰まったときにも、出光興産が番組をＮＥＴテレビ（日本教育テレビ＝現テレビ朝日）へ移して継続させた（黛 1977: 8）。

番組が開始して十数年が経った頃、黛は、「ついつい物事を見たり考えたりする自分の目が、おそろしいことに、いつも意識の底で、『題名のない音楽会』になんらかの関連をもってしまうのが習慣となった。よきにつけあしきにつけ、この番組と私は運命を共にしなければならないだろう」（黛 1977: 8–9）と述べており、実際、死の二週間前までの三〇年間、この番組に積極的に携わることになる。黛が亡くなった折、黛にはテレビではなく作曲にもっと時間を割いてほしかったというニュアンスの声が音楽家たちから聞こえてきたという（大石 2002.4: 31）。それほどまでに、黛はこの番組の企画に時間を費やしたのである。

2　黛における日本の伝統音楽の価値づけ――「民族」と「庶民」

このような黛の日本の伝統音楽の価値づけは、黛が自らの作曲に使用した日本の伝統音楽の価値づけと、どのような関わりがあるのだろうか。黛の言説は、一九七〇年一一月二五日の三島由紀夫の自決を契機に極度に右傾化し、この時期以降の『題名のない音楽会』では収録しても黛の発言が問題となって放映できない回も出てきたという（藤田 2002: 7–8）。そうした意味では、三島が自決する直前に制作されたこの作品にまつわる言説は、比較的取り扱いやすいものといえる。

一九二九年に横浜に生まれた黛は、一九四五年の第二次世界大戦終戦の前に東京音楽学校作曲科（現東京藝術大学音楽学部作曲科）に入学するが、戦後に主流となったフランス派の池内友次郎（一九〇六～一九九二）のもとで本格的に和声学を学び、一九五一年にフランスのパリ音楽院に給費留学する。パリ音楽院のアカデミズムを嫌って一年で帰国する一方で、現地での出会いを通して影響を受けたピエール・シェフェール（一九一〇～一九九五）のミュジック・コンクレート（具体音楽）を日本に紹介し、自身も『ミュージック・コンクレートのための作品「X・Y・Z」』（一九五三）を作曲した（西 2002.12: 5–10）。

黛はこのような前衛としての活動と並行して、東京音楽学校教授の作曲家・伊福部昭（一九一四～二〇〇六）の影響で、フランス留学前から音楽の民族性に関心を抱いていた。一九五八年、「ヨーロッパ音楽への決別」という文章を『中央公論』に書いて日本の伝統への回帰を表明し、スペクトル解析した梵鐘の倍音をオーケストラで再現した『涅槃《ニルヴァーナ》交響曲』を作曲する。黛はこの作品の解説に、「ここ数年来、私は鐘に憑かれてしまったようだ。どんな素晴らしい音楽も余韻嫋々たる梵鐘の音の前には、全く色褪せた無価値なものとしか響かないとは、一体どうしたことだろう。私が狂っているのだろうか。それとも、音楽の方が狂って来たのか」（黛 1959: 1; 西 2003.1: 16）と記している。

これを嚆矢として、能の小鼓・太鼓・笛を用いた『阿吽《あうん》』（一九五八）、天台声明を再構成した合唱曲『始段唄《しだんばい》・散華』（一九五九）、梵鐘の分析を押し進めた『曼荼羅交響曲』（一九六〇）、義太夫節の語りと三味線をチェロで再構成した『BUNRAKU』（一九六〇）、舞楽に基づくバレエ作品のための『BUGAKU』（一九六六）、平安朝以前の雅楽を目指した『昭和天平楽』（一九七〇）など、黛は日本の伝統音楽を用いた作品を発表する。船山隆は、これらの黛の作品群を考察して、黛の日本の伝統音楽への関心は、一九六〇年代に作曲家たちの間で盛んになった日本の楽器への傾倒と軌を一にするものであると指摘した上で、次のように解釈する。

彼は「ヨーロッパ音楽への決別」という文章で、次のように説明している。つまり西欧の音楽がふるくから二元論的なポリフォニックな音楽思考を持ちつづけてきたのに対し、「わが国には鐘や松風の音を楽しむとか、風鈴の音をめでるとかいったような、音本来の持つひびきや余韻を純粋に鑑賞しようとする、非常にデリケートな音感覚があった」。それ故に彼は、西洋の弁証法的な音楽とは決別し、梵鐘の「単独に打ち鳴らされる音とその余韻」をオーケストラで再現しようとした、というのである。しかし［…］作者の耳は、古寺の庭に立って夕闇に消えていく鐘の音を聴き、ししおどしの緊迫した間を把えているのではない。むしろこれまでの「音響の力学」という西欧的な思想をさらにつきつめているのである。

（船山 1969.10: 90-91）

黛は日本の伝統音楽へ回帰したのではなく、西洋の前衛思想によって日本の伝統音楽を素材として「音響の力学」を突き詰め続けたということである。同様のことは、具体的に『涅槃交響曲』の合唱部分を実際の声明との比較から考察した清水慶彦も述べており、黛が声明の冒頭の無拍子の重要な部分に拍節を与えていることや、「塩梅」というグリッサンドのように二音間を連続して緩やかに移行する技法を半音ずつの移行に簡略化していることなどを挙げて、黛の日本音楽の扱いは西洋的な「エキゾチシスム」であるが、「伝統を尊重し忠実に扱うというような伝統墨守的なものでも、伝統音楽の手法に則ったかたちで民族主義的伝統主義を実践しようとしたものでもなく」、前衛的な「響きの効果によって得られる迫力」を強調するものであると結論づけている（清水 2007: 29-31）。

確かに黛は、自らの作品に使用した声明・能・舞楽・雅楽のような「民族」を象徴する「古典」とされる伝統音楽を「他者」のまなざしで扱っており、それらをそのまま残そうとする伝統主義的な立場から扱ってはいない。しかし、日本の伝統音楽の価値づけという観点からいえば、これらの伝統音楽を西洋音楽と比較して低く評価していたとは言えないだろう。

いっぽう黛は、自分の前衛的な作品においては、これらの古典とされる「高尚」な伝統音楽を引用するものの、古典とはされない浪花節のような「低俗」な伝統音楽を引用することはない。黛は「ベートーヴェン人生劇場」を「遊び」として位置づけ、LPの解説書で次のように述べる。

> 音楽史上最大の巨匠として神格化されているベートーヴェンの姿を、ことさら庶民的な浪曲というかたちで描くこと、この無謀な企ては藤田敏雄氏の名台本と、小沢昭一氏の名演によって見事に成功し、大方の好評を得ました。
> 浪曲という、ややもすれば低俗視される国民音楽――特に虎造節――が、いかに表現力豊かな、

いつの時代にもアピールする民族性に根差したものかを、私たちは示したかったのです。（黛 1970）

この言説には、「敢えて非難を覚悟の上で」ベートーヴェンをモデルとして大衆を啓蒙するという大正時代以来の価値づけと、浪花節を「ことさら庶民的」とする価値づけが明白に述べられている。ただし黛は、「ややもすれば低俗視される」と言いなおしているから、黛自身が浪花節を低俗視していると、これだけで断言することはできない。そこで、引用部の後半の「特に虎造節」に、「民族性に根差したもの」を見ている点に注目したい。黛の浪花節の価値づけが、「庶民」と「民族」の間で微妙に揺れているように思われるからである。

黛のいう「虎造節」とは、浪曲師の二代目広沢虎造（一八九九〜一九六四）のことである。虎造は戦前から戦後にかけて、レコードにラジオに映画にと活躍した、庶民に最も人気のある浪曲師であった。ラジオ東京「虎造アワー」（水曜日夜八時）が始まると、この時間帯には銭湯から人が消えるとまでいわれ、この人気は虎造が没する一九六四年まで続いた。芝清之編『浪花節ラジオ・テレビ出演者及び演題一覧』（芝 1986）をたどると、虎造の死後、その役割は村田英雄に引き継がれつつも、浪花節自体の人気が落ちていったことが分かる。しかし、依然として虎造のレコードは売れ続けていたし、また、虎造の七周忌を記念して一九七一年に開催された浅草国際劇場での浪花節大会は、三日間とも満員になった（大西 1998: 215）。つまり、虎造の没後もその記憶は十分に生きていたのである。黛はこのような虎造にまつわる当時の国民的記憶を背景に、浪花節の属性である

「庶民」を「民族」へと書き換えようとしているものと考えられる。「ベートーヴェンから浪花節まで」という思想は、黛において日本の伝統音楽の価値づけのヒエラルキーを問うことを可能にした点で、黛の音楽活動を補完するものであるといえる。

3 新劇の戦略としての「河原乞食」

「ベートーヴェン人生劇場〈残侠篇〉」の公開収録後、新聞雑誌には小沢の才能を賞賛するコメントが散見される。『週刊ポスト』には、「多芸多才で知られる俳優の小沢昭一が、今度は浪曲師にふんして『題名のない音楽会』(NET系)に出演。満場のかっさいを浴び、あらためて、その資質の豊かさを注目されている」(『週刊ポスト』1970.10.30: 28)という高い評価が見られる。ここで注目したいのは、その記事のタイトルにみられる、「ベートーベンを浪曲で! 小沢昭一の〝河原乞食〟ぶり」という表現である。小沢が浪花節を口演することが、このように「河原乞食」という用語と結び付けられているのは、前年に出版した最初の著作『私は河原乞食・考』(三一書房)が、第一回大宅壮一ドキュメンタリー大賞の候補作となるほどの成功を収めていたからである。この著作は、小沢が四〇歳にして自らが新劇俳優であることに「惑い」を覚えた心の裡を、ストリップの踊り子、香具師、ホモセクシュアルの男性といった、小沢の言葉を借りれば、「だれが決めたか世の中の、良識とやらいうものからはちょいとずれてるかもしれないが、しかし、ひょっとすると、そのあたりに、人間の真実が、本来の姿が宿っているかもしれないような、そんな人達」（小沢 1969: 93）へのインタビューを織り交えて語った、ドキュメンタリー風のエッセイである。[4] この当時、「河原乞食」という、元来は芸能者を蔑視して指し示すために用いられた用語[5]が、小沢の親しい友人であった永六輔（一九三三〜二〇一六）の『われらテレビ乞食』や、千田らの新劇を批判して劇団状況劇場を立ち上げた唐十郎（一九四〇〜　）の「河原乞食の歌」「河原乞食の大遠征」といった標語のように、芸能者によって戦略的に用いられる潮流が出現していた。『週刊ポスト』の記者は、そうした思潮が、新劇俳優の小沢が浪曲師を演じた背景にあることを理解しているのである。本節では、小沢において「河原乞食」がどのような意味を持っていたのかを検証しておきたい。

黛と同じ一九二九年、東京に小沢は生まれた。その幼少青年期は、父のコレクションの蓄音機レコードで、ラジオで、そして住んでいた蒲田にあった御園会館に回って来る寄席で、落語を中心とする寄席芸に触れながら、芸能者としての身体を構築した。[6] 麻布中学校時代になると、演芸会で披露する落語のレパートリーを増やすために、学友のフランキー堺や加藤武らと寄席通いをするようになる。第二次世界大戦末期には自ら志願して海軍兵学校へ入学した小沢は、宿舎の便所の中で一人で落語を演じて自らの精神を守り、敗戦後は復員するや直ちに寄席へ赴いた。一九四六年、新宿末廣亭の後援会「末廣会」で、会のブレーンであった正岡に弟子入りをして、落語を実践する側から研究する側に身を置く。同じ年、麻布中学校の「芸能祭」で菊池寛『屋上の狂人』を演じたことを契機に、演劇を実践する道へと入ることになった。卒業後は早稲田大学（当時は旧制の早稲田第一高等学院）へ入学し、「学生劇場」に入団[7]。そして翌一九四九年、大学に籍を置いたまま、俳優座養成所の二期生として入所し、「戦後新劇の代表人格」（菅 2007: 17）である千田是也のもとで学び始めることになる。その理由を、小沢は次のように述べている。

早稲田へ入ってしばらくしてからは、［…］歌舞伎、新派、新国劇から新劇、人形劇……なんでもかんでも、大小、有名無名を問わず観て歩いた。［…］

そうやってムサボルように観た芝居の中で私の心を最もゆさぶったものは、毎日ホールで開かれた俳優座の「創作劇研究会」である。

「創作劇研究会」は、昭和二三年三月から三年間に九回開かれたが、この舞台が、私に決定的な影響を与えたようである。［…］

私は、千田是也、小沢栄太郎、東野栄次郎らの演技の一挙手一投足に目を輝かした。特に千田是也の演技は、いままで観たどの俳優の演技とも全く異質であった。それは人間存在としての異質さから来るものでもあったが、私には、ただただ衝撃であった。

（小沢 1987: 309–310）

ここからは、寄席芸という日本の伝統芸能とは全く異なる文脈で、千田という新劇俳優に惚れこんだ小沢が見て取れる。俳優養成所での二年間を終了した小沢は、同期の早野寿郎（一九二七〜一九八三）らと新人会を俳優座の元に結成する。ここでは主にブレヒトやサルトルなどの前衛的な近代演劇を上演していた。

一九六〇年、小沢と早野らは新人会を脱会し、小劇場運動の先駆けである俳優小劇場を立ち上げる。これで小沢らは千田是也から「勘当」されることになるが、俳優小劇場は千田の好むブレヒトやサルトルを演じ続けたのであり、その意味では千田に離反したというのではなかった。小沢はこの脱会について正面からは説明していないが、千田への自分の思いを「千田コンプレックス」と呼んでおり、インタビューの中で次のように説明している。

> よかれ、あしかれじゃない。よかれ、よかれだな。演出家、千田是也もさることながら、俳優、千田は新劇界の巨砲なんです。［…］千田さんぐらい西洋と四つに組める人は、ほかにいないのじゃないか。あのひとぐらい、からだのなかに、日本を越えた西欧的というか、世界的内容を持ったひとはいないんじゃないか。ぼくら、どうしたって千田是也にかないっこない。すると、どうしたって日本的なものに回帰するの。（宇佐美 1970.2: 9–10）

「千田コンプレックス」こそが、小沢を日本の芸能へと回帰させたことが理解できる。だからと言って小沢は、青年期に落語を演じていたように日本の伝統芸能をそのまま演じる芸能者になることを目指したのではなかった。新劇の俳優として日本に回帰した自分は、いくら望んだところで「河原乞食」と呼ばれたかつての芸能者にはなりえないからである。これが、『私は河原乞食・考』

という タイトルにある、「考」の意味するところである。つまりこの書は、どれだけ望んでも「河原乞食」になることができない新劇俳優である自分はどこに根差したらよいのか、という、近代日本の演劇人のアイデンティティについての考察なのである。

4 「新劇寄席」と「喜劇的異化効果」

小沢はこのような近代日本の演劇人の問題を、「河原乞食」という概念によって「考」えていただけではなく、新劇の実践のレヴェルに落とし込んで、「新劇寄席」という活動において解決すべく試みていた。「新劇寄席」は、「新劇」（西洋演劇）に「寄席」（伝統芸能）を取り込もうとしたものである。小沢の演目の特徴は、「浪花節の研究の成果や説教節、お経、御詠歌、阿呆陀羅経その他もろもろ」（早野 1972）といった、当時の演劇や学術的な場所では無視されていた種類の日本の伝統的な大衆芸能を取り入れたところにある。このような小沢の「新劇寄席」が、ベートーヴェンと浪花節を融合させた「ベートーヴェン人生劇場〈残侠篇〉」を小沢が演じる際の土台となったことは、十分に推測されることである。

俳優小劇場の「新劇寄席」と題するシリーズにおいて、早野演出・小沢独演による『とら』が初演をみたのは、一九六三年七月二四日〜二八日、六本木の俳優座劇場である。(8)『とら』の原作は、一九五〇年一月、劇作家の田中千禾夫が大阪放送局のラジオ放送劇のために、「石浜祐次郎という喜劇的センスのある［…］古参の役者」（田中 1955: 100–101）を念頭において大阪弁で書いた作品で、その内容は、「老いたる香具師」が『新家庭虎の巻』という新時代の家庭の主婦へ向けた巻物を新宿の路上で酩酊状態で売りながら死んでいく話である。「新劇寄席」で舞台化された『とら』では、黒子姿の一人芝居で、小沢の発案で浪花節の起源のひとつとされる「浮かれ節」を取り入れて、曲師による三味線の伴奏をつける演出が行われた。『とら』は好評で、再演・再々演が行われている。一九六六年、小沢は『とら』によって芸術祭奨励賞を受賞した。その後も早野の演出で、『榎物語』（永井荷風作の一人語りの候文の小説）、『説教板敷山親鸞聖人御一代記より』（説教者の亀田千巖師の録音テープに基づく節談説教）と、「新劇寄席」での一人芝居のレパートリーを増やしていく。

演出をした早野は、具体的に当時の新劇との関係から「新劇寄席」について次のように述べている。

新劇俳優だとて一人の役者、その一人の役者がたった一人の演技術の力で何分お客の前に立っていられるか。もし立てなかったら芸術家などと言ってはおられまい、しかし、もしほかの芸能家と同じく長丁場を持ちこたえられれば、それで始《ママ》めて立派な独立した芸術家、ちゃんとした芸の力を持った役者と言える。そのような独立した役者が何人か集まってアンサンブルを組めば、それこそ面白く、力のある芝居がつくれるだろう、という夢と実験を含んでわれわれ俳優小劇場の「新劇寄席」は始まった。（早野 1972）

もとより「新劇寄席」は、「新劇止せ」という言葉遊びでもあり、新劇の代表格である千田を前にして、千田を心から敬愛する小沢と早野は命懸けともいってよい「実験」をしていたのである。興味深いのは、小沢が演じた物語が、人が死んだり（『とら』）、殺害をしたり（『榎物語』）、法難で暗殺されそうになったり（『板敷山』）と、いずれも死を主題としたものであるにも関わらず、客席からしばしば笑いが起こっていることである。小沢がＬＰに収録した音声解説に、「笑って見て下さいね」(9) と言葉を残していることからも、「新劇寄席」は、「笑い」の要素が重要な位置を占めていたことが理解できるのである。残念ながら台本と録音だけでは、小沢の演技と早野の演出のすべてを把握することは難しく、その笑いを十分に分析することはできない。しかし少なくとも、「浪花節の研究の成果や説教節、お経、御詠歌、阿呆陀羅経その他もろもろ」や、舞台写真に見られる黒子や僧侶の衣裳が、「新劇」の舞台の上で喜劇的異化効果として機能したのは推測できることである。

この「新劇寄席」が、小沢における近代日本の演劇人の問題意識から起ったものであることは、パンフレットに記された小沢の次の言説に見て取ることができる。

新劇は、歌舞伎や新派を否定して、西欧的な伝統から、発生したものであるならば、それには、それだけの必然性があったのだし、それをたかだか五十年位で、もう手を引っこめることは情けない

初演から16年後の1979年3月、「唸る、語る、小沢昭一の世界」と銘打って、「新劇寄席」の演目を復活させた。『節談説教「板敷山」』は、初演時には『説教「板敷山」』であった。この変更は1974年にLP『また又日本の放浪芸』が節談説教を特集して展開する中で生じたものと思われ、「新劇寄席」と『日本の放浪芸』との関係が理解できる。（写真は筆者所有のちらし）

話でありましょう。吾々新劇人は、まだまだ「新劇」をやらなくてはなりませんし、新劇の俳優は「新劇」の中で「芸」を磨き上げなくてはならないと思います。
しかしそれらの問題とは全く別に、私は、日本の芸能の発生ということ、俳優という仕事のそもそもの成り立ちといったものが、近頃、気になって仕方ないのです。[…]
そして関心だけではなく、それをひと前で演ってみる事によって、芸能の成り立ちを、俳優として摑むことが出来はしまいかと考えているのです。[…]（一九六六年七月「新劇寄席」パンフレットより）
（小沢 1979）

この切々と訴える一九六六年の公演時のパンフレットに書いた文章を、小沢はここで一九七九年の復活時のパンフレットに引用しているわけであるが、これ以外にも時に引用しており、例えば前節で触れた『私は河原乞食・考』では、亡き師の正岡との対話の中で、これを自らの仕事の立ち位置を表明するために使用している。要するに小沢は、「新劇」と「寄席」の融合の試みを、一九六〇年代半ばから一九七〇年末まで、ずっと続けていたのである。

5 LP『浪花節発達史』と虎造の『清水次郎長伝』

小沢は後年、「新劇寄席」の創作に当たっては、小沢の「座右のレコード」であった中川明徳編

LP『浪花節発達史』(コロムビア、一九六四、三枚組、AL-5041-3)の影響があったことを述懐している(小沢 1981: 21-28)。小沢は寄席芸といっても落語を特に好んでおり、浪花節にはあまり関心をもっていなかったのであるが、亡き師の正岡の浪花節愛好の嗜好に導かれてこのLP『浪花節発達史』を聴いたことで、「新劇寄席」の『とら』に浪花節の源流とされる諸芸能を取り入れることになったと述べている。

その構成を見ると、前半は「浪花節」の源流として、浮かれ節、上州貝祭文、松坂祭文、説教浄瑠璃、瞽女唄、チョンガリ節、説教源氏節、義太夫、阿保陀羅経、新内蘭蝶、関東節(以上の表記はレコード解説書による)を収録している。監修の中川は、LPの収録順と解説によって、これらの諸芸能が浪花節へ注ぎ込むという図式を描いている。そして後半は、「浪花節」の桃中軒雲右衛門ほか名人の口演を収録しているが、その後の浪花節の発展については割愛しており、コロムビア・レコードの『日本浪曲全集』に任せると解説書の「あとがき」に記している。

いっぽう小沢は、確かに前半の浪花節の源泉とされた諸芸能を「新劇寄席」に取り込んだ。加えてこの前半の構成は、小沢のLP『ドキュメント 日本の放浪芸』シリーズの構成にも影響を与えて、浪花節の源泉を求めた小沢に日本全国を探訪させることになる。(10) しかし後半の発展後の浪花節については、小沢はこのLPには収録されていない同時代のスターであった二代目広沢虎造だけを好んでいたのである。小沢の次のような告白がある。

だいたい私は落語好きの少年だった。［…］落語好きの少年にとって、唯一ひきこまれる浪花節があった。広沢虎造（先代）の『次郎長伝』である。［…］浪花節で虎造ファンであるということは、当今の野球でいえば巨人ファンみたいなもので、浪花節通ならば、虎造ファンと自称するのは、ちょっと気恥しいところがないでもない。…

例の、〽馬鹿は死なきゃ、直らない……は流行語的に一世を風靡し、虎造は浪花節だけでなく、映画にも舞台実演にも大活躍の大スターであった。

（小沢 1981: 10–12）

この引用個所は、虎造が少し前の過去の大衆の日常の音の記憶だったという証言でもあるが、小沢の「気恥ずかしい」までの虎造への愛着、とくに『清水次郎長伝』への愛着が示されている。また、先に見たように小沢は浪花節の源泉には大きな興味を持っていたのであるが、それは浪花節というよりも落語を含めた話芸全般の源泉としての興味であったという推測も成り立つ。他にも小沢は、「虎造と寝るイヤホーン春の風邪」という俳句を残しており、小沢が日常的にラジオで聞いていたのは「浪花節」ではなく、「虎造」であるということが理解できる。

当時、虎造の声によって一世を風靡していた、「馬鹿は死なきゃ、直らない」を含む『清水次郎長伝』こそ、「ベートーヴェン人生劇場〈残侠篇〉」が「浪花節」のモデルとしたものである。このようなことから、小沢が「新劇寄席」で影響を受けたのは『浪花節発達史』で浪花節の源泉とされた諸芸能であるにしても、「ベートーヴェン人生劇場〈残侠篇〉」で演じたのは「浪花節」ではなく、虎造の「声色《こわいろ》」（ものまね）であるということができる。

6　分析

本節では、上演されたこの作品において、観客の笑いと拍手がどのようなところで起こっており、それがベートーヴェンと虎造の声色とどのように結びついていたのか、ＬＰの音源を用いて分析した結果について述べていきたい。上演中に客席から笑い及び拍手の生じた個所を拾い、その前後の内容が分かるように最低限の省略をしながら文字に起こした一覧を、本章の末尾に附した。当初、笑いの量を比較するために数値化を試みたが、録音ではマイクの近くの観客の笑いが大きく拾われてしまっており、正確に測定することが不可能であった。したがって、ここでは極めて単純な方法で、筆者による音源の聴取によって、客席全体の笑いの量の三段階のレヴェルを視覚的に★星印としてつけた。

これらの分析の結果、笑いが多く起こった部分は、虎造の浪花節を模したセリフと、やくざや仁義を扱うところであることが明らかになった。以下にいくつか抽出して解説しよう。

まずフシの部分を観察する。冒頭の交響曲第五番の有名なタタタターンのモティーフが二回鳴り響き、そこから浪花節に入るフシの部分である。

〽旅ゆけば★★
〽ラインの道に　薔薇かおり
〽流れも清きローレライ★★★

これは、虎造の『清水次郎長伝』のフシ「〽旅ゆけば　駿河の国に茶の香り流れも清き太田川」のパロディである。ローレライとはライン川沿いにある奇岩のことであるが、唱歌でもよく知られたこのドイツの観光名所が「太田川」に替えられたことで、喜劇的異化効果としての笑いが起こっている。

音楽的な側面に着目すると、時田アリソンの論考「浪花節における口頭性」によれば、浪花節の三味線は三下がりだが、演者の声の高さに合わせて調弦する（時田 2016: 27）。本作品での調弦は$C^\sharp F^\sharp B$である。そしてフシはいくつかの似た旋律パターンを組み合わせて歌われる。例えば、「流れも清きローレライ」の部分は、三味線が$F^\sharp$の甲乙音で強く入り、小沢の声がそこから少し上ずったようにG音で入るが、この旋律パターンが曲中に何度も変形を見せながら現れるのである。

次にタンカの部分を観察する。ベートーヴェンが温泉の中でゲーテに出会う場である。

（B＝ベートーヴェン、G＝ゲーテ）

G「おう、ベーの字、ベーの字★★★、まあ、飲みねえ、飲みねえ。ドイツっ子だってねえ★」

B「ボンの生まれよ★★★」
G「そうだってねえ★★★」

ここは、『清水次郎長伝』に出てくる、石松「飲みねえ、サ、寿司を食いねぇ、江戸っ子だってねぇ」、江戸っ子「神田の生まれよ」、石松「そうだってねえ」、という有名な会話のパロディである。これも笑いが起こっていることからは、喜劇的異化効果が働いていることが理解できる。
このような喜劇的異化効果を重ねる全体の構造を踏まえると、それとはきわめて対照的に浮き上がる個所がひとつある。それは、笑いとは反対の悲しみを表現する内容の個所であり、ここでは、浪花節のフシに重ねて交響曲第三番《英雄》の第二楽章の「葬送行進曲」が挿入されている。作品中、ベートーヴェンの音楽は、必ずフシやタンカの合間に挿入されているのであるが、ここだけが浪花節のフシと重ねて使われているという特色をもつ。物語は、ベートーヴェンが皇帝の座についたナポレオンへの恨みを唸る場である。

〽ああナポレオンよ
〽ボナパルトよ★★
〽生まれたときは別々でも［葬送行進曲はこの頭から］
〽死ぬときゃ一緒に死のうじゃないかと

〽心に決めたこの俺を
〽なぜ裏切ったか　憎い人

注目したいのは、葬送行進曲が重なって入る、「生まれたときは別々でも」のところである。ここは先に指摘した、「流れも清きローレライ」で耳に馴染んだ旋律パターンの変形が用いられている。興味深いことに、小沢が「生まれたとき」とGの音で入る瞬間に、「葬送行進曲」の冒頭がやはりGの音でゆっくりと入って来て、両者はその後も五度や三度の関係でほぼ重なり、ふたつの曲が混ざり合った印象を与えるのである（譜例）。

西洋クラシック音楽では、長音階は「明るい」、短音階は「暗い」といった性格を持つが、日本の伝統音楽を含む多くの世界音楽はそうした性格に対応していない。「流れも清きローレライ」や「生まれたときは別々でも」で使われる旋律パターンの変形も、「明るい」のでも「暗い」のでもない。会場の聴衆は、この作品の冒頭から、浪花節のフシとベートーヴェンの音楽とが、こうした「明るい」「暗い」という性格において交じり合わない異質なものを感じ続けてきているはずである。ところがこの物語のクライマックスで、聴衆は小沢の口演に釣り込まれて、夢破れたベートー

譜例（上段は小沢のフシ、下段は「葬送行進曲」の主要旋律。音符の長さ・調性・拍節は比較のための便宜的なもの。筆者による採譜）

ヴェンに感情移入をしているため、その悲しい意味内容と「葬送行進曲」の旋律のあいだに絶妙な調和を見出すのである。そして、悲しい意味内容を乗せた「生まれたときは別々でも」のフシと、ベートーヴェンの葬送行進曲の短調が、Gの音に導かれて融合するのを感じる。異化効果として仕組まれていたはずの聖なるベートーヴェンと低俗なる浪花節が、このような過程を経て、ついに「悲しみ」において融合する瞬間を迎えるのである。

おわりに

二代目広沢虎造を模した小沢の口演は、虎造の「響き」が日常的に聞こえていた少し前の時代の記憶を肉体的に呼び覚まし、生誕二〇〇周年を祝ってベートーヴェンをコンサートホールで聴く人々の思考を「笑い」によって解きほぐした。その脱力した状態で、ベートーヴェンと浪花節を物語と音楽において融合させたことが、この作品が成功した理由であると考えられる。

浪花節のフシと「葬送行進曲」の主要旋律の融合が、音楽構成を担当した黛による意図的なものであるか、小沢の口演が合わせにいったものであるか、知るための記録類は残されていない。確かに言えることは、黛の『題名のない音楽会』が西洋クラシック音楽と日本の古典以外の伝統音楽を「響き」において共存させる試みを準備していたことと、小沢がすでに「新劇寄席」で西洋演劇に日本の伝統芸能を喜劇的異化効果として用いる試みを経ていたことが、この作品の成功に必要不可欠であったことである。『題名のない音楽会』における日本の伝統音楽・伝統芸能は、その異化効果によって、近代日本の芸術文化が抱えてきた文化的アイデンティティの問題を解決する役割を果たしていたということができる。

本稿の校正の段階で、「ゲーテとベートーヴェンとの邂逅の舞台を日本の温泉場に設定して、浪花節仕立てにした」ことについて、皆川達夫によるものであるという自身の記述を知った（皆川 1998: 487）。皆川はレコードジャケット裏面に「企画・協力」とクレジットされている。

謝辞

スリーシェルズ代表の西耕一氏には、『題名のない音楽会』の詳細な番組リスト「題名のない音楽会の題名」を提供して頂いた。また、LP『浪花節発達史』の閲覧視聴に関しては、京都市立芸術大学日本伝統音楽研究センターの竹内有一教授、齋藤桂講師に便宜を図って頂いた。ここに謝意を表したい。

付録　「ベートーヴェン人生劇場〈残侠篇〉」上演中に笑いが起こった主要個所

脚本（藤田 2007: 13–24）を参照しつつ、笑いが起こった主な個所の前後を内容が分かるよう、他の個所は割愛して、ＬＰレコードの録音から書き起こした。

〈凡例〉★＝微かな笑い　●＝拍手　〽＝浪花節の節（フシ）に当たる部分
★★＝広がる笑い　●●＝大きな拍手　**ゴシック体**＝ベートーヴェンの曲の挿入
★★★＝爆笑　●●●＝大きな長い拍手　［…］＝省略部分

交響曲第五番（第一楽章の冒頭・ハ短調）本作品の序曲として

（ホイッスルと柝の音）★★
〽旅ゆけば★★
〽ラインの道に　薔薇かおり
〽流れも清きローレライ★★★
〽［…］
〽ドイツのボン町　よい酒どころ★★
〽［…］
〽ルードヴィヒ・ヴァン・ベートーヴェンの★★
〽義心伝の一席を

〽不弁ながらも　エエ　勤めましょう●●●

二二歳の年、青雲の志やみがたく★★、［…］マ、それだけに心労もまたひとしおで、そこでフラリとやって参りましたのが、バーデンバーデンと並び称される指折りの湯治場、テプリッツはアイヒェホテルという温泉宿★の玄関先。★★

ベートーヴェン（以下「B」）「ごめんよッ」

ホテル「おや★、いらっしゃいませ★★●●これはこれはお早いお着きで。松の三番さん、★★★ご案内～」●●●

〽その夜はのんびりベートーヴェン★★★

〽手ぬぐい頭に長い風呂★

〽五体の芯まで温もって

〽ひっかけましたよ　生ビール★★

〽［…］

交響曲第九番（第四楽章の「歓喜」の主題・二長調）

湯治場テプリッツの温泉で歓喜の歌をうたうベートーヴェンのイントロ・伴奏として

（原語の「歓喜の歌」を唸る）ふろいで★★［…］ヴぁいると★★★●●●

ゲーテ（以下「G」）「兄さん★、兄さんはなかなか渋い喉だねえ★★」

B「えッ？」

［…］

〽文豪ゲーテその人なり
〽アッとおどろくぅ★★為五郎〜あ、まちがえちゃった★★★ベートーヴェン●●
［…］
B「お控えなすって★」
G「お控えなすって★」
B「お控えなすって★★、有難うございます★★。手前、生国と発しまするは★★」
G「お若えの、ご覧の通り、ここは風呂場で、裸と裸だ、エエ、お互いざっくばらんにゆきましょうや★」
B「では、お言葉に甘えて仁義抜きのご挨拶★★。ワイマールにお住いのゲーテ先生とお見受けいたしましたが、お初にお目にかかります。手前、ウィーンじゃ音楽稼業で多少知られたベートーヴェンと名乗る新参者……」
［…］
G「おう、べーの字、べーの字★★★、まあ、飲みねえ、飲みねえ。ドイツっ子だってねえ★」
B「ボンの生まれよ★★★●」
G「そうだってねえ★★★」
B「今夜はトコトン飲もうじゃないか、兄貴。おっ、プロージット」
G「おっ、プロージット」
［…］

B「数ある兄貴の作品の中でも、とりわけ名声（作）と評判の高い『エグモント』、今度は一番、あいつを見事に作曲してのけて、ヨハン・ヴォルフガング・フォン・ゲーテって人に捧げてえと、こう思ってんだよ」

G「ベーの字★、そいつは結構な話だと、心から礼を言いてえところだが、悪いこたあ言わねえ。お前さん、『エグモント』には手を出さねえほうが身のためだ★★」

[…]

B「へへへ、いやね、せっかくのままあご意見だが、俺ア、やると思ったら、どこまでもやるぜ。エエ、兄貴、まあどうか見ていておくなんせえ。丁とでるか、半とでるか★。このベートーヴェンが体を張って勝負する、男度胸の『エグモント』だ！★★」

劇付随音楽《エグモント》（序曲の後半部）

G「ようようようよう、ベーの字★、はっはっは、面白えな。まあ、飲みねえ、飲みねえ。ドイツっ子だってねえ」

B「ボンの生まれよ★」

G「そうだってねえ★。お前、いける口だろ。エエ、そうだろ、鼻が赤えや。はっは、まあ、プロージット」

B「プロージット」

[…]

歌劇《フィデリオ》（ファンファーレ）　温泉にタオルを腰に巻いてルドルフ大公ご一行登場

揉み手で迎えるフォン・ゲーテ★。見事に君子豹変して、お背中流しましょうか、お肩をお揉みしましょうか★、と言わんばかりのへりくだりよう。

それにひきかえベートーヴェンは、これあんまり誉められねえや。知らん顔して軽石で★足の裏などこすっています。

［…］

〽呆れてゲーテが心の内

〽思わず言ったひとりごと

〽馬鹿は死ななきゃア★★★●なおらアない●●

［…］

G「長幼序あり、君臣義ありってんだ。いいかい、好むと好まざるとにかかわらず、世の中の秩序ってものは守らなきゃいけねえんだよ」

B「ほお、するってえと、なにかい。つまり兄貴は長いもんには巻かれろって言うのかい」

G「いやいや、俺の言いてえことはだなア、人間の幸福というのは対抗の意識の中にあるのではなくて［…］協調の意識の中にあるってことだ。つまり調和と繁栄だよ」★★

B「冗談じゃねえや。万博じゃあるめえし、お前★★★●●。天は人の上に人を作らずと、三田の貸元の福沢諭吉親分★★★も言っていたぞ★」●●

［…］

G「お前、前に、出羽屋一家ってところにいたんじゃねえのか、おい★★★［…］ま、ベーの字よ、硬えこと言わねえで、今夜はひとつお前さんと、たっぷり歌でも歌おうじゃねえか。ま、一杯、飲みねえ」

B「いや、断るってんだよ」

G「おう、お若えの★★、じゃア、なにかい、お前さん、俺の盃は★どうあっても★★受けられねえとおっしゃるのかい★★」

[…]

交響曲第三番《英雄》（第四楽章の冒頭・変ホ長調）　舞台はウィーンへ

時に文化一年、カッコ一八〇四（いちはちれいよん）カッコとじるの四月★★、世に言う『第三シンフォニー』の作曲を完成して、ホッと一息べーつくベートーヴェンのところへ、慌ただしく駆け込んできたのが、弟分のシンドラーという男。

シンドラー（以下「S」）「ベトやんベトやんベトやんベトやん★★、大変だよ大変だよ大変だよ大変だよ大変だよ！★★」

B「シン公じゃねえか。★★うるせえな。まあ、落ち着けよ」

S「ところが、落ち着いてなんかいられねえんだよ」

B「どうしたんだよ」

S「とうしたってね、あの、ほら、ナ、あの、ナ、ナ、なにがね、なにしたんだ。★★」

[…]

B「ナっぱは鳥の餌だ★★」

S「なに言ってやがんだ。そうじゃねえんだよ。あの、ナポレオンがとうとうね、皇帝の位についたんだよ」

[…]

B「ナポレオンこそこの俺が、生涯かけて生きてゆく上のかけがえのない心の拠り所、男の意気地、羽根飾りだったんだ。だのに所詮はあの男も、虚栄と野心のみを追うただの人間だったとはア」

交響曲第三番《英雄》（第二楽章の葬送行進曲の冒頭・ハ短調）

〽ああナポレオンよ

〽ボナパルトよ★★

〽生まれたときは別々でも［葬送行進曲はこのフシの頭から］

〽死ぬときゃ一緒に死のうじゃないかと

〽心に決めたこの俺を

〽なぜ裏切ったか　憎い人

〽憎いその人［葬送行進曲はこのフシの最後まで］

〽また忘られぬ

〽［…］

〽見上げる空に雁三羽★★

〽［…］

〽ちょうど時間★となりました★★
〽おあと改め　また（柝の音）★ご縁●●●
交響曲第三番《英雄》（第四楽章の最後・変ホ長調）：作品のフィナーレ
（柝の音が重なる）★★●●●

註

（1）　西耕一氏のウェブサイトの「題名のない音楽会の題名」一覧（https://www.3s-cd.net/mayuzumidoshiro/#daimei）を元に、『朝日新聞縮刷版』テレビ欄・『毎日新聞縮刷版』テレビ欄の情報より一部のサブタイトルと出演者名を補って筆者が作成。この時期の放映の曜日と時間帯は、毎週金曜日二三時〜二三時三〇分である。

（2）　本稿ではＬＰの音源を用いて分析を行なう。二〇〇三年に出版された小沢のＣＤ全集『唸る、語る、歌う、小沢昭一的こころ』（日本コロムビア、COCJ-32186）の第一巻に収録されている音源は、実際の音高（＝ＬＰ版の録音）より半音ほど音が低い。ＬＰのＢ面は、竹本朝重と鶴澤津賀昇の義太夫節による「ワグナー人生劇場〈不倫篇〉」。

（3）　一九六〇年代から七〇年代初頭にかけての演劇界は、この新劇を構成する俳優座、文学座、劇団民藝の三劇団が中心をなしていた。小沢が当初所属していたのは、俳優座である。

（4）　この著作に感銘を受けた日本ビクターのディレクター市川捷護《かつもり》は、小沢にＬＰ『ドキュメント日本の放浪芸』の制作を依頼する。ＬＰ制作の経緯については、拙著『掬われる声、語られる芸――小沢昭一と『ドキュメント日本の放浪芸』」（春秋社、二〇二三年刊）に詳しい。

（5）中世における「河原乞食」については、中世芸能史家の林屋辰三郎と植木行宣による次の解説がある。「河原者とは、すでに「下学集《かがくしゅう》」が「ゑた、屠児《とじ》也、河原者」といったように、エタの同義語として室町の頃から用いられた称呼である。それは、ひとしなみに「非レ人」とか「蓋人中最下之種」とか唱えられ、賤民のうちでもその最底辺に位置づけられている。」（林屋・植木 1962.10: 26）。近世には、芸能者のことを卑しんで呼ぶ用法に転じた。

（6）小沢の経歴については後世に自身によって語りなおされたものも多いため、小沢昭一『わた史発掘』（小沢 1987）からの小沢自身の文章を尊重しながら、『文藝別冊小沢昭一』の巻末年表（文藝別冊 2010: 224–227）と照合して訂正・加筆した。

（7）小沢は一九四八年に早稲田大学に「庶民文化研究会」（顧問・暉峻康隆）という、日本初の落研（落語研究会）を立ち上げたことでも知られる。

（8）初演の情報は、小沢昭一『とら』（収録日時場所不明、完全未発表音源ＣＤ、CDS-4231、ビクターエンターテイメント、二〇一六年、非売品）の解説書の情報による。

（9）一九七一年六月二九日の俳優座劇場（『榎物語』）、一九七二年六月八日の京都シルクホール（説教「板敷山」）での実況録音盤を、一九七二年にＬＰ『唸る、語る、小沢昭一の世界説教板敷山／榎物語』（ビクター、SJV1148-9）として発売した。その後、二〇〇一年にＣＤ化されている。

（10）拙著『掬われる〈声〉、語られる〈芸〉』（鈴木 2023: 62–72）に詳しい分析がある。

付記　本研究は文部科学省科学研費、研究活動スタート支援「小沢昭一における音楽芸能の正統性の概念の研究：ＬＰ作品集『日本の放浪芸』を中心に」（20K21931）の成果の一部である。

コラム2

テレビ番組「題名のない音楽会」の現場から

大石 泰

現在、テレビ朝日系列で放送されているテレビ番組「題名のない音楽会」は長い歴史を持っています。放送が始まったのは、アジアで初のオリンピックとなった東京オリンピックが開催された昭和三九（一九六四）年八月です。実は放送開始時の局は東京12チャンネル（現テレビ東京）で、二年後の昭和四一年四月に番組ごと日本教育テレビ（現テレビ朝日）に引っ越したという珍しい番組です。以後、昭和四三年一〇月から翌年六月までの短い中断を除けば、現在に至るまで放送が続けられている長寿番組です。

このように足掛け六〇年近く続いている番組ですから、当然のことながら司会者もスタッフも代わっています。唯一変わらないのは、今も昔も出光興産の一社提供であることでしょうか。司会者を例にとれば、初代・黛敏郎から武田鉄矢、羽田健太郎、佐渡裕、五嶋龍と代わり、現在は石丸幹二が六代目を務めています。この中で最も長く司会を務めていたのが作曲家の黛敏郎で、その在任期間は一九六四年の放送開始からご自身が病気で亡くなる一九九七年まで、実に三〇年以上に及びました。

歴代司会者の顔ぶれを見るといずれも音楽家ですが、黛敏郎が他の司会者と一つ決定的に違っていたのは、彼が単なる司会者にとどまらず企画者も兼ねていたことです。私は一九七九年から黛さんの死後、司会者が武田さんを経て羽田さんに交代し一年が経過した二〇〇一年三月末まで、出入りはありましたが、三〇年のテレビ朝日在職中の約半分の期間を「題名のない音楽会」に関わりました。このコラムでは私がディレクター、プロデューサーとして制作を担当した、黛さん時代の番組について語ってみようと思います。

当時の「題名のない音楽会」は二週間に一度、三〇分番組を二週分、公開録画の形で収録していました。会場は現在、LINE CUBE SHIBUYAというモダンなホールに生まれ変わった初代の渋谷公会堂でした。原則として毎回シンフォニーオーケストラが出演し、クラシックをベースとしながらもジャズから歌謡曲、はては邦楽まであらゆるジャンルの音楽を取り上げていました。番組初期のキャッチフレーズは「ベートーヴェンから浪花節まで」というもので、これは古今東西あらゆる音楽を扱う番組の姿勢を示したものです。

ただそこには選曲の基準があり、毎回の番組のテーマに沿った曲が取り上げられていたわけです。そのテーマを決めるために、本番終了後に黛さんを中心に、番組の構成者・ブレイン、それにテレビ朝日スタッフが集まり企画会議が開かれていました。会議ではわれわれテレビ朝日スタッフも必死に企画を提案しましたが、最終的に黛さんが首を縦に振らないと実現せず、われわれの企画が採用される確率はかなり低いと言わざるを得ませんでした。まさに彼が単なる司会者ではなかった所以です。

渋谷公会堂での収録現場も緊張感に満ちたものでした。黛さんはホールに到着するや否や、客席の中央に用意されたテーブルの前に座ってヘッドホンを耳にします。音合わせが始まると、このヘッドホンで音声担当者がミキシングする音を確認しつつ会場の生音と聴き比べ、そのミキシングが適切かどうかチェックするのです。もちろん、演奏やアレンジにも注文がつくことがあり、アレンジャーがその場で手直しを命じられることも珍しくありませんでした。彼は番組の音楽監督でもあったわけです。

続くカメラリハーサルでは、黛さん自身司会をしなければならないのでステージに上がりますが、舞台進行にも目を光らせていました。番組の演出は本来ディレクターの専権事項の筈ですが、納得のいかないところがあるとそこにも口をはさんできます。リハーサルでのもめごとは日常茶飯事で、あまりにいろいろな事件が起こるので、ディレクター時代に私は「事件メモ」をつけていました。一部タイトルだけご紹介すると「デパート家具売り場事件」、「フレンチ・カンカン股開き事件」などさまざまです。

こうしたもめごとの多くは、何とか現場で収拾がつくのですが、ごくまれにテレビ朝日対黛敏郎の対立に発展して、挙句の果てに収録はしたものの放送できず、お蔵入りになる番組もありました。黛さん時代の三〇年余りで、栄えある（?）お蔵入り番組は、「朝日新聞と共に」（一九七二）、「教育勅語のすすめ」（一九七七）、「憲法記念日を考える」（一九八一）の三本でした。このうち最初の二本は私が担当になる前の話ですが、最後の「憲法記念日を考える」はまさに私がディレクターでした。

なぜこの番組はお蔵入りになってしまったのでしょうか。黛さんは改憲論者であり、番組を通じてその主張を述べようという企画です。しかしそこは音楽番組ですから、滔々と主張だけを述べるわけにもいかず、そこで持ち出してきたのが自ら台本を書き作曲した《憲法はなぜ改正されねばならないか》というカンタータでした。ただ公共の電波を預かるテレビ局は「公平性」を担保しなければならず、護憲論の立場から作家の井上ひさしさんが持説を述べた後、黛さんのカンタータを演奏することになりました。

局側は事前に台本の一部修正を申し入れましたが受け入れられず、番組は収録されたものの、テレビ朝日が局の判断で放送を見合わせました。この措置に黛さんは「表現の自由の侵害」であると激怒し、その次の回の番組への出演を拒否しました。テレビ朝日が放送中止の理由として挙げた一つが「護憲論（井上ひさし氏の話）と改憲論（黛作品）の時間的バランスを欠く」というものでしたが、これについては井上ひさしさんからも「放送中止の理由としてはいかがなものか」と、遺憾の意が表明されたことを付け加えておきます。

現在、改憲論議は普通に行われるようになりましたが、四〇年前はまだ、テレビで憲法問題を扱うには、非常にセンシティブにならざるを得ない時代でした。本音を言えば、テレビ朝日は「題名のない音楽会」で憲法問題をテーマにすることは避けたかったのです。しかし黛さん時代には憲法問題に限らず、度々番組内での彼の政治的発言が問題になりました。黛さんが単なる司会者であれば、こうした企画が出てくることはそもそもなかったのでしょうが、彼が企画者でもあったためにコントロールしきれなかったわけです。

司会者のこうした政治的発言に対して、テレビ朝日は「「題名のない音楽会」は音楽番組であり、政治的発言をする場ではない」という論法で、黛さんの発言を抑えようとしました。一方黛さんは「音楽は社会との関連なしには成立しえない」との考えで、番組内で「政治」や「経済」を語るのは、むしろ当然のことという姿勢を取り続けました。このように両者のよって立つ基盤が異なるのですから、議論は平行線をたどるしかありません。こんな時番組のプロデューサーやディレクターは、局と黛さんの板挟みになる損な役回りでした。

黛さん時代の「題名のない音楽会」には、企画者である彼のメッセージが込められていました。その多くは純粋に音楽に関わるものでしたが、時には政治的な色合いを帯びたものもありました。それを嫌う人は番組から離れて行きましたが、一方でもし「題名のない音楽会」という番組のブランドが築かれたとしたら、それもまた黛敏郎のこうした姿勢のおかげに違いないのです。少なくとも私にとって「題名のない音楽会」は、どんなに黛さんとぶつかろうとも面白い番組であったことに疑いありません。

第7章　《田園交響曲》と『セロ弾きのゴーシュ』

ベートーヴェン、宮沢賢治、高畑勲

土田英三郎

本稿はベートーヴェン《田園交響曲》の受容史の一系譜として、宮沢賢治の有名な童話とそのアニメ化作品を再検証し、元の交響曲の今日的な意味を考察するものである。(1)

1　田園交響曲の伝統とベートーヴェン

パストラーレが古代ギリシア以来、田園生活の様々な特徴や情景を扱った文芸や音楽のジャンルあるいは表現様式として、長い伝統をもっていることは周知の通りである。牧人たちが自然の風物に託して歌う素朴な歌という形をとって、愛、自然賛美、ひいては楽園・理想郷としてのアルカディアへの憧れなど、様々なものが象徴的に表現されてきた。中世後期にはキリスト教的な意味合いも加わり、「良き羊飼い」というイメージからキリストの象徴ともなったため、クリスマスの音楽としてもよく使われるようになった。中世や、それ以上にルネサンスの世俗的な声楽曲、とりわけマドリガーレ詩（それ自体「牧歌」の意）や牧歌劇に基づく曲やジャンルも、バロック時代に直結してゆく。中でもトルクアート・タッソの『アミンタ *Aminta*』（一五七三）やジョヴァンニ・バッティスタ・グアリーニの『忠実なる羊飼い *Il pastor fido*』（一五九〇）のような牧歌詩劇が、古代の神話や叙事詩、牧歌詩の遺産とともに、バロックのオペラやカンタータの台本と題材の重要な源泉となっていることは、言うまでもない。パストラーレはそれ自体で一つのジャンルであるとともに、世俗・宗教を問わず様々なジャンルを横断して登場するトポスでもあり、ある特定の語彙や語法を共有している。

ベートーヴェンの《田園交響曲》(2)（一八〇八）もこの伝統と無縁ではない。だから、ウォルト・ディズニー（一九〇一～六六）がアニメ史上画期的な『ファンタジア』（一九四〇）で、この曲の部分を古代神話の神々の世界としたのも、けっして荒唐無稽なことではなかった。《田園交響曲》はかなり短縮されたヴァージョンではあるけれども、酒神バックス（バッカス／ディオニュソス）の祭典の準備が主神ユピテル（ゼウス）によって遮られるまで、オリュンポスの神々やケンタウロス、ペガスス、ファウヌス（パン）らの登場とともに繰り広げられる。

ベートーヴェンの第六交響曲は、直接的には「田園交響曲」という古典派の一ジャンルに属する。

そして「田園交響曲」は交響曲の中でも当時「性格交響曲」などと呼ばれた、古典派の標題交響曲の一種である。「性格交響曲」はこのジャンルの呼称の一つにすぎないが、ベートーヴェン自身は田園のスケッチに「Sinfonia pastorella」とか「Sinfonia caracteristica」と記していた。(3)（図7−1）

音楽パストラーレあるいは田園交響曲のジャンルにある程度共通する特徴は、単純な民謡風もしくは子守唄風の旋律、快活で、順次進行か分散和音の進行、シンメトリカルで偶数小節のフレーズの多用、フレーズ反復、エコーの効果、八分の六拍子などの複合拍子でシチリアーナ風、単純な和声法（ベートーヴェンの《田園》第一楽章では非常に多くの箇所が長三和音からなる）、遅い和声リズム、特定の調（ヘ長調、ト長調、ハ長調、ニ長調など）、三度や六度の平行進行、ドローン・バスの保続低音による空虚五度でバグパイプやミュゼット、ハーディ＝ガーディの土俗的な効果、ロング・トーン、アルペンホルンやラン・デ・ヴァシュ（スイス・アルプスの牛追い唄）のファンファーレ風音型、羊飼いや牧神の笛を思わせる音型、楽章の連続、変奏技法、楽器の象徴的用法（牧歌やアルペンホルンのホルン、パンや羊飼いの笛を思わせるフルートやオーボエ属の管楽器、キリスト教会の楽器トロンボーンなど）である。さらにトピッ

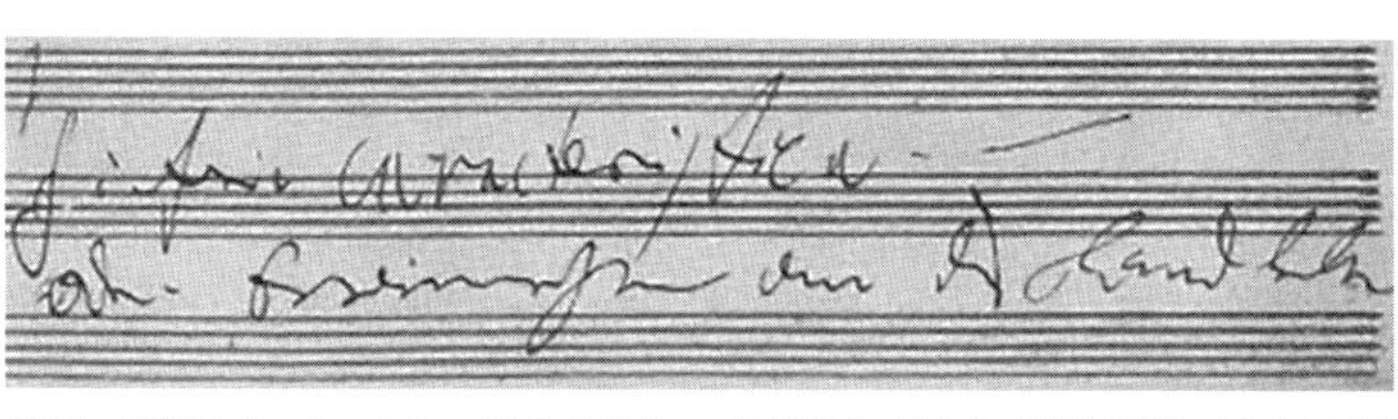

図7–1　「パストラーレ・スケッチ帳」（1808）、２枚目裏ページより「性格交響曲／あるいは田舎の生活への思い出 Sinfonia caracteristica / oder Erinnerungen an das Landleben」（大英図書館 Add. Ms. 31766, fol. 2r）

クとしては自然、小川のせせらぎ、鳥の鳴き声、嵐と雷、稲妻、嵐の後の感謝、狩り、農民や牧人の踊り、収穫、祭りなどがある。こうして見ると、歳時記のように一年の季節の移り変わりを描いた、ヴィヴァルディの協奏曲〈四季〉作品八の一～四（一七二五）やハイドンのオラトリオ《四季》（一八〇一）のトピックと、かなり重なっていることが分かる（季節感とは異なるが、ロッシーニの《ギヨーム・テル》（一八二九）序曲も、嵐やアルペンホルンでは共通している）。

ベートーヴェンの《田園》はまさにこの伝統のただ中にある。しかし、単なるアルカディアへの郷愁でもなければ、自然の描写でもなく、また造物主の賛美だけでもない。それについては結論部で再度ふれることとしよう。

さて、ベートーヴェンの《田園交響曲》の受容史において常につきまとってきたのは、「標題音楽」か「絶対音楽」かの問題である。この二項対立が音楽美学上の本格的な論争のテーマとなるのは一九世紀半ば以降であるが、一八世紀後期からあった重要な論点として、ヨーハン・ヤーコプ・エンゲル『音画について *Über die musikalische Malerei*』（一七八〇）あたりから始まった、音楽による描写への批判に注目したい。自然の過度な模倣、行き過ぎた音画は低次元の音楽であるという美学は、一八〇〇年前後の音楽雑誌の記事でもしきりに論じられ、アードルフ・ベルンハルト・マルクスの有名な『音芸術における絵画的描写について *Über Malerei in der Tonkunst*』（一八二八）に至る。一八〇〇年前後のハイドンの記念碑的な二大オラトリオ、《天地創造》（一七九八）と《四季》でさえ、音画風の箇所については批判されたのである。それをよくわきまえていたベートーヴェンは、

《田園》作曲中のスケッチから初演（一八〇八年一二月二二日）、パート譜初版（一八〇九年五月）の出版に至るまで、実に慎重に、くどいくらいに、「音画よりも感情の表現 Mehr Ausdruck der Empfindung als Malerei」ということを強調している（図7-2）[4]。この一文は本来、曲の副題に含まれていたのだが、総譜初版（一八二六年五月）以降、旧全集（一八六二）、以後のそれに基づく諸版では削除されてしまった。そのため、これが曲の不可欠のサブ・テクストであるという事実は、ジョナサン・デル・マーが新エディション（ベーレンライター社）を出した一九九八年にいたるまで、一般にはほぼ忘れられていたのである[5]。

一方、第二楽章コーダにおける三羽の鳥の鳴き声の模倣をはじめ、この曲には明らかに描写的な要素がふんだんにある。そのため、標題音楽を標榜する一派からは無条件で賞賛されたが、音楽表現の自律性を重視する絶対音楽論者たちは、この曲の標題的要素がベートーヴェンにとって不面目となることをおそれ、なんとか純音楽的に説明しようとしてきたものである[6]。

ベートーヴェンの音楽がベルリオーズの《幻想交響曲》（一八三〇）をはじめ、田園的なモティーフを含んだ無数の後続作品に、大なり小なりの影響を与えているのは言うまでもない。それとは別に、一九世紀には何度か、《田園交響曲》がバレエやパントマイム、活人画など、登場人物や所作を伴う舞台作品として上演されたこともあった。有名な例は、一八二九年六月二二日にロンドンはヘイマーケットのキングズ・シアターで行なわれた、ハープ奏者ロベール・ニコラ・シャルル・ボクサ（一七八九〜一八五六）のための演奏会である。これに先立って前半にヘンデルのパストラル・オペラともいうべき《エイシスとガラティーア》（一七一八。オウィディウスの『変身物語』に基づく）も上演されたが、ふつうの演奏会でも、《田園交響曲》はヘンデルのこの田園的セレナータやヴェーバーの《魔弾の射手》（一八二一）中の〈森を抜け〉など、牧歌的な情緒の曲とカップリングされることが多かった。（本節の以上についてより詳しくは土田2010、土田2021を参照）。

音楽以外でも、おそらくこの作品の作用史は膨大なものが物語られるに違いない。例えば絵画では、小川のほとりや自然の中で創作する、あるいは逍遥するベートーヴェンの肖像が多数知られている。最初期の例としては、ヨーハン・フリードリヒ・リュゼルによる素描に基づくリトグラフ（*Cäcilia. Ein Taschenbuch für Freunde der Tonkunst*, edited by Johann Peter Lyser, 1, 1833）や、フランツ・ヘー

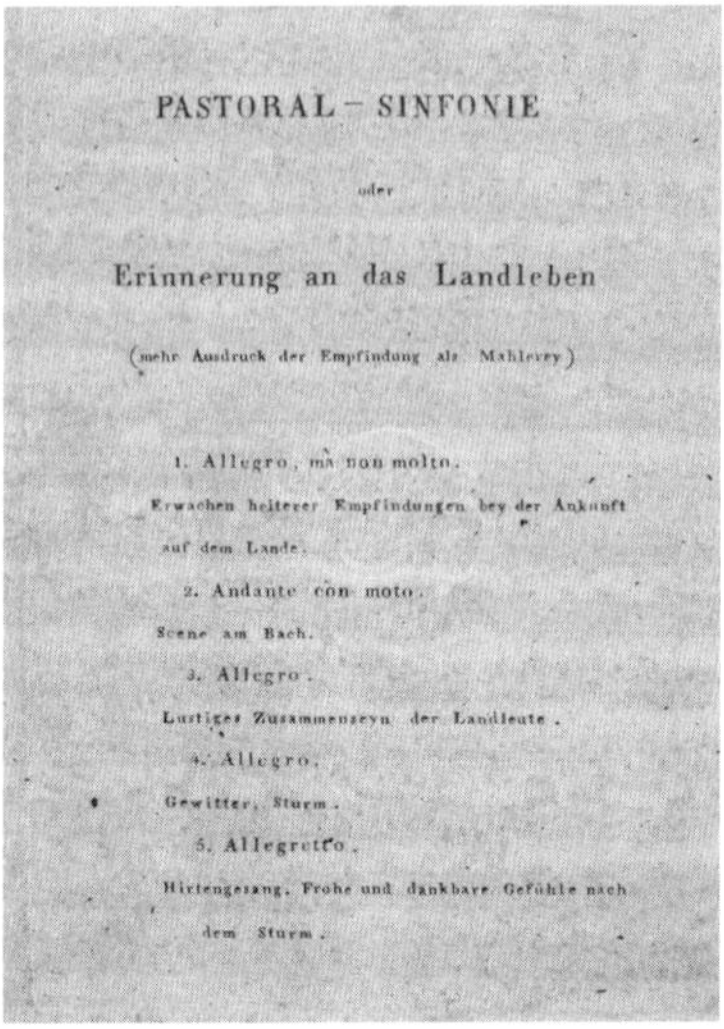

PASTORAL – SINFONIE

oder

Erinnerung an das Landleben

(mehr Ausdruck der Empfindung als Mahlerey)

1. Allegro, ma non molto.
Erwachen heiterer Empfindungen bey der Ankunft auf dem Lande.
2. Andante con moto.
Scene am Bach.
3. Allegro.
Lustiges Zusammenseyn der Landleute.
4. Allegro.
Gewitter, Sturm.
5. Allegretto.
Hirtengesang. Frohe und dankbare Gefühle nach dem Sturm.

図7-2　初版パート譜（ライプツィヒのブライトコプフ・ウント・ヘルテル社、1809）より第１ヴァイオリン・パートのタイトル・ページ（フランス語による）の裏ページ
（ドイツ語で）「田園－交響曲／あるいは／田舎の生活への思い出／（音画よりも感情の表現）」　その下の各楽章の速度表記やタイトルの一部はすでに変更され、楽章タイトルは総譜初版や旧全集と同じ文言になっている。

ギによる彩色アクアティント（一八三四）がある。一九世紀の末まではこうした題材やその派生（森への隠遁、嵐のなかの瞑想など）による画やポストカードが無数に描かれ、ベートーヴェンの典型的なトポスとなっていった。[7] 現代の日本でも絵本やマンガでお馴染みのシーンである（註１で挙げられている教育マンガや絵本を参照）。ベートーヴェンの伝記映画でも必ず描かれている場面であるのは、言うまでもない。文学で万人に知られているのはアンドレ・ジッドの小説『田園交響楽 *La Symphonie pastorale*』（一九一九）であろう。これはジャン・ドラノワ監督でフランス映画（一九四六）ともなったが、それに先立って一九三八年に、山本薩夫監督により日本で映画化されている。

日本ではベートーヴェンの《田園》はこの作曲家で最も愛好されている作品の一つだが、あからさまにその影響を謳ったアート作品はそれほど多くはない。素材として使われているのが明確なのは、文学では有栖川有栖のミステリー小説『狩人の悪夢』（二〇一七）、コミックでは註１に挙げられているものなどであろう。[8] そのほか、映像作品の音楽で《田園交響曲》を効果的に使用しているケースは多数あるだろう。

以下で見る宮沢賢治[9]の童話『セロ弾きのゴーシュ』では「第六交響曲」とあるだけで、実はベートーヴェンの名はどこにもない。ところが、多くの読者が、この童話をベートーヴェンの《田園》と結びつけている。そして、この童話から生まれた新しい作品は、全貌を把握しきれないほど存在する。高畑勲がアニメ化した『セロ弾きのゴーシュ』（一九八二）もその一つである。

賢治が口ずさんでいたベートーヴェン《田園交響曲》第 2 楽章第 1 主題：第 1 ～ 7 小節（佐藤 1995: 127 を参考に浄書）
「弓のごとく／鳥のごとく／昧爽《まだき》の風の中より／家に帰り来たれり」（『冬のスケッチ』［1921 ～ 22 年頃成立］より〈一五　弓のごとく〉、後に文語詩未定稿にも）（宮沢 1986c: 317; 1986d: 208）(10)

「おれも是非共こういうものを書かねばならない。」

——ベートーヴェン交響曲第五番のレコードを聴いた後、弟の清六に

（宮沢清六 1991: 54）

「あゝ　Josef Pasternack の指揮する／この冬の銀河軽便鉄道は／幾重のあえかな氷をくぐり」

——詩集『春と修羅』［一九二四年刊］最後の「冬と銀河ステーション」［一九二三年一二月一〇日］より

（宮沢 1986a: 245）

「これは田園の新鮮な産物である。われらは田園の風と光との中からつやゝかな果実や、青い蔬菜を［と］一緒にこれらの心象スケッチを世間に提供するものである。」

——童話集『注文の多い料理店』［一九二四年刊］の広告ちらし［一九二四年一一月一五日発行］より

（宮沢 1986e/2019: 604）

「……おお朋だちよ　いっしょに正しい力を併せ　われらのすべての田園とわれらのすべての生活を一つの巨きな第四次元の芸術に創りあげようではないか……」［第九交響曲のバリトン・レチタティーヴォを髣髴］

——『農民芸術概論』および『農民芸術概論綱要』［一九二六年成立］より「農民芸術の綜合」

（宮沢 1995: 16, 24–25）

宮沢賢治（一八九六〜一九三三）は樋口一葉が亡くなった年（欧州ではクララ・シューマンやアントーン・ブルックナーの没年）に岩手県花巻に生まれ、小林多喜二や同県出身の新渡戸稲造と同年（ナチスが政権をとった年）に没している。児童文学者、詩人、教育者、農民芸術論者、農業科学者、地質土壌学者、人道主義的ユートピア論者、西洋音楽愛好家、レコード蒐集家、エスペランチスト、法華教をカノンとする日蓮宗の信者など、非常に多面的な貌をもっている。近代日本の中でも「大正デモクラシー」（大正時代は一九一二〜二六年）と呼ばれるリベラルな思潮が高まった時期（一九二四年の治安維持法制定とともに終焉）を経験し、一五年戦争（一九三一〜四五年）が始まって軍部の力が増し、日本が第二次世界大戦へ突き進もうとする頃まで活躍。中央集権の時代、多くの知識人が東京や大都市で活動したのとは異なり、生地東北の岩手県を本拠とし、災害（地震）と貧しさと冷害に喘ぐ農民と地元の青年や子供たちのために、農業改良や教育・文化活動に励んだ。

次の数節は『農民芸術概論綱要』（一九二六年初頭に初稿か）からの抜粋であるが、農民にこそ芸術が必要である、農民こそ文化の自己決定能力をもたねばならない、という彼の考えがよく出ている。芸術活動への政治の介入への批判、非常時にこそ芸術を、という今日的な要請とも相通ずるところがあり、一〇〇年も前の賢治の先見性が見て取れよう（宮沢 1995: 18–26）。

……われらはいっしょにこれから何を論ずるか……

おれたちはみな農民である　ずゐぶん忙がしく仕事もつらい
もっと明るく生き生きと生活をする道を見付けたい
われらの古い師父たちの中にはさういふ人も応々あった
近代科学の実証と求道者たちの実験とわれらの直観の一致に於て論じたい
［…］
われらは世界のまことの幸福を索ねよう　求道すでに道である

農民芸術の興隆

……何故われらの芸術がいま起らねばならないか……
　曾つてわれらの師父たちは乏しいながら可成楽しく生きてゐた
　そこには芸術も宗教もあった
　いまわれらにはただ労働が　生存があるばかりである
　宗教は疲れて近代科学に置換され然も科学は冷く暗い
　芸術はいまわれらを離れ然もわびしく堕落した
　いま宗教家芸術家とは真善若くは美を独占し販るものである(11)
　われらに購ふべき力もなく　又さるものを必要とせぬ
　いまやわれらは新たに正しき道を行き　われらの美をば創らねばならぬ
　芸術をもてあの灰色の労働を燃せ

ここにはわれら不断の潔く楽しい創造がある
都人よ　来ってわれらに交れ　世界よ　他意なきわれらを容れよ

［…］

農民芸術の産者

……われらのなかで芸術家とはどういふことを意味するか……
職業芸術家は一度亡びねばならぬ
誰人もみな芸術家たる感受をなせ
個性の優れる方面に於て各々止むなき表現をなせ
然もめいめいそのときどきの芸術家である

［…］

結論

……われらに要るものは銀河を包む透明な意志　巨きな力と熱である……

［…］

永久の未完成これ完成である

［…］

「農民芸術の興隆」については、別稿で講義用かと思われる細かいメモがある（宮沢 1995: 27–32）。

そこに挙がっている人物名を見てゆくと（「　」内に原文）、文人ではビュヒナー「Büchner」、デフォー「Daniel Defor」、ワイルド「Oscar Wilde」、「トルストイ Tolstoi」、「ブル」、「ロマンローラン」、思想家ではウィリアム・モリス「Wim. Morris」、オスヴァルト・シュペングラー「シペングラア」、ラルフ・ワルドー・「エマーソン」、「室伏」高信、「カーペンター」、「トロツキー」といった幅広さである。(12)

賢治文学の作風で顕著なのは、言語感覚の鋭さと文体の音楽性、イメージ喚起力の強さである。その背景には、盛岡という土地の豊かな民話や伝説、芸能をもった風土、岩手山や北上川、小岩井農場などの広大な自然があったことだろう。他方で多言語に通じていて、様々な外国語がそのまま登場するのも意外性をはらんでいる。賢治は作詞や作曲を行なっているほか、演劇・音楽劇台本（例えば「コミック・オペレット」『飢餓陣営』一九二二）も書いているが、彼の音楽的文章は、単に音楽用語や曲名を頻繁に使うといった次元のことではなく、文章そのもののリズムや韻律の個性と豊かさ、オノマトペの豊富さと魅力にこそ、その真価がある。『風の又三郎』の冒頭「どっどど　どどうど　どどうど　どどう……」などがよい例であろう。(13)

賢治と音楽の関わりが論じられるとき、彼の創作の源泉には西洋クラシック音楽、とりわけベートーヴェンの音楽があったとは、多くの論者が指摘するところである。岩手県花巻という地方の小さな町で生まれ、県都盛岡市の中学や高等農林学校で学んだだけの賢治は、日本の東北地方でどのように西洋音楽を知ったのだろうか。西洋音楽の組織的な導入は、明治維新後間もない一八七九年に、東京で官立の音楽研究調査機関である音楽取調掛によって始まったばかりであるのに。

ベートーヴェンに限って言えば、もちろん楽譜（旧全集版に基づく諸版）はどんどん輸入されるようになっていたし、一九一〇年代から一九二七年の没後一〇〇年祭にかけて、シンドラー、マルクス、セイヤー、ノッテボームからグローヴ（そのベートーヴェン交響曲論は一九二五年に第五番までが邦訳刊行）、ロマン・ロラン、シェンカーに至るまで、抄訳や紹介がかなり行なわれ、記念年（一九二〇年の生誕一五〇年はまだそれほどでもなく、主に一九二七年）には雑誌等で特集も組まれた。また賢治のように外国語を読める人間なら、ベートーヴェンの基本文献を原書で直に読むこともできた。では、音楽そのものは実際にどれくらい聴くことができたのか。

自分で楽器を弾けない人にとって、西洋音楽に接する手段は、都会だったら音楽学校や軍楽隊の演奏会、映画館での奏楽（無声映画時代の一九一〇年代以降。トーキーは一九二〇年代後半以降）、キリスト教会でのオルガン（ハーモニウム）や聖歌くらいだったのが、一九一〇年代には三越などデパートの少年音楽隊の人気、帝国劇場や宝塚劇場の開設、浅草オペラの活動などが目立ち、二〇年代にかけてはプロやアマ（一〇年代からの九州や京都の帝大を含む）のオーケストラの創設に伴う演奏会の増加が顕著となる。日本でベートーヴェンの全ての交響曲が日本のオーケストラによって演奏されたのは、一八八七年から一九二五年にかけてであるが（この間の一九一六〜一九年には、非公開や半公開のかたちではあるが、第一次大戦時のドイツ軍俘虜によって、半数以上の交響曲が初演されている）、いずれも主に東京か大都市、もしくは西日本においてである。岩手ではまだ本格的なオーケストラも室内楽団体もない。ラジオ放送の開始はようやく一九二五年のことである。そうなると、主な鑑賞手段はレコードということになる。日本は第二次大戦前のレコード産業で最も重要な市場の一つだった。生での一流の演奏が滅多に聴けなかったという現実がその主な理由であろうが、西洋化の進む近代の日本において、西洋音楽を熱心に愛好する人間が急速に増加したこともある。感受性豊かな文人や他分野の芸術家の中には、初めて聴いたベートーヴェンに衝撃を受けて音楽に目覚め、「音楽」と「詩」と「美術」と「思想」が常に同一の根源として精神に働きかける、と考えるようになった人も少なくなかった。

賢治のレコード蒐集は今日有名である（木村直弘氏によるコラムも参照）。当時まだ高価だったSPレコード（standard playing record；一分間七八回転の円盤、収録時間は片面五分程度）を次々と購入できたのも、実家が比較的裕福であったことと、教職の給与が良かったからでもある。一九三三年の没時に遺品として遺されたのはわずか二六枚だが、かなりの数を人に贈呈したり売り払い、またレコード交換会をひらいて中古レコードを安価に入手することもあった。一九二七年末の交換会のための交換リストには、自身の手持ちの一五タイトル、三五枚のレコードが記載されている（佐藤1995: 238–239）。レパートリー全体を見ると、バッハやヘンデルからドビュッシーやリヒャルト・シュトラウス、当時の最先端のストラヴィンスキー、さらにはポピュラー音楽に至るまで、非常に幅広かったことが分かる（推測を含む一覧は萩谷 2013: 84–95 参照）。中でも圧倒的に多いのがベートーヴェンだった。二四作品、そのうち交響曲は第三、五、六、七、九番が全曲、第四、八番が第二楽章のみ、いくつかの曲は複数の録音で所有していた。弟の清六（一九〇四〜二〇〇一）によれば「当時、ポリドール会社では割合に沢山の新譜が花巻という田舎町の楽器店で売れるのでこの店に感謝状を贈り、尚調べて見るとそれは主として一人の風変わりな農学校の教師だけが買っているということなので、会社でも唖然としたものだとその楽器店の老主人が最近話していた」（宮沢清六 1991: 54）。当時の地方都市でも、意外に早くから蓄音器（もちろん機械式で電気は使わない）とレコードが出回っていたことが分かる。[14]

賢治の実家はかなり早くから蓄音器を所有していたようであるが、彼が積極的に西洋クラシックのレコードを聴くようになったのは一九一七〜一八年（清六によれば大正七年頃）、つまり盛岡高等農林学校農学科の最終学年から、卒業し研究科に進学した頃である。賢治は親戚が経営する洋品雑貨屋から蓄音器とレコードを借りてきて、それこそ「むさぼり飲むように」、「シェラザード」や「レオノーレ」、「エグモント」を、その後はベートーヴェンの第四交響曲（「こいつは何だ。しかしこれは大変なもんだ。」「ベートーヴェンときたら、ここのところをこんな風にやるもんだ。」）、チャイコフスキーの第四交響曲（第四楽章について「此の作曲者は実にあきれたことをやるじゃないか。」）、ハイドンの弦楽四重奏曲「雲雀」などの一部分ずつを聴き込んだ。「蓄音器のラッパの中に頭を突っ込むようにしながら、旋律の流れにつれて首を動かしたり手を振ったり、踊りはねたりした」（宮沢清六 1991: 53）。

賢治は研究科を修了した翌年の一九二一年に一時上京し、宗教活動を行なうが、帰郷後、花巻の農学校の教師となる。その頃から彼のレコード熱はますます嵩じて、「やがてしっかりした解説書といっしょに英国盤の『月光』や『運命』の組物が入って来たときの兄の歓びは大したもの」だった。第五交響曲では「繰り返し繰り返し我らを訪れる運命の表現の素晴らしさ。おれも是非共こういうものを書かねばならない」と弟に語ったという。「と言いながら書き出したのが『春と修羅』である」。この交響曲の形容の仕方は、冒頭動機が様々に反復・変形・堆積されてゆく動機労作の手法を、彼が聴き取っていたことを示唆していよう。この動機が全曲の基本素材となっていることも理解していたかもしれない。『春と修羅』（一九二二〜二四年作）は生前唯一出版された詩集である（一九二四年刊）。「つまり此のころ兄の書いた長い詩などは、作曲家が音譜でやるように言葉によってそれをやり、奥にひそむものを交響曲的に現したいと思ったのであろう」（以上、宮沢清六 1991: 54）。賢治の以降の詩は、言葉をシンフォニックに紡いでゆきたいという願いとともにあった。

ベートーヴェンの交響曲の中でも、第五番の録音はさすがに最も早く一九一〇年からあり、種類も最多である（アクースティック録音時代の管弦楽曲のディスコグラフィは Arnold 1997 を参照）。賢治が所持していたことがわかっているのは、ジョゼフ・パスターナック指揮[15]、ビクター・コンサート管弦楽団（ビクター黒盤、四枚組、二種類のサイズ、一九一六〜一七年に別々に録音、一枚ごとに別売、計一二円［東京音楽学校は第一、第二楽章を所蔵］）と、ヴィルヘルム・フルトヴェングラー指揮、ベルリン・フィル（ポリドール盤、一九二六年、電気式録音、五枚組、一五円。弟子に贈呈［東京音楽学校も所蔵］）の二種である。以上のほか、清六の回想にあるように、一九二一年の時点で英国盤の第五交響曲のセットを聴いていたことから、録音史上名高いアルトゥル・ニキシュ指揮、ベルリン・フィルのグラモフォン盤（一九一三年録音、翌年に独英で別々に発売）の英国盤をもっていた可能性は高い。

交響曲第六番との取り組みはどうだったであろうか。上記の〈弓のごとく〉という文語詩を《田園》第二楽章の冒頭主題への歌詞として口ずさんでいたことからも、この曲に対する彼の愛着は窺われる。賢治の文学作品には、銀河、星座、恒星、宇宙、鉄道、車室、車窓、などといった言葉とともに、「田園」が頻繁に登場する。だが、そうした直接的な結びつきよりももっと深いところで、《田園交響曲》は賢治の創作の糧になっていたのではなかろうか。

例えば、『春と修羅』（それに賢治のあらゆる詩の中）で最長の「小岩井農場」では、《田園》と同様の手法が使われているという指摘がある（萩谷 2013: 26–31）。小岩井農場は、一八九一年に東北線が全通した際、日本鉄道会社副社長と三菱財閥総帥、鉄道庁長官の三人によって、岩手山の南東山麓に合弁で設立された農林畜産関連の複合施設で、民間農場では日本最大の約三〇平方キロにわたる規模を誇る。当時の農業改革に大きな役割を果たしたと言われる。賢治はしばしばここを訪れて、壮麗な岩手山と田園風景を楽しんだ。

当の詩は一九二二年五月二一日に一日がかりで農場を散策したときの「心象スケッチ」である。全体は九「パート」まで番号があるが、第五、第六パートはタイトルのみ、第八パートは痕跡もない。「九」にこだわったのはベートーヴェンの九つの交響曲が念頭にあったのか、と勘繰りたくもなる。詩は駅で汽車を降りたところから始まり、パート三で農場入り口に達する。沢があり、夥しい鳥の鳴き声、その「Rondo Capriccioso」（原綴のまま）、「馬車のラッパ」（《田園》第三楽章トリオ最後のトランペットの寂しい減衰はポスト・ホルンを想起させよう）。パート四では「セレナーデ」という語が登場、パート七で雨となり、「自由射手《フライシュッツ》」も登場、最終パート九では「カシオペーア」、「さうです　農場のこのへんは／まつたく不思議におもはれます／どうしてかわたくしはここらを／der heilige Punkt［聖なる地点］と／呼びたいやうな気がします」などと語ったのち、宗教、恋愛、性慾にふれ、そうした問題での葛藤が達観されたかのように、「すべてさびしさと悲傷とを焚いて／ひとは透明な軌道をすすむ」と結論付けられる。当時、こよなく愛する妹トシが重い病床にあり（一一月に亡くなる）、妹が苦しんでいるのに恋に思い悩む自分へのうしろめたさがにじみ出ているような詩も、少し前にあった。妹の存在と死は、賢治の数々の傑作詩を生む原動力ともなっていたという。

ここでは、田園の観察が《田園交響曲》のモティーフと大まかに対応しており、それらがさらに散策中に頭に浮かんださまざまなイメージと絡み合っている。まさにベートーヴェンが「音画よりも感情の表現」と強調したように、単なる田園の描写ではなく、田園から喚起された「心象」こそが問題である。単行本『春と修羅』には「詩集」という表記はあるが、賢治は単なる詩集ではないとして、添え書きの「心象スケッチ」という言い方を好んだ。序文にある通り、「これらは二十二箇月の／過去とかんずる方角から／紙と鉱質インクをつらね／（すべてわたくしと明滅し／みんなが同時に感ずるもの）／ここまでたもちつゞけられた／かげとひかりのひとくさりづつ／そのとほりの心象スケッチです。……［最後の一節：］すべてこれらの命題は／心象や時間それ自身の性質として／第四次延長のなかで主張されます。」賢治にとってこの姿勢は、詩ばかりではなく、先に引用した『注文の多い料理店』の広告文にもあるように、童話でも同じことであった。つまり、心象スケッチは賢治の創作の根本理念とも言えよう。そして私たちは、ベートーヴェンが強調した音楽における「感情の表現」の、文学における対応原理を、ここに見いだすのである。

賢治はベートーヴェンと同様、実際に手帳スケッチ・ブックを携行し、山野で感じとった瞬間の印象、様々に生起するイメージや想念を、その場ですぐさま書きとどめた。各詩に付された日付はまさにその時のものである。その瞬間ごとの鮮やかなイメージや発想を逃さずに捉えるがために、彼の言葉づかいはふつうの日本語とは時にかなり異質なこともあり（それがまた魅力でもある）、外国語や自然科学の用語をいきなり原綴で使用するなど、唐突なこともある。他方で、これもベートーヴェンと似ているのだが、賢治は草稿でも清書稿でも何度も推敲を繰り返して改訂し、校正段階はもちろん、出版後の著者所蔵本にまで手を入れている。ベートーヴェンと同様、作品は唯一の形に固定されるのではなく、永遠に完成せず、常に変貌し流転する、いわばワーク・イン・プログレスの状態にあるかのようだ。農民芸術概論の結論にもある。「永久の未完成これ完成である」と。

『春と修羅』の序では、自身の作詩法ばかりではなく、言葉の端々から、彼独自の世界観も窺える。つまり、彼が学生時代から学んできた近代的な自然科学の視点と、子供時代から親しんできた法華経の仏教的輪廻の思想が、矛盾や葛藤を孕みつつも、一九二二年頃から日本に紹介されてきた最新の宇宙観（ミンコフスキ空間やアインシュタインの特殊相対性理論の四次元空間）によって、不思議に媒介されているのである。

賢治がベートーヴェンの《田園交響曲》を知ったのは、どの録音によってであろうか。清六は、《月光》や《運命》の話題の後で、「さてそのうちにレコードの善いものが楽に買えるようになって来て、『田園』や『合唱』や『弥撒《ミサ》』が手に入ったころの兄は有頂天のように見えた」と回想している。

賢治の年長の友人で内村鑑三の弟子として知られる斉藤宗次郎（一八七七〜一九六八）の自伝『二荊自叙伝』からは、以下のことが分かる（佐藤 1995: 119–125）。賢治は一九二三年の九月から一九二六年の三月にかけて（大正時代の最後の三年間）、斉藤にベートーヴェンの音楽を熱心に聴かせ、その交響曲のことを語った（実は斉藤の方がずっと早く、前世紀の終わり頃からこの作曲家の天才と異能に注目していたという）。一九二四年八月二七日に、花巻の農学校職員室にて、賢治「先生」が蓄音器で半時間ほど名曲を聴かせてくれたが、ベートーヴェンからは「第八シンフォニー　アレグロ」と「田園シンフォニー　小川の辺り」だった。同年一二月二四日の日記によれば、賢治はこの時点で第九以外の全ての交響曲を所有していた（第九の全曲初録音は一九二三年の二種だが、いずれも日本に輸入されたのは一九二四年、つまり初演から一〇〇年目のことで、同年一一月末の東京音楽学校による全曲の本邦公式初演の少し前だった）。翌一九二五年二月二日にも、農学校で第六番を聴いた。

「静かに聞き分けて見ると小川の流れ鳥の声が聞えるなどといわれた」三月二四日（命日の二日前）には「ベートーヴェン百年祭レコードコンサート」が農学校で催され、《クロイツェル・ソナタ》に続いて交響曲第四番から八番までが順に聴かれた。

田園のアクースティック録音によるレコードは表7-1のもののみである。ドイツの作曲家で指揮者ハンス・プフィッツナー（一八六九〜一九四九）は、ベートーヴェンの第四交響曲の全曲を初めて録音（一九二四）したことでも知られるが、田園は機械式時代の一九二三年にも出していた（一九二九年には三回目の録音）。彼の演奏解釈はかなりロマンティックなもので、一九世紀以来の演奏習慣の痕跡が残っている可能性がある。上記の一九二一〜二四／二五年に該当する録音としては、アクースティック方式のものしかあり得ない。第二楽章だけならおそらくパスターナック指揮のビクター盤、全曲だと初録音のオデオン盤か、プフィッツナーによる旧盤までであろう。

3　ゴーシュと音楽

宮沢賢治の代表的な童話の一つ『セロ弾きのゴーシュ』は、おそらく最終稿が没年に病床で推敲されたので、彼の最後の童話作品ということにもなる（発表は没後翌年の簡易「全集版」第三巻、一九三四年）。いつ構想が始まったかについては諸説あるが、一九二五〜二六年頃とする見方が有力である。

表7-1　《田園》のアクースティック録音（1926年まで）によるレコード（Arnold 1997による）

全曲
・オデーオン弦楽大オーケストラ、ベルリン（オデオン盤、5枚、1910年録音?、批評は1913年4月17日）
・ハンス・プフィッツナー指揮、ベルリン新交響楽団［実質は国立歌劇場管弦楽団か?］（ポリドール盤、11面、1923年12月発売；残りの1面に交響曲第8番第2楽章、プフィッツナー指揮、ベルリン・フィルハーモニー管弦楽団）［第6の方の初復刻は萩谷2013の付録CD所収］
・フリーダー・ヴァイスマン指揮、ベルリン国立歌劇場管弦楽団（パルロフォン盤、オデオン盤、5枚、1924年2月21日、24日、1925年1月21日録音、1925年2月発売）

第1楽章のみ
・エードゥアルト・メーリケ指揮、大交響楽団（パルロフォン盤、1枚、1922年10月26日録音、1923年3月発売）

第2楽章のみ
・［ジョゼフ・パスターナック指揮、］ビクター・コンサート管弦楽団（ビクター盤、1枚、1913年5月15日録音、11月発売；グラモフォン盤では「大歌劇場管弦楽団」とか「グラモフォン管弦楽団」）［東京音楽学校ではビクター盤を所蔵］

第3楽章のみ
・ブルーノ・ヴァイアースベルク指揮、ブリュートナー管弦楽団（アンカー盤、1912年録音、片面に交響曲第7番第2楽章）

賢治が所有していたことが確実なのは、遺品中にあった次の電気式録音のもの。
・ハンス・プフィッツナー指揮、ベルリン国立歌劇場管弦楽団（ポリドール盤、1927年9月［1926?］、6枚組、15円）

物語　町の活動写真館の楽団「金星音楽団」は来るべき演奏会に向けて「第六交響曲」を練習している。チェロを弾くゴーシュ（仏 gauche：ゆがんだ、不器用な、下手な、左の、左翼の）は、その名の通りいちばん下手くそで、厳しい楽長からいつも叱責されていた。そんなゴーシュの元に、ある晩から夜ごとに、猫、カッコウ、タヌキの子、野鼠の親子と、いろいろな動物が訪れて、彼に音楽をせがむ。初めは頑なで動物たちを邪険に扱っていたゴーシュも、次第に心を許すようになる。それから六日目の晩、演奏会の本番は大変にうまくゆき、アンコールが求められた。楽長に指名されたゴーシュが独奏で、最初の晩に生意気な猫のために弾いた《印度の虎狩》を「まるで怒った象のやうな勢で」弾くと、楽長をはじめ楽員一同も感心し、ゴーシュが短期間に腕前を上げたことを賞賛する。

「ゴーシュ」という言葉は『春と修羅』の「樺太鉄道」（一九二三年八月四日）という詩に「山の襞のひとつのかげは／緑青のゴーシュ四辺形」と登場する。この年の八月に青森、北海道、樺太を

図7-3　農学校付近の野良を散策する宮沢賢治（国立国会図書館デジタルコレクション 930995）。ハイリゲンシュタットを逍遥するベートーヴェンをまねてだろうか？

旅行したときの詩である（翌九月一日、関東地方では関東大震災が起こる）。『セロ弾き』の現存草稿三二葉の第五〜六葉を見ると、主人公の名は最初はただの「セロ弾き」だったのが、最終段階で「テイシウ」→「ゴーバー」→「ゴーシュ」と変わっていったという。(16) 第三〇枚目の裏にはこの作品の創作メモがあり、表7-2のように構想が変化したのが分かる。

構想の開始が一九二五年頃だとする根拠の一つは、一九二五年七月頃から賢治がオルガンとチェロの独習を始めたということである。日本語によるあるチェロの教則本から賢治が抜粋した手写本は、筆跡から一九二五〜二七年頃のものと思われる。チェロの楽器そのものを入手したのは一九二六年であり、一九二一年以来の友人、藤原嘉藤治《かとうじ》（一八九六〜一九七七）がもっていたのに刺激されて購入したとも考えられる。藤原は花巻高等女学校の音楽教諭で、賢治に楽典など音楽の基礎を教え、賢治からはドイツ語を学ぶほか、互いに何でも議論しあう仲となった。藤原のチェロは盛岡の映画館の楽士から中古で五〇円で買ったもので、胴の右側に穴が空いていたという。賢治が購入したのは日本のある楽器メーカーの最高級品で、定価が一七〇円。高校教師の月給が七〇〜九〇円だった時代であるから、とうてい安い買い物ではない。

一九二六年は賢治にとって大きな転機だった。三月で花巻農学校を依願退職し、花巻町の某所で独居生活を始める。せっかくの定職から退いた理由を示唆するような詩が、前年に書かれている。「すこしぐらゐの仕事ができて／そいつに腰をかけてるやうな／そんな多数をいちばんいやにおもふのだ」（「告別」一九二五年一〇月二五日）。つまり、若者たちに農民になれと言いながら、自分だ

第3段階	第2段階	初稿「セロ弾きのはなし」
	一、序　活動写真館	一、活動写真館
	二、第一夜　猫のアベマリア	二、第一夜　猫のアベマリア
	第二夜　かくこうのドレミファ	第二夜　かくこうのドレミファ「第九交響楽」
第三夜　狸の子の長唄	第三夜　栗鼠の感謝	第三夜　狸の子の長唄
第四夜　栗鼠の感謝	第四夜　狸の子の長唄	第四夜　鷺のバレー
	第五夜　鷺のバレー	第五夜　野鼠の療治
	第六夜　野鼠の療治	第六夜　セロ弾き喜び泣く
	第七夜　セロ弾き喜び泣く	

(宮沢 1974における『セロ弾きのゴーシュ』校異［校訂報告］と、それに基づいた佐藤 1995: 178–181を参照しながら、筆者が図式化したもの)

けは給与生活をしているという矛盾への苦悩があったのだろう。彼は一九二六年五月から、畑を耕しながら、子供の会を開いたり、地元の青年たちとの合奏、レコード・コンサートなども行なった。「羅《ら》須《す》地《ち》人《じん》協会」(仏教風の名称の意味は不詳)を設立したのもこの年の八月である。この組織は実質的には賢治一人による指導と奉仕の会で、翌年に「若者に社会教育を行っている」ということから警察の聴取を受けて、三月には表向き活動を休止する。賢治は、以後も農村の青年たちに新しい農耕法や植物・土壌・肥料等に関する自然科学的知識、「農民芸術概論」などを講義し、花巻町と近郊に数か所の無料肥料設計事務所を設け、田畑に関する相談を受け、農村をまわって稲作の指導を行なった。さらにバザーや農閑期の活用法、レコード交換会、それに

表7-2　『セロ弾きのゴーシュ』構想の諸段階

第５段階（最終稿）『セロ弾きのゴーシュ』	第４段階（作品の創作メモ）
一、序　活動写真館：「第六交響曲」	一、序　活動写真館
二、第一夜　猫のトロメライ：《印度の虎狩》	二、第一夜　猫のアベマリア （シューベルト→グーノー）
第二夜　くわくこうのドレミファ 「ほ［ん?］たうの唄」 →「第六交響楽」「かっこう」	第二夜　かくこうのドレミファ
第三夜　狸の子：《愉快な馬車屋》	第三夜　たぬきの子の棒二本もちてたゝく
第四夜　野鼠親子：「何とかラプソディ」	第四夜　栗鼠　　けづる
	第六夜　野鼠の療治
	第七夜　セロ弾き喜び泣く
三、町の公会堂ホールでの音楽会（六日後）： 「第六交響曲」、アンコール《印度の虎狩》	

・第４段階「作品の創作メモ」（草稿30枚目の裏ページ）までの網掛け部分は、前段階とは異なる箇所。
・各段階の構成表記は第４段階の創作メモに倣ったもので、本文にあるわけではない。最終稿で第三部に相当する部分が追加され、第四夜からそれまでに六日間の時が経過している。

農民オーケストラなども彼の計画にあった。病床につくまでのこの二年ほどの間が、ある意味で賢治の活動の理想と限界が最も凝縮されてあらわれていると言われる。

この年の一二月、賢治は上京し、一〇月に近衛秀麿によって設立されたばかりの新交響楽団（今日のＮＨＫ交響楽団）の練習所を訪れ、「三日間だけ」チェロの指導を請うた。同楽団の大津三郎（一八九二～一九五七）が引き受けたが、三日だけで何か成果があがるわけでもないものの、専門家にきちんと教わったことはそれなりに意味があったことだろう。新響のリハーサルで本格的なオケの音を初めて聴いたかもしれない。ところが、クリスマスの日に大正天皇が没したので、日本中が服喪期間となり、当初最低三か月の予定が、年末には帰郷するはめになる。チェロの腕前も知れたもので、技術が向上するわけでもなく、彼がもくろんだオーケストラも練習だけで終わったようである。一九三二年に病床にあった賢治を藤原が見舞った際、賢治は自分のチェロを藤原に託し、藤原の穴の空いたチェロと交換した。まもなくの一〇月一日、盛岡の公会堂で、花巻クワルテットがベートーヴェンの弦楽四重奏曲作品一八の四を東北初演した。主宰の藤原はこのチェロを使って、ベートーヴェンの弦楽四重奏曲を演奏するという長年の夢を実現させたのである。

ゴーシュは野鼠親子が来た最後の晩、治療のために子鼠を自分のチェロの内部に孔から入れる。これはどのチェロにもあるf字孔のことかもしれないが、友人の藤沢がもっていた安物のチェロのように、毀れた孔のことかもしれない（原作では、アンコールのために「ゴーシュがその孔《あな》のあいたセロをもって」とある）。ゴーシュのモデルが誰であるかについては諸説あるが、まず考えられるのは自分自身の投影である。しかし、この楽器の専門家ではないにせよ音楽家である藤原とその孔の空いた楽器の存在、彼の人柄などから、この友人も候補になり得る。おそらくはいろいろな人物像の混合なのではあろうが、次項の高畑のように、青春時代の私たち自身、全ての青年期の私たちであると解釈するのも、一つの見方として成立するだろう。

ゴーシュに登場する音楽で「第六交響曲」が《田園》であるかどうかは置いておくとして、その他に重要な役割をもっている音楽が二曲ある。いずれも、発想源となった可能性のある実作品の候補は挙げられているものの、一般に賢治が思いついた架空の曲と考えられている。動物たちの一番手である猫は、かなり生意気で、最初に「ロマチックシューマン」の「トロメライ」を知ったかぶりで所望する。ゴーシュが一計をめぐらして、嵐のような勢いで弾く《印度の虎狩》は、猫を苦しませるのだが、物語の最後でゴーシュがアンコールで破れかぶれで弾くときは、聴衆も楽隊の仲間からも絶賛されることになる。楽長は「あんな曲だけれども」という。ということはよく知られていた作品だが、ふつうの名曲ではなく、いわくあり気な曲かもしれない。一九二八年頃に、《印度へ虎狩りに》という童謡（林静雄作歌、山本成美作曲）のレコードが出ているという。また一九三一年のビクター社の広告には、エヴァンズ作曲のコメディー・フォックス・トロット「インドへ虎狩りにですって Hunting Tigers out in “Indiah” (Yah)」というレコードがあった（佐藤 1995: 207-209）。ジョージ・エヴァンズ George Evans（一八七〇〜一九一五）なら、ウエールズ出身アメリカのミンストレル・ショウの売れっ子で、〈In the Good Old Summer Time つめくさの花の咲く晩に〉（一九〇二）は賢治もレコードをもっていたし、歌曲《ポランの広場》の原曲ともなり、詩や童話の中でも言及している(17)。

カッコウのドレミはゴーシュに知らない世界を垣間見せた点で、彼の成長のうえで重要ではある（次節参照）。ある意味で一つのクライマックスと言えるのが、第三夜の子狸との合奏シーンである。タヌキは日本人にとって、古来、里山に出没する人間の友であり、人を化かす妖怪であり、神であり、無数の物語や音楽、近年では漫画・アニメ（高畑の『平成狸合戦ぽんぽこ』一九九四）の題材となってきた。狸の腹鼓は特に親しまれている連想である。子狸は二本の棒（撥）と《愉快な馬車屋》という曲の楽譜をもってきて、ゴーシュのチェロの駒の下を叩く。この曲についても未詳だが、当時のビクター・カタログにはサロニィ作曲のフォックス・トロット用「愉快な牛乳屋」があったという。いずれにしても、この子狸との合奏でゴーシュはそれまでの頑な姿勢をかなり和らげ、最後の野鼠親子との「何とかラプソディ」による音楽療法では、優しい側面を見せるのである。賢治が所有していたダーフィト・ポッパー（一八四三～一九一三）の《ハンガリアン・ラプソディー》作品六八（一八九四）のレコードは、ロシア出身のストーピンが一九二五年の来日時に録音したものだという（佐藤 1995: 210–211）。

4 青春映画としての『ゴーシュ』――高畑アニメ

アニメ映画『セロ弾きのゴーシュ』は、一九七五～八〇年にオープロダクションが自主制作で手がけたもので、一部手直しののち、一九八二年一月に一般公開された。脚本・監督の高畑勲（一九三五～二〇一八）は、宮崎駿（一九四一～ ）とともに一九七〇年代以降の日本のアニメ映画の牽引役となり、宮崎が一九八五年に設立したスタジオ・ジブリに参加して、いくつもの傑作を残した。

高畑によれば、本作が構想された頃は、日本の文芸作品が原作のアニメ、それも劇場用のものがまだ少なく、宮沢賢治の記念すべき名作が選ばれたのはスタッフ一同の強い意欲の賜であったという。また高畑自身が非常に熱心で詳しいクラシック音楽の愛好家だったことも、大きな要因だった。このアニメは徹頭徹尾、音楽を中心に作られた。そのため、音楽の演奏や練習、楽器の奏法や扱い方、童話で重要な役割を果たす動物たち（それ自体が自然かつコミカルな動画化に大変な苦労を要した）との音楽的やりとりなど、非常に解決の難しい問題を抱えてのスタートだった。チェロの奏法がかなり正確に反映されているのは、作画担当の才田俊次がチェロの教則本を独習し、チェロ奏者から教えを請うたりした成果である（高畑 1982b/2014: 288–289）。

音楽アニメというとディズニーの『ファンタジア』がまっ先に思い浮かぶだろう。ところが、高畑の言葉を引用するならば、「作品のモチーフとして『田園』を使うという判断をするときには思い浮かばなかったけれど、いざ使い始めたら、『ファンタジア』があったということに気がつかざるを得ない……でもそれを意識したということじゃなくて、むしろ、最初から何の関係もないと思った……ディズニーがやったことと、ゴーシュで『田園』が流れるということはまったく違うだろうと。」『ファンタジア』は「非常に驚嘆すべき作品」で、「感心」はするが、一音楽ファンとしては「あまり、ああいう扱いはしてもらいたくない……『田園』を聴いているときに、頭の中で、ひどく媚のあるケンタウロスにちょろちょろはねまわってもらいたくない……自分たちが音楽を扱うときに、へたなイメージをくっつけて音楽ファンの頭をかき乱したくない……その確信を強めるために『ファンタジア』を思い浮かべた」だけであると。自然の描き方も大きく違う。ディズニーの世界では「自然」はいやに人工的で、自然ではない。『ゴーシュ』の場合、「自然の中で、恩恵を受けながら人間が生きてゆくという、その姿勢そのものは、……ディズニーの世界に比べればずっと自然な、自然とのつきあい方ということになる……」（高畑 1982b/2014: 286–289）。

本作の音楽の中心は「第六交響曲」である。高畑らは躊躇することなく、『ゴーシュ』構想中に賢治の胸に鳴り響いていた音楽は《田園交響曲》であり、音楽と自然と人間が渾然一体となった小宇宙を彼は思い描いていたと確信しつつ、そこにアニメ化発想の根幹を置いたという。《田園》は映像と対等の力で全編に響きわたるのである（表7-3）。原作への忠実度はかなり保たれているが、それは「賢治の書いた会話をできるだけそのまま使いたかった」からだという。細部では省略や追加が行なわれているが、それも「原作を読むだけではきこえてこない音楽をたっぷり入れる」ためと、高畑の解釈でよりいっそう自然な一貫性を保つためだった。高畑は中学一年生の女子による感想文への返答で、以下のように説明している。

原作を蒸留された香り高いエッセンスのようなものだとするならば、それをはぐくんだもとをなす、やや混沌とした「原液」にあたるものを少しでもみなさんの前に提出してみたい。それがぼくたちの願いでした。強引に舞台を賢治の生まれ育った日本においたことも［実際の画面上では背景にヨーロッパ風の塔や町並みも見られ、厳密には国籍不明の

楽章	使用小節数 / 原曲小節数	割合（%）
第1楽章	143 / 512	27.9
第2楽章	27 / 139	19.4
第3楽章	126 / 468	26.9
第4楽章	124 / 155	80.0
第5楽章	168 / 264	63.6
全体	588 / 1,538	38.2

表7-3　高畑ゴーシュにおける《田園》の使用

ところもあるが」、こまごまとしたゴーシュの日常生活やまわりの環境や自然をとり入れたのもそのためですが、それらと響きあうベートーヴェンの田園交響曲こそ、まずなによりもこの「原液」の主たる成分であると考えていました。音楽と人間と自然や動物との交わりを主題としている以上、「劇伴」としての断片的な音楽ではなく、音楽自体を雄弁に語らせたい、そしてその音楽のもっているほんとうの力を味わい感ずる「場」を、この作品を通じてみなさんと共有できたらどんなにすばらしいだろうと思いました。……映写会場で、ラストのタイトルバックに洋々と流れる第五楽章のあいだ、誰ひとり席を立たず、音楽に身をゆだねておられるみなさんの姿を見るたびに、ぼくたちは作品を超えたところで大きな感動をおぼえずにはいられません。／自然に親しみ、自然の恵みを利用させてもらいつつ、けっして自然に対する畏敬と感謝の念を忘れない、そういった昔からの人々の感情を田園交響曲はまったく説明ぬきでぼくたちに感じとらせてくれます。そしてこのような感情は、宮沢賢治の作品の底にはいつも脈々と流れていました」（高畑 1984/2014: 323–325）。

主人公ゴーシュの人物像、年齢や性格の設定についても、かなり考えられていた。「ウダツのあがらぬ［ヘボ］職業楽士」が一〇日やそこらで「突然名人に変貌する」というのは、［動物たちが話したり演奏したりするのと同様］本来ならリアリティに欠けることである。「そこには寓話としての強さと明快さ」があるとはいえ、やはり素直に読んで、かなり若い青年にせざるを得なかった。彼は「かけだしの新米演奏家」ではないし、煙草を吸う年齢ではあるが、かといって「まだ人間として大人になりきっていない」若者である。ちょうど私たち自身の青春時代が「内気で劣等感が強く、それでいて自尊心を傷つけられることには敏感だった」ように、まわりの青年たちが「対人関係に極度に臆病なあまり、無愛想で無表情にみえ」たように。ゴーシュは技量が未熟であるのみならず、「心が解放されず内向しているからこそ、萎縮してのびやかさに欠けている」。「楽長が『表情ということがまるでできていない』と評するのも当然」である。最初の生意気な猫への怒りの爆発は、彼の「精神衛生上絶対に必要だった」。そして「迷惑がり怒りながらも動物たちを受け入れ、次第に心がほぐれて」ゆく。「青年の心にいつしか真の自発性と他者への愛が生まれ、その力によって青年は飛躍的な成長を遂げるが、本人はまったくそれを自覚していない」。まわりが「青年の成長におどろき、それを指摘しても青年には信じられない」。でも自身の成長が「疑いようもなくなったとき、あのときの出来事[18]が一瞬にして青年の脳裡によみがえり、その意味の深さを悟って強い感動にとらえられる」。「ゴーシュとは私たち自身のことであり、すべての青年のこと」である。つまり未成熟ではあるが、これから「成長し得る時期の人間」である。彼の「奇跡的上達をともに心から喜んでやりたい。原作の素晴らしい幕切れ、あの深々とした余韻をたとえ犠牲にしても、ゴーシュをいくらかでも孤独から、対人恐怖症から救い出したい、ゴーシュに人の間に入っていってほしい、青年はそうして成長していくのだし、音楽こそは人と人の心をつなぐ最大の武器なのだから……」。というように、このアニメは「親と子のための楽しいメルヘン」であると同時に、「私たちにとって主観的には青春映画でも」ある（高畑 1981/2014: 252–254）（高畑 1982b/2014: 289–295）[19]。

このように音楽が主役のアニメではあるが、音は非常に大事に使われていて、無音（これも立派な「音現象」である）の静寂も少なくない。あるいは、満天の星々、星雲や星座、月夜、さらに日の出から夕陽までの日中の場面で、日本の夏や秋らしい虫や蝉、鳥の鳴き声、小川のせせらぎなどが効果的に登場する。アニメにおける音の使い方について、二〇一四年のスタジオジブリ鼎談で宮崎駿がこう語っている。「効果音をどんどん抜いたらどうなるか。……抜けば抜くほど観やすくなるんです。これは発見でした。……／昭和五〇年代のラジオドラマを聞いてみると、ものすごく心地よく聞こえるんです。どうしたら、あの感じの良さが出るのかと考えていたら、効果音を少なくすればよかったんですよ。今は、神経質に音を入れすぎているのではないかな」（高畑 2014/2014: 378）[20]。高畑もこの作品では周到な音設計を志向しているのは確かである。

物語り中に登場する音楽の編曲と作曲は、高畑のアイディアに基づき、間宮芳生（一九二九〜 ）が担当している。日本の民俗音楽的な素材を巧みに扱い、劇音楽にも長けた作曲家である。冒頭タイトルでは、賢治の作詞作曲による《星めぐりの歌》が使われる（もちろん『ゴーシュ』原作にはない）。その歌詞は最初期の童話『双子の星』（一九一八）にもあり、「星めぐり」とか「双子のお星さま」の言葉は代表作『銀河鉄道の夜』にも登場する（モティーフそのものが共通している）。現存楽譜（宮沢 1986c: 612–613）は藤原嘉藤治による採譜ヴァージョンである。

《印度の虎狩》は猫を翻弄できる曲だから、いかにも現代音楽的なものがよいということになり、「日本のバルトーク」間宮はコダーイの無伴奏チェロ・ソナタ、作品八（一九一五）を念頭に置いたという。

街の映画館（日の出文化劇場）における無声映画伴奏シーンでは、アニメ中アニメ『チュー吉くんの大冒険』（『トムとジェリー』の何世代か前の、いかにもアメリカン・カートゥーン風ネコ&ネズミ）で、オッフェンバック《天国と地獄》のあのカンカンが演奏される（無声映画で定番だが、原作にはない）。

カッコウはユーラシア、アフリカ、日本など、珍しく地球上のかなり広範囲に分布する鳥であり、名称も鳴き声からきていて、そのオノマトペも万国共通に近い。音楽によるオノマトペ史を概観すると、十三世紀イングランドのカノン《夏は来たりぬ *Sumer is icumen in*》では短三度上下と長二度上下だったが、その後はおおむね長三度下行、短三度下行、完全四度下行で表されてきた。本作ではカッコウ自身は《田園》第二楽章コーダと同じ長三度下行で歌うが、ゴーシュがチェロで弾き出すのは、ベートーヴェンが楽譜に三羽の名前を明記したその箇所ではなく、第一楽章展開部に出てくる完全四度下行である。カッコウとゴーシュはあえて同じ音程にしないように配慮したという。カッコウはゴーシュに「かくこう」の鳴き方にもいろいろとあるのだということを教える。でもカッコウ界での節の違いをゴーシュは理解できなかったのだから、この二者の「かくこう」が違っているのは、原作に忠実であると言えよう。カッコウは結果として彼の音楽的視野を広げたのだから、カッコウを追い出してしまったことを後悔しただろう。原作の最後で、ゴーシュは「あゝくゎくこう。あのときはすまなかったなあ。おれは怒ったんぢゃなかったんだ。」と独白するのだから。

子狸は日本の伝統だと腹鼓（オノマトペは「ポンポコ」など）が定番だが、賢治は《愉快な馬車屋》という曲の楽譜をもってこさせる。間宮の作曲は、どこか民俗調の楽しいリズミックなものである。最後の夜の野鼠母子のシーンでは、原作では「何とかラプソディ」であるが、本作では《田園》第二楽章冒頭の第一ヴァイオリン・パートの主題をチェロに弾かせ、まもなくオーケストラが加わる。画面では、夜、星空の木の下でチェロを弾くゴーシュに動物たちが聴き入る横で、右遠方が昼間となっている。そこではヨーロッパ風の田舎（ハイリゲンシュタット）をベートーヴェンが散策し、川の橋のたもとで女性が洗濯をしている。野鼠親子が何度もお辞儀をしながら出て行く所から、《田園》フィナーレのロンド主題部最後のトゥッティが鳴り響き、夜明けとともにコーダ（祈り）となる。

そのまま曲の終わりまで、日中、街の公会堂での演奏会本番の最後につながる（この楽団は一八人しかおらず、トロンボーンなど楽器も全部は揃っていないが、見やすさのための意図的な虚構で、アニメでは少しも違和感はない）。アンコールでゴーシュが見事に弾ききる《印度の虎狩》に続いて、原作にはない打ち揚げの場面となり、ずっと盛岡の伝統的な夏祭りの「さんさ踊り」が聞こえる。料亭の二階からの赤い夕焼けが見事だ。それを見るゴーシュの横に、和風の装いをしたヴィオラ・パートの女性。夏目漱石の『坊ちゃん』（一九〇六）におけるマドンナ、あるいは大正期の竹久夢二（一八八四〜一九三四）による美人画を想起させる。そこから、沈み行く夕陽のなか帰路につくゴーシュが遠ざかり、映画の最後のタイトルバックに至るまで、ひたすら《田園》が流れる。第四楽章の嵐の後、楽章冒頭で嵐の到来を予感させていた八分音符音型が平和の到来を予告するハ長調の崇高な音型に変貌するところから、連続してフィナーレの中ほどまでが、たっぷりと聴かされる。最後は夜空と天の川に虫の声だけとなる。あたかも「Brüder — überm Sternenzelt / muss ein lieber Vater wohnen　兄弟よ、星空のかなたには／いとしき父がおわすに違いない」[21]、あるいは「Such' ihn überm Sternenzelt, / über Sternen muss er wohnen.　星空のかなたに創造主を求めよ、／星たちのかなたに創造主はおわすに違いない」を思い起こさせるかのように。（表7-4）

5　《田園交響曲》の今日的意味——平和、自由、平等、兄弟愛《フラテルニテ》への賛歌

ベートーヴェン（音楽）→宮沢（文学）→高畑（映像）という《田園》の一つの系譜を素描してきた。「音画よりも感情の表現」としての《田園》、「心象スケッチ」としての宮沢文学、賢治の原作にできるだけ忠実でありながらも、《田園》そのものを心ゆくまで聴かせてくれる高畑アニメ。もちろんこれは無数にある《田園》受容史のほんの一例にすぎない。《田園交響曲》という作品には、こうした受容の数々が全て時代を遡って潜り込み、今日の私たちの《田園》像の一部を成している。言い換えるならば、現代人にとって《田園》とは、これらの歴史の総体として存在するのである。

最後に、《田園交響曲》の特にフィナーレが意味するものはなにか、このフィナーレがいかに重

表7-4　高畑ゴーシュにおける音と音楽（DVD 2015による）

Ch は DVD のチャプター、G はゴーシュ、太字は音と音楽の内容、
「ローマ数字：アラビア数字」は《田園交響曲》の楽章と小節数、ff. は「以降」を表す。

Ch	分:秒	
1	00:20	タイトル：**虫声、宮沢賢治作詩作曲《星めぐりの歌》。**
2	01:31	山（岩手山？）、里山風景～Gの家（畑の中の水車小屋）：**蝉声、01:58田園III: 439ff.（Presto）**……雲行き不穏：**IV: 1ff.** ～街中の城趾、小学校の一室でオケのリハ：**IV: 21-（23-24は2回）104**、オケやり直し：**IV: 95-102, 99-106, 95-114。**
3	06:41	楽長の小言、解散、一人残ったGの練習：**IV: 78-93（チェロ・パート）、蝉声。**
4	09:50	月夜、星空、Gの帰宅、室内：**II: 1-18**……G練習、壁で睨んでいるベートーヴェン肖像画：**IV: 91-99, 96-103, 32-56（チェロ・パート。ノックの音：IV: 53）。**
5	13:27	猫登場：**16：26 シューマン〈トロイメライ〉冒頭（猫の鼻歌）。**
6	16:30	**《印度の虎狩》（暗譜）**；猫グロッキーとなり、逃げ出す。
7	20:17	全体を通じて **I：1-135（呈示部末）。** 外の草むらを逃げ出す猫、G大笑いでベッドに、月夜。
	20:48	朝、水車小屋（**鳥声**）、G畑仕事、日差し強まる（**21：30 第2主題**）、街へ出発、オケのリハ、城外夕焼け、城跡のてっぺんで弁当、カラスかトンビ、町並みを見下ろす、河に大橋と夕日。
8	22:47	夕方、街中、映画館（日の出文化劇場：映画『児雷也』、アニメ『チュー吉くんの大冒険』）、アニメの間中：**オッフェンバック《地獄のオルフェ（天国と地獄）》より〈カンカン〉**、館内で鼠騒ぎ、舞台を用務員や子供達が横切る（映像は猫が鼠を追いかけるシーン）。
9	23:55	月夜、G家で練習：**虫声等、I：67-80（第2主題。ノック：I：77, 80）。**……天井孔からカッコウ登場：**カッコウの鳴き声（長3度下行）、Gはチェロでドレミ音階、Gとカッコウの合奏（カッコウは長3度下行、Gは完全4度下行）。**
10	27:44	続き：**Gのレ・ラ→I：187-194（展開部）。レ・ラのみ連続同時掛け合い**、深い森の中、Gと肖像のベートーヴェンが「**カッコウ**」と歌う。すでに早朝。
11	30:56	G床に倒れ込む、昼すぎ、**蝉声**、目覚める、時計を見ると12時40分：**II: 131-139（鳥たちの声～楽章終結）。**
	31:47	Gあわてて出かけ、橋を超えた所で馬車に乗せてもらう。城趾小学校、急いで駆け込み、楽長にぶつかる：**III: 91-158（オーボエとファゴットの掛け合い）、オケのチューニング音。**急いでリハ室の定位置に（オケ18人＋楽長）。
	33:18	リハ：**III トリオ：165ではなく177-204（193-196:** 楽長「**チェロ、リズムに乗って！**」）。

12	33:45	夜、星空、水車小屋：**トリオの最後のトランペット、虫声、せせらぎ、包丁の音、ノック、**子狸登場（背中にばち２本と丸めた楽譜をゴムテープで止めている）。
13	35:47	G楽譜を見て**鼻歌。**子狸は靴の片方に乗り、合奏：**《愉快な馬車屋》。**二度目：花咲く満月の野原、月影、夜明け（**カッコウ等鳥の声**）。Gベッドに倒れ込む、屋外、暗転。
14	39:49	夜、G練習：**虫声、せせらぎ、V：25–32（最初のトゥッティ），133–140（ロンド主題の3回目、再現部風）。**……うたたね、……**ノック**、床下から野鼠親子登場。
15	43:32	G子鼠をチェロのf字孔に入れる、子鼠チェロ内で丸くなる。 幻想シーン：鼠親子が欧風の野原でタンポポにつかまって浮遊し降りる、夜の星空と花、木の下でチェロを弾くGに動物たちが聴き入る、右横の遠方が昼間で、欧風の田舎を散策するベートーヴェン、川の橋のたもとで洗濯する女性、草むらで見上げる鼠親子。 Gチェロの中の子鼠を出す：**II：1–13, まずチェロ独奏（ヴァイオリン・パート），4からオケ合奏。**……G就寝、動物たちや鳥たちが家を離れる：**V：219-（ロンド主題最後のトゥッティ）。**
	48:10	山の後ろに朝日、平野と町並みの遠望：**237-（コーダ：祈り）。**
16	48:36	すっかり昼の城趾、公会堂外観：**245-**、「第十二回　市民音樂會」の舞台にオケ：**249- 終結。**
17	52:19	Gによる破れかぶれのアンコール演奏、場内の模様、フラッシュ・バックでスナップ・ショット風に動物たち：**《印度の虎狩》。** 楽員皆の注目、楽長と楽員の賛辞。…… 街中、川沿いの和風料亭山猫軒の２階で打ち揚げ（「反省会」）：**盛岡サンサ踊り（章末まで）。**
18	57:03	２階座敷の欄干から夕日を見るGとマドンナ、夕陽を背景に飛ぶ鳥の群れ、夕陽を眺める屋根の上の三毛猫と木の枝のカッコウ：**IV：146-V：111（映画最後まで連続）。**
	57:22	小屋の外の野鼠親子（**V：1ff.**）、狸親子が城跡から平野を眺める（**導入部クラリネットとホルン**）、橋向こうに沈み行く夕陽と橋を渡るG（**ホルンとロンド主題呈示**）、見上げると鳥が２羽夕陽方向へ（**主題の第１変奏**）、なおも見るG「ああかっこう、あのときは……」（原作の最後。**主題の最初のトゥッティ〜**）、橋を渡って、子犬とじゃれる、遠ざかりゆくG（**導入部の最初の回帰〜**）、暗転。
	59:19	最後のクレジット：カットバックと若干の新場面で、森中で弾くGと三毛猫と子狸、小学校校庭・本番ホールにて楽団演奏、猫・カッコウ・子狸・野鼠親子登場、蓄音器で**SP**レコードを聴くGと楽団員、農作業するG、教室で弦楽四重奏の演奏会（Gがチェロ）、水車小屋横の橋を渡る猫とG、家に入るG、明かり、汲み水を飲む、窓をあける、外をじっと眺める。
	59:21	「声の出演」〜：**V〜111。**
	61:11	夜空、天の川：**虫声**　–61：26

要であるかについて、若干の考察を試みたい。

ベートーヴェンのこの作品は、同じ日に初演された第五交響曲とは一見、正反対の対照的な音楽である。しかし、今日の私たちから見ると、実は双生児的にいくつかの特徴を共有している。第一楽章が第五番とほぼ同じ形式（形式各部の小節数も）であり、四小節の断片的なモットー動機で始まり（第五の冒頭も試演まで、初版第一刷までは四小節だった）、動機の労作を徹底させていることばかりではない（ただし《田園》では動機の反復が圧倒的に多い）。曲全体の設計にも共通性がある。フィナーレでの解決、最後のアポテオーゼ（幕切れの高揚）へ向かって曲が進んでゆくという、フィナーレ・カラクテール（カール・ハインリヒ・ヴェルナー 1969 の用語）である。これは一八世紀のソナタ型ジャンルではまだ希薄な原理で、ハイドンやモーツァルトの最後の交響曲群でやや暗示され、ベートーヴェンの第三交響曲《エロイカ》でかなりはっきりするが、決定的なのは第五交響曲におけるあの「苦難の道を経て栄光の星へ per aspera ad astra」という構図だった。その苦闘から勝利へという克服の物語性は、《田園》ではそれほどあからさまに聴かれるわけではない。しかし、以下のように考えると、フィナーレへの志向性が見えてくるだろう。

第一楽章「田舎に着いたときに人の心に目覚める心地よく晴々とした気分 Angenehme, heitere Empfindungen, welche bey der Ankunft auf dem Lande im Menschen erwachen」でいきなり田園の視界が開けた後、第二楽章「小川のほとりの情景 Szene am Bach」では、最初期のスケッチのメモ「小川が大きくなればなるほど音は深くなる」で暗示されていたように、小川がまるで大河のようになる。その再現部冒頭で音楽はテクスチュアの密度が最大となるが（第九一小節以降、七動機）、デュナーミクはピアノのままで、静かなる万華鏡の輝きを呈する（実は、そこへ到達するまでに、ひそかな段階的高揚があった）。第三楽章「田舎の人々の楽しい集い Lustiges Zusammenseyn der Landleute」で人間が登場、いくつもの村の踊りが人々の共同体意識を高める。オーボエやクラリネット、ホルンのへんてこなリズムや、ファゴットなどの妙に拍節感のずれた応答、土俗的なトリオの最後での悲しげに長三度下行するトランペット（郵便馬車、旅、別れを象徴するポスト・ホルンか）に注目したい。以下連続して第四楽章「雷、嵐 Donner, Sturm」、第五楽章「羊飼いの歌。嵐のあとの、慈しみに満ちた、神への感謝と結びついた気持ち Hirtengesang. Wohltätige, mit Dank an die Gotheit verbundene Gefühle nach dem Sturm」と進む。第四楽章の最後で嵐がおさまってハ長調の平穏な響きとなり、第五楽章のアルペンホルン音型に受け継がれる。ド・ソの空虚五度のドローン（低音の持続音）に乗ってクラリネットで提示されるホルン音型に対して、異世界から侵入するかのように、主調へ長調のドローン（ファ・ド）上のホルンが不協和に被さり、すぐに後者が勝利をおさめて、あのフィナーレのロンド主題が提示される。八分の六拍子、ラン・デ・ヴァシュ（アルプスの牛追い唄）風分散和音の典型的なパストラーレだが、単純でかつ崇高なものをたたえ、そして様々に変奏されてゆくのは、第九交響曲の「歓喜に寄す An die Freude」の主題と同様である。

第四楽章「雷、嵐」は最大編成の楽章で、不穏な曲想、激しいデュナーミク、減七をはじめ不協和音の多用など、曲全体のなかできわめて異質である。これは、作品が書かれた時代の状況（絶え間ないナポレオン戦争、特に一八〇五年と一八〇九年のヴィーン占領、一八〇六年の神聖ローマ帝国消滅）を念頭に置くと、単に田園につきものの自然現象の描写なのではなく、戦争、災害、あるいは疫病など、あらゆる苦難のメタファーであるかのようだ。そしてフィナーレはそれらを乗り越えて到達される、一段ステージが高められた自然、アルカディアの理想郷である。たいていのパストラーレでは、いかにもの定番の嵐の後はまた同じ世界に戻ってしまう。ところがベートーヴェンのフィナーレは、より高い次元の平面である。この楽章は、自然とそれを産んだ造物主への賛美であるばかりではなく、まず平和、さらには自由、それにもしかすると平等や兄弟愛《フラテルニテ》への賛歌でもある。そうであるなら、まさにシラーの「歓喜に寄す」と同じではないか。ただし、シラーのように過激なアジテーションではなく、あくまでも伝統的なパストラーレの装いをまとったままである。以上はベートーヴェンの《田園》だけのもので、他のパストラーレにはない特長である。

　アルカディアといっても古代のそれではなく、近代市民社会にとってのアルカディア、つまりユートピアである。その原義通り、どこにもない場所。ということは、けっして実現されることのない理想である。あるいは二度と取り戻せない失楽園。といっても、必ずしもキリスト教的な意味での楽園ではないし、かつてそのような場所が実在したかどうかさえ人間には分からない。喪失感と疎外に悩まされる近代人にとっての、失われた故郷かもしれない。たとえそんな故郷は幻想にすぎなくても。それでも人は求めざるを得ない。永遠の憧れの世界、すなわち全ての人間にとっての平和、自由、平等、兄弟愛という理想が実現されることを。[22]

宮沢賢治も高畑勲も、日本の原風景とも言うべき里山、川と畑（それに水田も本来は必要であろう）と茅葺き小屋の集落を舞台としている。賢治はこの架空の理想郷をイーハトーブ Ihatov（あるいはイーハトーヴォ）と呼んだ。多くの日本人にとって、いかにも懐かしく、郷愁の念にかられる風景である。自分が生まれ育った地が実際には自然の中だったとは限らない都会人にとっても、それは同様である。国の近代化とともに、日本人は積極的に西洋文化を導入しながらも、日本のアイデンティティを捜し求めてきた。ところがそれと並行して、常にある種の喪失感も伴ってきた。上記の原風景は現実にはどんどん失われていったが、そもそも故郷というものがそうだった。私たちは誰もが異邦人であり、永遠のさすらい人ではないか。筆者がそのような連想を抱くのも、まさにベートーヴェンの《田園》が生まれた一八〇八年に、シューベルトのリート《さすらい人 *Der Wanderer*》D四八九（一八一六）のテクストとなる詩が、ある年誌で発表されたからである（『社交的楽しみのための手帳 *Taschenbuch zum geselligen Vergnügen*』18: 143）。ゲオルク・フィーリプ・シュミット Georg Philipp Schmidt von Lübeck（一七六六〜一八四九）の『よそ者の晩の歌 *Des Fremdlings Abendlied*』という、あの痛切な問いと絶望的な結論の詩である。私はよそ者としてここに来た。「どこにあるのか、私の愛する地は？ Wo bist du, wo bist du, mein geliebtes Land? / gesucht, geahnt und nie gekannt」。答えは「お前がいない所、そこに幸せがある Im Geisterhauch tönt's mir zurück: / Dort, wo du nicht bist, dort ist das Glück」（これはシューベルト・ヴァージョンで、原詩とは若干異なる）（譜例7–1）。

この詩はゲーテの友人でメンデルスゾーンの師カール・フリードリヒ・ツェルター Carl Friedrich Zelter（一七五八～一八三二）の付曲と同時に発表され、八年後にシューベルトが作曲することになる（他にも複数の作曲者がいる）。「さすらい人」とか「異邦人」はドイツ・ロマン主義の重要なテーマである。ドイツ文学の影響を受けた明治・大正期の日本でも、故郷の喪失は共感を呼ぶモティーフだった。室生犀星（一八八九～一九六二）の有名な「小景異情」（一九一三、『抒情小曲集』1918所収）「ふるさとは　遠きにありて　思ふもの　／　そして悲しく　うたふもの」も、（その成立事情はともかく）そうした作品の一つであろう。

ベートーヴェンの《田園交響曲》をこのよ

譜例7-1　シューベルト《さすらい人》第３稿（シューベルト旧全集1895より）

うに再解釈してみると、この作品がきわめてアクチュアルな意義をもっていることが理解されるだろう。いまだに「冷戦」構造がくすぶり、平和と民主主義が危機に脅かされ、表現の自由が抑圧され、それに疫病に悩まされている現代人にとって、《田園》のフィナーレはそうしたものを乗り越えて到達されるはずの理想世界への憧れと希望を歌い上げた賛歌であり、曲全体はそこへと向かってゆくプロセスとして聴くことができるのである。

ベートーヴェンと宮沢と高畑を以上の観点から「再読」することは、けっして意味のない体験ではない。

註

（1）本稿は基本的にTsuchida 2020を日本の読者向けに日本語化・改訂したものである。原文は、ベートーヴェン・イヤーの二〇二〇年秋にボンの市立博物館で開催が予定されていた「もじゃもじゃ頭に赤マフラー‥マンガに見るベートーヴェン」という展覧会の図録のために、同年七月に執筆された。新型ウイルス流行のために展覧会は中止を余儀なくされたが、図録だけは作成が続行され、結局、翌年の三月、ベートーヴェンの命日（二六日）の直前に刊行の運びとなった。独日韓の五人の執筆者による論攷、漫画家の朱戸《アカト》アオによるオリジナル短編、それに多数のカラー図版からなる。縦三四センチ、約四五〇ページ、重量は三キログラムを超える豪華図録であるが、三五ユーロという控え目な値段は日本への輸送費を加えると倍くらいになってしまう。本書については、編集責任者で同博物館の設立者かつキュレーター・館長でもあったイングリート・ボーチュ氏による YouTube 上での発信もある（発案・企画者の一人で元シューマン研究所（デュッセルドルフ）所長のマティアス・ヴェント氏も声で出演）。“Beethovens Bild im Manga”：https://www.youtube.com/watch?v=BkfWHpQQonE&t=108s

Tsuchida 2020 はドイツ語圏の読者のために書かれたので、日本の読者には当たり前のこともいちいち説明を要し（例えば日本における「狸」や「里山」の表象など）、また日本語の詩をドイツ語の韻文らしきものに訳すなどの苦労もあった。本稿ではそうした部分はできるだけ省略したが、宮沢賢治や高畑アニメに関わる部分は筆者にとって専門外なので、それぞれの研究分野ではごく常識的なことや古い見方もかなり残っているはずである。

ドイツでは学術刊行物であれば版権のある図版でも自由に使用できるので、原文ではベートーヴェンと《田園交響曲》に関するマンガやアニメの図版がかなり多数掲載されているが、本稿では割愛せざるを得なかった。

また原文で《田園交響曲》のマンガや絵本に関する部分の記述は、ほとんどが発案・企画者の一人で同書の目録部分の大半を執筆した小澤和子氏による追記である。というのも、筆者もマンガの愛好家ではあるが、音楽マンガについてはほとんど関心がなかったので、図録で引用されている作品の多くは未知のものであるか、曖昧な記憶しかなかったからである。

Tsuchida 2020 で引用されている作品は以下の通り。教育マンガ：つづき佳子『楽聖ベートーベン物語』（二〇〇七）、高瀬直子『ベートーヴェン』（二〇〇三）。絵本：雨田光弘『ベートーヴェン田園交響曲』（一九九二）。大人向け：石ノ森章太郎「音楽を聴く」（初出一九六七、『章太郎のファンタジーワールド　ジュン』（二〇〇一）より。ベルリオーズの《幻想交響曲》が題材）、松本零士「BRUNO WALTER――猫とプレーヤーの偉大な生涯の物語」（初出一九七五、『不滅のアレグレット　完全版』二〇一八より）、藤子不二雄Ⓐ「田園交響楽」（初出一九七二、『ビッグ作家究極の短編集』二〇一三より）。TVアニメ背景音楽：虫プロダクション『ワンダー3』より第四回「くすの木物語」（一九六五）。宮沢賢治作品では、あすなひろし『セロ弾きのゴーシュ』（初出一九八三：加筆稿は『宮沢賢治漫画館』一九八五）。

筆者が音楽マンガに関心が薄かったのは、かつてその多くは、日本語で読める時代遅れの伝記を鵜呑みにしていたのは当たり前として、それ以上に、①音楽家たちの必要以上の神格化、②音楽を他のメディアで表現することへの問題意識の欠如、この二点が鼻についたためである。手塚治虫でさえそうで、ステレオタイプの表現の域を出なかった。

①音楽家の伝記面では、歴史的事実を正確に描いていないことが問題なのではない。歴史小説でも時代劇、映画、マンガでも、作者がフィクションの部分をどう脚色するか、事実をねじまげてでも登場人物をどのように生き生きと魅力的に描き、ドラマとしての深みをもたせるかが大事であろう。メディアを問わず音楽もので不満なのは、一九世紀的な芸術宗教の幻想に浸ったまま、楽聖伝説に無批判に与しているものがあまりにも多かったからである。

②そもそも、音楽を他のメディアで表現できるのかという根本的な問題があるが、それに関してあまりにも素朴に「できる」という前提で（あるいは何の考えもなしに）描かれたマンガが多かった。ところが、作品中で音楽が話題となるときに音楽が聞こえてこない、音楽そのものへの新鮮な感動が伝わってこないものばかりで、演奏風景を適当に描いて、後は画面に音符をちりばめておけばそれでこと足れりとするような姿勢が、大いに気になっていたものである。筆者は音楽的なマンガや絵本、アニメの可能性を否定するものではない。ただし、音楽を感じさせるその方法は分からない。本論でこれから論点となることの一つは、音楽が

対象を音画的に「描写」することへの批判と、聴き手に感情を喚起させる「表現」の重要性であるが、マンガにおける音楽の表現でも同様のことが言えるだろうか。音楽そのものではなく、音楽を聴いたときに聴き手に喚起される印象や感情をマンガで表すことは、できるかもしれない。

以上の点では、手塚の遺作『ルードウィヒ・B』（一九八七〜八九、未完）も基本的には旧態依然としている。それでも、マンガでしかできないナンセンスな挿話やさりげないウィットのあるシーンは、さすがではある。「マンガでしかできない表現」こそが肝要であろう。マンガも多様化してきているのでいちがいには言えないが、マンガ的に気の利いた風刺やユーモアはどこかに欲しい。さらに、何かに行き詰まったり、ひとつ間違えば教条主義や狂信的な思い込みに陥りそうになるとき、その直前で肩の力を抜かせるような、斜めから笑い飛ばすような余裕を示すこと、これこそがマンガの真骨頂であろう。

近年ではマンガでも新しいジャンルや試みがたくさん出てきていて、おそらく音楽マンガも様々な工夫がなされているのであろう。ところが、あいにく有名作品でも読む機会をもてずにいるので、客観的かつ公平に概観したり判断することができない。筆者にとってマンガは自分の主観的な趣味《テイスト》から選んで接しているもの、つまりあくまでも趣味《ホビー》の領域であって、公の場で偉そうな批評をできる立場にはない。それでもふれておきたいのは、音楽マンガではないが、岡野玲子の『陰陽師』である。音楽関連、特に雅楽の楽器や奏法の時代考証がしっかりしているのには驚かされる。雅楽集団「伶楽舎」のメンバーから聞いた話しでは、作者から同グループに取材があったとのこと。源博雅（主人公の安倍晴明に対するワトソン役）による楽器の構え方は、同楽団の誰それのものと分かるくらいリアルだそうである。もう一人、滝田ゆう（一九三一〜九〇）を挙げておきたい。彼も音楽マンガとは無縁であるが、独特な律動感のあるコマ運びや、きわめて耳がよいと思わせる数々のオノマトペは、ある種の音楽性を感じさせるのである。

（2）　ベートーヴェンの第六交響曲《パストラーレ》は、以下では《田園交響曲》《田園》などと表記する。

(3) 実はすでに一八〇〇年にはパリで「標題交響曲 les Simphonies à programmes」[正確にはプログラム交響曲と言うべきだが慣例に従う]という言い方が使われていたことが複数の雑誌で報告されており、明らかにそれに刺激されて、ハインリヒ・クリストフ・コッホは音楽事典(一八〇二)で早くもその項目を掲載している。しかし、この言葉が普及するのは一八三〇年代以降であり、リストによって「標題音楽 Programmusik」という語が刻印されたのは、ようやく一八五五年のことだった。

交響曲は、一七二〇／三〇年代におけるその成立からほぼ一〇〇年間の間に、少なくとも一万数千もの作品が量産された。リチャード・ウィルの調査によれば、そのうち音による描写(音画)、タイトルか短い言葉、何らかのプログラムなど、音楽外的なアソシエーションをもった作品ないし楽章を含んだ作品が、一七五〇〜一八一五年に二三一曲ある。さらにその中で「田園」のカテゴリーに数えられる交響曲が七〇以上、そのほとんどがベートーヴェンより前の作品である。その他の性格交響曲としてウィルが提示している分類は、ⓐ軍隊関連(「トルコ風」も含む)、ⓑ狩り、ⓒ嵐、ⓓ国や地域の様式と舞曲(「トルコ風」も含む)、ⓔ戦闘、ⓕ文学や聖書、何らかの筋書きに基づく、ⓖ情緒や「心的性格」、ⓗ哀悼、という八種である。田園にはしばしば狩りや嵐、聖書の場面が含まれるように、これらのカテゴリーは相互に重なり合ってもいる(Will 2002)。

(4) 音楽において感情表現の重要性が認識されるようになったのは一六世紀以降、すなわち古典古代の文献の再読が進み、修辞学が改めて知識人の基礎的教養となり、音楽と修辞学との結びつきが確立されたのと時を同じくしている。音楽史では「情緒(アフェクト)論」という言い方をするが、様々な類型的な感情を生き生きと表現することがバロック時代の共通了解だった、とされている。一八世紀中葉以降の古典派時代には、いっそう自然で主観的な感情の表現へ向かうことになる。上記のエンゲルは、自然界の対象を音で「描写」すること(音画)と、主観的な感情を「表現」することを区別し、音画を完全には否定しないものの、はっきりと感情表現をこそ上位に置いている。一七九〇年代以降（まさにベートーヴェンの時代）の初期ドイツ・ロマン主義文学の音楽観でも、器楽（かつては言葉＝意味をもつ声楽より下位のものとされていた）が優位に立つようにはなるが、感情表現は依然として音楽の主たる目的だった。

（5）ただし楽曲解説や専門的な文献ではよく引用されていたことも確かである。早くもベートーヴェンの没後二年目、一八二九年三月一二日付のある雑誌に掲載されたマルクスの上記の著作への書評で、このモットーについて言及されている。Anon. 1829. "Ueber Malerei in der Tonkunst. Ein Maigruß an die Kunstphilosophen von Adolf Bernhard Marx. Im Mai 1828." *Blätter für literarische Unterhaltung* : 240.（本稿原文における小澤和子氏による追記。）それでも、各楽章のも含めて、エディションでオーセンティックなタイトルが復原されたのは、ようやくデル・マー以降である。

（6）絶対音楽と標題音楽という音楽観の対立は二〇世紀後半まで存続したが、今日ではそうした議論は止揚され、新しい音楽解釈学の思潮の中で、純粋器楽を含めて、音楽作品をもっと自由に解釈する傾向が一般的である。特に近年の「トピック論」は、本来の時代や文脈から取り出され他の文脈に用いられた音楽様式やジャンル、という「様式やジャンルの引用」に注目するが、性格交響曲こそはまさにトピックの宝庫である。《田園》のような作品はとりわけ、解釈学の窓を開く契機をふんだんに提供してくれる。

（7）ボンのベートーヴェン・ハウスのホーム・ページ「Digital Archives of the Beethoven-Haus Bonn」でその多くを見ることができる。ここでは英語ヴァージョンのページを挙げておく。以下のＵＲＬから「Pictures」に進めばよい。https://www.beethoven.de/en/archive/list

（8）そのうち藤子不二雄Ⓐの『田園交響楽』（第三、四楽章が第三楽章にまとめられ、四楽章となっている）は、珍しく最後が原曲のフィナーレとは正反対の暴力的内容で、この作家の『笑ゥせぇるすまん』系の悪夢となっている。ただ、なぜ《田園交響曲》を素材に使わねばならなかったのか、その必然性は筆者には不明である。

（9）本稿では基本的に「宮沢賢治」とするが、引用文献で「宮澤賢治」と表記されている場合は、旧字のままにしておく。

（10）文語詩〈弓のごとく〉未定稿（年代不明）の裏面に数字譜「7121｜17, 7121[7]｜76, ……」が記入されており、旋律の同定が可能となった（1はド、7はシ、など）。解読譜は最初の批判校訂版全集第六巻（宮沢1976: 993）に掲載されたが、ここでは佐藤1995から転載する（三段目の歌詞付けの位置がやや異なる）。なお、宮沢賢治の全集は最新の校訂版も出ているが、本稿では原則として、いちばん入手しやすい「ちくま文庫版」の全集から引用した。

（11）「美にして善（カロカガティア）」は古代ギリシア以来の伝統的な理想だが、「真善美」はカントの影響を受けた一九世紀仏のヴィクトル・クーザンの書名ともなり、日本には明治以降、新カント学派の導入とともに知られるようになった。

（12）賢治が社会主義にも関心をもっていたことが分かるが、大正デモクラシーの洗礼を受けた知識人には珍しいことではない（一九二〇年に右翼的な日蓮主義の国柱会［満州国の創設で暗躍した石原莞爾も会員だった］に入会し、熱心に布教を開始、両親にも改宗を勧めるなど、ややラディカルな面もあったようだが、晩年には国柱会に疑問をもつようになったとも言われる）。中里介山（一八八五〜一九四四）の『大菩薩峠』（一九一三〜四四）も大正二年に連載が始まるが（齋藤桂氏による第5章を参照）、介山が内村鑑三の無教会主義から、社会主義を経て仏教に傾倒してゆくその生涯において、硬骨で孤高の道を歩んだことは、どこか賢治の生き様とも重なりはしないだろうか。ちなみに、第一次世界大戦が終結した一九一八年、賢治が本格的に童話創作に乗り出した頃には、鈴木三重吉らによる児童文芸雑誌『赤い鳥』の発刊によって童話・童謡の運動が高まり、同年、武者小路実篤ら白樺派の文学者が宮崎県に「新しき村」という理想主義的な農業協同体を設立、一九二二年に全国の小作争議を組織化した日本農民組合が設立され、一九二三年には福岡県に「嫩葉会わかば会」という日本初の農民劇団が誕生、一九二四年には東京で新劇の場と団体「築地小劇場」が設立されて演劇界に新しい風が吹くなど、賢治の関心や理想と平行現象が見られる。

(13)　筆者は畑中純の大長編マンガ『まんだら屋の良太』で何度も引用されるのを気に入っている。ただし、この作品は成人向きである。

(14)　一九二五年までのレコードは、電気を一切使用しない機械式アクースティック録音である。従って、収録されている音の周波数帯域はきわめて狭く、独唱や独奏曲ならまだしも、オーケストラ曲だと情けなくなるくらい、貧弱な音である。しかも、録音時にラッパから音を拾うために小編成とならざるを得ず、ヴァイオリンは拡声ホーンの付いたシュトロー・ヴァイオリンが使われ、低音を補強するために楽譜にはない低音楽器が追加されるなど、音色も曲の本来とは違ってしまっていた可能性がある。それでも、当時の人々は感激しながら熱心に聴き込み、曲に親しんでいったのである。一九二五年四月、アメリカのビクター社が電気式録音のレコードを発売すると、以後この方式が世界中で急速に普及するとともに、レコードの音質が格段に改善された。それは音楽の聴き方と演奏様式にも大きな影響を及ぼしたはずである。なお、日本でもラジオの本放送が始まったのは同年七月である。

(15)　ポーランド系ユダヤ人でアメリカで活躍したパスターナック（一八八一～一九四〇）は一九一〇年代以降に多くの録音を残したが、すでに一九一二年には第五番の第二楽章だけの録音も行なっている（一九一三年発売：裏面はドヴォルジャークの交響曲第九番第二楽章、一九一二年録音）。彼のベートーヴェンは日本では大いに愛聴された。賢治はレコード交換会のための用紙にこのレコードのことを記入しているほか、上記のように『春と修羅』最後の詩「冬と銀河ステーション」のなかに、この指揮者の名前を原綴で出しているのである。

(16)　「テイシュウ」、「ゴーバー」、「ゴーシュ」の意味については、それぞれ「tissu」、「gober ないし gobeur」、「gauche」であるとして、当時の仏和辞典や英和辞典から解釈を試みた佐藤 1995: 191-192 を参照。

(17) ジョージ・エヴァンズの《*Hunting Tigers out in India*》はその後もいろいろなアレンジやリメイクでカヴァーされ、今日でも演奏されているようである。ジャズなどでタイガーはよく使われたモチーフで、ザ・ミルズ・ブラザーズ The Mills Brothers の《*Tiger Rag*》は一九三二年の映像が残っている。

(18) 原文（高畑 1981/2014: 253）には説明がないが、アニメのこのシーン（Ch17　54: 46）を見ると、猫から鼠までの動物たちとの出会いの全てだったことが分かる。

(19) なお、高畑は「青春映画としての『ゴーシュ』という公式声明に対しては、一定の留保を示唆している。原作の「中に含まれているものは……えらい底が深いような気がしていた」。観客となるのはまず小学生であろうけれども、中学生から大人までにも関係のあるテーマが含まれていることを強調するために、パンフレットにはそう書いたのであって、「それが全体的なテーマだとは思っていない……そういう側面もある」ということだと（高畑 1982b/2014: 289–295）。

(20) 筆者も、ハリウッド映画のような、常に音や音楽が鳴っている過剰さにうんざりしているので、大いに共感するところである。意図的な表現としての過剰はよいのだが、深い考えもない劇伴、音の垂れ流しは時代や国民性のゆえであろうか。他方で、例えばイングマール・ベルイマン（一九一八〜二〇〇七）の作品のように、あまりに音が少なすぎると、わずかな音が大変な衝撃を与えるので、常に緊張感がある。これはこれで優れた表現法であり得るが、親しみやすさとは無縁である。ベルイマンも音を大事に扱う監督で、しばしば映画中でモーツァルト作品を効果的に使用している。ところが、《魔笛》を映画化したとき、序曲で音楽のフレーズごとにカットを変えるという、観客にとって実に煩わしい手法をとってしまった。まるで下手な音楽分析を視覚的に押しつけられているようなものである。音楽的時間と映像の時間とは必ずしも一対一で対応するものではないのだ、という音楽関係者にとっては当たり前の感覚を、彼は理解していなかったのだろうか。ディズニーの『ファンタジア』でも時にその傾向は見られるが、アニメにおける最初の実験的試みという意義はあった。

(21)　この音型をブラームスが第一交響曲第一楽章展開部で引用しているとは、多くの研究者が指摘するところである。ただし、ブラームスの方はバッハのコラールも出典の候補に挙がっている。なお、アニメで最初に楽団が登場するシーンでは、《田園》第四楽章の嵐のリハーサルが行なわれている。アニメらしいファンタジーあふれる表現で、指揮者や楽員が空に舞い上がる。これは観客を一気に引き込むための「異質な世界」への入り口として設定されたものだという（1982a/2014: 267–269）。

(22)　ベートーヴェンのミサ曲も思い起こそう。ハ長調ミサ曲、作品八六（一八〇七）は冒頭の〈キリエ〉からしてパストラーレ・ミサ曲の趣きをもっている。ミサ曲は平和の賛歌〈アーニュス・デーイ〉で終わる。記念碑的な《ミサ・ソレムニス》作品一二三（一八二三）では、戦いの表現の前後に、「われらに平和を与えたまえ dona nobis pacem」が《田園》と同じ八分の六拍子で歌われ、何度も「平和を」が強調されて終わる。

コラム3

宮沢賢治のベートーヴェン百年祭

木村直弘

宮沢賢治神話にとってベートーヴェンは必須アイテムだ（そしてこのエッセイが示す通り、今や宮沢賢治がベートーヴェン神話に貢献する時代となったようだ）。「ガッシリした黒い肩をしたベートーフェンが／深く深くうなだれ又ときどきひとり咆えながら／どこまでもいつまでも歩いてゐる。」（『春と修羅』補遺より）といった例を挙げるまでもなく、賢治の作品中には、ベートーヴェンの名やその楽曲名（たとえば「Egmont Overture」「レオノレ星座」「Beethoven の Fantasy」「田園交響楽《シンホニーパストラル》」等々）が見える。しかし実際に賢治神話が深く根ざしているのは、楽曲そのものではなく、ベートーヴェン神話同様、周囲にいた人間が回想する賢治の伝記的エピソードであった。

宮沢賢治（一八九六～一九三三）は、幼少時は祖父がかける義太夫のレコード、そして旧制盛岡中学時代には当時流行していた薩摩琵琶など、まず邦楽系の音楽に親しんだ。そんな彼が初めて洋楽のレコードを聴いたのは、一九一八年頃とされる。その後賢治が本格的に所謂クラシック音楽を聴きはじめるのは、一九二一年一二月に稗貫農学校、のちの花巻農学校の教諭となってからであった。翌年春頃から給金をはたいてレコードと本を買いあさりはじめた賢治は、放課後、宿直室で生徒相手に、あるいは職員室で同僚相手に、ベートーヴェンの名曲などのレコードを本人の解説付きで聴かせるようになる。岩手県は花巻という地方の片田舎でなぜ自社の新譜レコードがたくさん売れるのか不思議に思ったポリドール社が、花巻の販売店（高橋時計店）に感謝状を贈りつつその理由を訊くと、「ひとりの風変わりな農学校の教師だけ」が買っていると聞かされ驚いた、という逸話も残る。

さらに、当時賢治が作詞した〈花巻農学校精神歌〉の合唱指導を依頼したことから親しくなり、ドイツ語と音楽理論を交換教授しつつ、ともにレコード鑑賞会なども催した花巻高等女学校の音楽教諭・藤原嘉藤治は、次のように回想する。すなわち、賢治は、本を一ぺん読むと忘れないので、詩を書くときポンポンどんな言葉でも出てくるし、新しいレコードでシューベルトやベートーヴェンを聴いたりすると、すぐその楽聖たちの伝記や曲の解説を原書で読みあさり、あとまで忘れないので、専門の自分よりよく知っていた、と。ちなみに、農学校の同僚・白藤慈秀の回想によれば、賢治は自身の本の読み方を「斜読法」と称しており、その読書量と速さたるや人の何十倍であった。

賢治がポンポン言葉を発したのはレコードを聴いた時も同様であった。たとえば、弟・宮沢清六によれば、〈月光ソナタ〉や〈運命交響曲〉のレコード組物を入手した際、兄・賢治は大喜びし、「この大空からいちめんに降りそそぐ億千の光の征矢はどうだ。」「繰り返し繰り返し我らを訪れる運命の表現の素晴らしさ。おれも是非こういうものを書かねばならない」と言いながら、（詩集ではなく）心象スケッチ集『春と修羅』（一九二四年四月刊）を書き出したという。

前出・藤原嘉藤治は、賢治のこうした「幻想」＝（時には身ぶりを伴う）解釈学的表現の由来をめぐり、賢治が絶対音楽と標題音楽の違いを知らなかったわけではなく、また、これらの音楽の俘虜になったわけでもなく、あくまでも音楽を「彼れの世界の演出に必要な時間的色彩的効果として」捉えていた、と評している。つまり賢治の興味は、音楽を聴いた時の自らの「心象スケッチ」にあり、また、レコードを聴かせた教え子や同僚、友人たちに、それぞれが独自に抱いたイメージを披露するよう促すのが常であった。

教え子たちに常日頃「新鮮で独自な見方、考え方」をするよう教えていた賢治であったが、曲の解説については、あった方が聴きやすいからという理由で敢えて通俗的な表現も用いたため、時には音楽専門の前出・藤原嘉藤治を怒らせた。その一方で、賢治は、嫌な客が来たときの最もよい撃退法として、「むずかしいベートーベンものなど」をかけて解説抜きでじっと聴いていればたいていの客は帰ってしまう、と前出・白藤慈秀に語ってもいる。

しかし、賢治のベートーヴェン理解が「新鮮で独自」であったかといえば、ご多分に漏れずその神話下にあったと言わざるをえない。たとえば、音楽史上におけるベートーヴェンの燦然たる地位は文学史上におけるゲーテのそれでさえ比肩しえないと語った賢治が、当時ベートーヴェン関連の書籍に掲載されていたリーザーやベームらによるベートーヴェンの散歩姿の挿図も意識しつつ、後ろ手を組み（「うなだれ」てはいないようだが）俯き加減に散歩する姿を撮ってもらった写真は、現在では最も代表的な宮沢賢治像となった。ではなぜ賢治は、わざわざ自分とベートーヴェンを重ねあわせるような写真を撮ったのか。そこには当然理由がある。

賢治がその音楽的才能を認めていた農学校一年生の高橋（のちに沢里）武治に贈ったこの写真は、農学校の実習農場で一九二六（大正一五）年春頃撮影されたもので、賢治の自筆で「大正十五年三月廿日　宮沢賢治」と大きく書き込まれている（写真参照。現在は遠野市立博物館所蔵）。実は、賢治は、この翌週の三月二四日、花巻農学校五回生卒業式終了後の晩に、職員室と校長室の二つを開放して、一般人も参加する「ベートーヴェン百年祭記念レコードコンサート」を開催した。閉会後、賢治は涙をこぼして泣いていたという。さて、ここで注意しなければならないのは、ベートーヴェンの没後百年は翌年の三月二六日であり、賢治による百年祭は一年前倒しで行われているということである。それはなぜか。

ヒントになるのは、当時新聞配達や集金のため

農学校に出入りしていた斎藤宗次郎の自伝『二荊自叙伝』の記述である。そこには、職員室で賢治とレコード(その多くはベートーヴェン作品)を聴いたエピソードが数多く収録されている。たとえば大正一五年三月四日の項には、久野久独奏の〈月光〉や〈田園交響曲〉等のレコードを聴いたあと、賢治から百年祭を開催するので参加を求められたこと、ベートーヴェンについて実は二〇余年前よりその天才と異能とに敬意を払っていたと賢治に告げると、「この地方ではかなり古いね」と驚かれたこと、また、職員室で二人きりになってから、退職して新活動に入る決意を告げられ、ともに盛んに人生を論じたこと等々が記されている。つまり、古着屋・質屋を営む裕福な環境に育った賢治がこれまでの安定した生活を捨てて農民生活に入ろうと人生の一大決心をした際、ベートーヴェンにちなむ画期を必要としたわけだが、それはロマン・ロオラン『ベェトオフェン並にミレエ』(加藤一夫訳、洛陽堂、一九一五)以降流布していたベートーヴェン像が、「苦悩を通しての歓喜 Durch Leiden Freude」という言葉で象徴されるその「人生」あるいは「人格」と不可分に語られていたこと(=神話)と無縁ではなかった。

たとえば、当時日本の音楽研究の第一人者だった田辺尚雄は、一般向けに著した『西洋音楽の聴方』(帝国教育会出版部、一九二九)の中で、音楽を人生の描写とみることは可能だとし、音楽を人生の遠景的描写として観ずる時に極めて深い意味を持つとする。そして、人生の遠景的描写と観ずる時に一層深い意義を生ずる好例として挙げたのが、ベートーヴェンの交響曲であった。実は、こうした考えは大正時代にはすでに人口に膾炙しており、内村鑑三の弟子であった前出・斎藤宗次郎も、大音楽家の音楽を「人生の高潔なる歩みを果す為の資料となさねばならぬ」と記している（『二荊自叙伝』大正一二年一一月の項）。まさに賢治が、ゲーテをベートーヴェンとは比ぶべくもないとし、人生の一大転機にあたって、ベートーヴェンに似せた肖像写真を撮り、ベートーヴェン没後百年祭を一年前倒しで開催した背景には、こうした「人生」にまつわるベートーヴェン神話的な理解があったと考えられるのである。

おわりに

ベートーヴェン生誕一五〇年から一〇〇年後の二〇二〇年、人類は未知の感染症に見舞われた。世界中が不安の渦のなかにいるこの年、ベートーヴェン記念年としてオンライン上で集うことのできた私たちは、幸運だったかもしれない。いつの時代でも苦難を乗り越え、変革へと導くきっかけを与えてくれるベートーヴェンは、今この時代を考えるにもうってつけだった。本書のきっかけとなった日本音楽学会のパネルで、コーディネーターの沼口氏より私にお声かけをいただいた時点で、純粋なベートーヴェン研究にはなり得なかったが、ベートーヴェンをキーワードに何か面白いことができないか、と考えたとき、齋藤桂氏と白井史人氏のお顔が、文字どおり「ぽんぽん」と浮かんだ。一見ベートーヴェン研究とは無縁にも思われたメンバーが集い、ベートーヴェン研究一筋の沼口氏は手綱さばきに苦労されたことだろう。しかし専門分野のまるで異なる私たちは必然的に、「ベートーヴェンについて」というよりは「ベートーヴェンを通して」、ドイツやフランスや日本の歴史・社会を眺め、ベートーヴェンを拠り所とした人々の人生を追体験することで、今私たちが置かれている状況と時代もまた見つめ直すことができた。

あの時の直感は間違っていなかった、とでき上がった本を前に感慨に耽る……にはまだ早いが、一冊の本として形になるためのアイディアをくださったのは、春秋社の中川航氏である。ベートーヴェン受容、二〇世紀、日本、大衆文化というキーワードを軸に素晴らしい執筆者の方々をご紹介くださり、こうして「一〇〇年前のベートーヴェン」がさらに彩り豊かに肉づけられることとなった。第1章の沼口氏に加え、終章に正真正銘のベートーヴェン研究者であられる土田英三郎先生に加わっていただけたことにより、私たち異端児はこの上ない安心感のなか、自由に書くことができた。

コラムを含む寄稿者の皆様は、全員が最初の締め切りに遅れることなく原稿を送ってくださっただけでなく、豊かな内容で編者に刺激を与えてくださった。編集側の都合で随分とお待たせすることになってしまったが、編集作業はそれでも、編者四名に春秋社の中川氏と林直樹氏を加えた六名のチームのような形で、絶妙なバランスのもと進んだと思う。最終的には全員の原稿に編集六名が目を通し、共有ファイルでコメントを書き込み合うことによって、原稿をブラッシュアップさせていった。この作業を通して、執筆者に共通する問題意識もまた次第に共有されていった。その一端、すなわちドイツ、フランス、日本を軸に、世界大戦の時代であった二〇世紀の国際社会における政治と大衆文化の関係を、ベートーヴェンを通して浮き彫りにするという、結果として生まれた問題意識は、付録の年表と合わせて各章を読んでいただくことでも、体感していただけるのではないかと思う。年表は編者がそれぞれ項目を出し合い、白井氏が最終的な整理を担当してくださった。また土田英三郎先生からは、年表にかかわる貴重な情報とご助言をいただいた。

フランス革命の前後を生きたベートーヴェンの音楽は、およそ想像できるあらゆる階級を受け入れる寛大さをもち合わせている。それでも、本書で扱うことのできた「大衆文化」は、多様化した二一世紀の現在からみればほんの一部である。ラジオ、漫画、ゲーム、インターネットと、「メディア」とも言い換えられる多くの分野がほかにもあり、あるいは私など思いもつかない新たな文化が、今の若者の間には存在していることだろう。読者の皆様が、本書をきっかけにこの先を引き継いでくださることを願っている。

なお各章はベートーヴェンという共通項によって結ばれているが、背後には、各執筆者それぞれの研究テーマがさらに広がっている。ここにいたるまでに、日本学術振興会科学研究費補助金をはじめとする多くのご支援を賜った。資料をご提供いただいたベルリン・ドイチェ・キネマテーク（第2章）に深く感謝申し上げるとともに、助成金等の詳細は、各執筆者の章末をご覧いただきたい。関心のある分野に出会われた読者の方は、ぜひそこから各執筆者の研究世界も覗いていただければ幸いである。

原稿を書き始めてからの道中はそれなりに苦労があったが、林直樹氏には丁寧な原稿読みから緻密な編集作業までご担当いただき、完成まで導いていただいた。また中川航氏は常に的確なアドヴァイスで航路を示してくださった。心強い二名体制で進めてくださった春秋社のお二方に、編者一同深く感謝申し上げたい。

二〇二三年一一月

編者を代表して　安川智子

関連年表

※本文で論じた事項は**太字**にし、
各章の番号[1]～[7]を付した

西暦	出来事
1770	ベートーヴェン受洗（12.17）
1827	ベートーヴェン死去（3.26）
1840	アントン・シンドラー『ベートーヴェン伝』刊行
1851	**ヴァンサン・ダンディ生誕（3.27）**[3]
1866	**ロマン・ロラン生誕（1.29）**[3]
1868	王政復古の大号令（明治元年）
1870	普仏戦争開始 ワーグナー『ベートーヴェン』刊行
1871	普仏戦争終結、ドイツ帝国成立
1873	ナポレオン3世死去（1.9）
1877	エジソン、フォノグラフの技術の実験成功
1878	パリ万国博覧会
1884	**小松耕輔生誕（12.14～1966.2.3）**[3] ***New National Fifth Reader*** **に“BEETHOVEN'S MOONLIGHT SONATA”掲載（アメリカ）**[4]
1885	ヴィクトル・ユゴー死去（5.22） 『ルヴュ・ワグネリエンヌ（ワーグナー評論）』創刊（フランス）
1887	エミール・ベルリナー、円盤式のグラモフォンの特許取得（9.26） 東京音楽学校創立（10.4）
1888	ヴィルヘルム二世即位（ドイツ）
1889	パリ万国博覧会（エッフェル塔の建設） **トルストイ『クロイツェル・ソナタ』刊行**[5]

西暦	出来事
1890	教育勅語発布
1891	『ルヴュ・ブランシュ』創刊（フランス）
1894	ドレフュス事件勃発（フランス）、フランス共和国大統領サディ・カルノーの暗殺
1895	フランス労働総同盟（CGT）創設（9.23） パリでリュミエールのシネマトグラフ初上映（12.28）
1896	**宮沢賢治生誕（8.27）7** **日本での《月光》初演 4**
1897	**トルストイ『芸術とは何か』刊行 5**
1898	ゾラ「わたくしは弾劾する」が『オーロール』紙に掲載（1.13）（フランス）
1899	アウグスト・ユンケル来日、東京音楽学校で教鞭を執る 東京音楽学校がベートーヴェンの全交響曲の総譜（旧全集版）を購入
1900	パリ万国博覧会
1903	**ロマン・ロラン『ベートーヴェンの生涯』刊行 3** 英グラモフォン社と米コロンビア社が日本へ録音技師を派遣
1904	フランス社会党の指導者、ジャン・ジョレス『ユマニテ』紙創刊 **ロマン・ロラン『ジャン゠クリストフ』刊行（～1912）3** 日露戦争（～1905）
1905	フランス社会党（SFIO）結成 第一次モロッコ事件（独・仏紛争）
1906	**池内友次郎生誕（10.21～1991.3.9）3**
1907	**雑誌『音樂』の付録として《月光ソナタ》の楽譜出版 4**
1909	日本橋の三越で少年音楽隊結成 **映画『ベートーヴェンの月光ソナタの起源』（アメリカ、エジソン社）2**
1910	大逆事件（幸徳事件） 山田耕筰、ベルリンに留学（～1913）
1911	第二次モロッコ事件（独・仏紛争） **『高等小学読本巻３』に「月光の曲」掲載 4** **ヴァンサン・ダンディ『ベートーヴェン』刊行 3**

西暦	出来事
1913	**中里介山『大菩薩峠』、『都新聞』での連載開始** 5
1914	第一次世界大戦勃発、マルヌ会戦（9.6〜9.12） **ロマン・ロラン『ジャン＝クリストフ』、三浦関造訳『闇を破つて：ジヤンクリストフ』として邦訳刊行** 3
1915	**ロマン・ロラン『ベートーヴェンの生涯』、加藤一夫訳『ベエトオフェン並にミレエ』として邦訳刊行** 3
1916	ロマン・ロラン、ノーベル文学賞受賞（1915年度）
1917	ドイツ、ウーファ（ウニヴェルズム映画会社）設立（12.18） **ロマン・ロラン『ジャン＝クリストフ』邦訳（後藤末雄）1〜3巻刊行** 3 **ベートーヴェンの伝記映画『魂の殉教者』（エミール・ユスティッツ監督）** 2
1918	スペイン風邪の世界的流行 徳島県鳴門の坂東俘虜収容所で交響曲第9番全曲の演奏（6.1） 第一次世界大戦、休戦（11.11） ドイツでの11月革命後、労働者組織が企画して年越しの交響曲第9番演奏を始める（アルトゥール・ニキシュ指揮、ライプツィヒにて） **この頃、宮沢賢治が初めて洋楽レコードに触れたとされる** 7 **ロマン・ロラン『ジャン＝クリストフ』邦訳（後藤末雄）4〜6巻刊行** 3
1919	ドイツ、ワイマール憲法制定（2.10） 九州帝国大学オーケストラの第1回管弦楽演奏会（ベートーヴェン交響曲第1番）
1920	**ベートーヴェン生誕150周年** 国際連盟設立。フランス共産党結成（トゥール大会） **ヴァンサン・ダンディ《聖クリストフォルス伝説》パリ・オペラ座初演** 3 アンリ・プリュニエール、『ルヴュ・ミュジカル』創刊 **ロマン・ロラン『ジャン＝クリストフ』邦訳（豊島与志雄）第1巻刊行** 3

西暦	出来事
1921	**小松耕輔、ヨーロッパ音楽鑑賞旅行。東京朝日新聞に記事連載（「音楽遍路」巴里にて）**[3] **ロマン・ロラン『ジャン゠クリストフ』改訂4冊版刊行**[3] **ロマン・ロラン『ベートーヴェンの生涯』邦訳（木村荘太）刊行**[3] **シェンカー、《月光ソナタ》の自筆譜ファクシミリを刊行**[1] **宮沢賢治が稗貫農学校（のちの花巻農学校）教諭となり（12月）翌年春頃から本格的に「クラシック音楽」を聴き始める**[7]
1922	国際現代音楽協会（ISCM）設立（ザルツブルク） 日本共産党設立（7.22） パリ＝エッフェル塔に最初の国営ラジオ放送局、放送開始 **小松耕輔、ヴァンサン・ダンディを訪問**[3]
1923	フランスとベルギーがドイツのルール地方占領（1月） 関東大震災発生（9.1） ドイツ、ラジオの公式放送開始（10.29） 交響曲第9番の全曲がドイツとイギリスでそれぞれ初録音される（日本には翌年に輸入）
1924	**ヴァルター・ノールがベートーヴェンの会話帖の一部を刊行**[1] **東京音楽学校奏楽堂にて、日本人によるベートーヴェン交響曲第9番公式初演（11.29, 30）**[3] 田村寛貞著『ベートーヴェンの「第九ジュムフォニー」』出版（日本人初の交響曲第9番モノグラフ）
1925	日本、東京放送局（NHKの前身）でラジオ放送開始（3.22） 治安維持法公布（4.21） 日露交驩交響管弦楽演奏会（4～5月）、ベートーヴェン交響曲第5番・第7番の演奏（日本） レコードにおける電気録音の本格的な実用化 **映画『戦艦ポチョムキン』（セルゲイ・エイゼンシュテイン監督、ソ連）**[2]
1926	**ロマン・ロラン『ベートーヴェンの生涯』邦訳（高田博厚）刊行**[3] **宮沢賢治の「ベートーヴェンの百年祭レコードコンサート」（3.24）**[7] ドイツ、国際連盟に加入（9.8）

西暦	出来事
1927	**ベートーヴェン没後100周年** **パリで行われたベートーヴェン没後100年記念祭の演奏会を池内友次郎が聴く** [3] 国際音楽学会設立（アンリ・プリュニエール） **『ルヴュ・ミュジカル』ベートーヴェン特集号** [3] **アルノルト・シュミッツ『ロマン派のベートーヴェン像』、アウグスト・ハルム『ベートーヴェン』刊行** [1] 映画『ジャズ・シンガー』公開（アメリカ）、トーキー映画の世界的普及へ **映画『ベートーヴェン』（オットー・レーヴェンシュタイン監督、オーストリア）** [2]
1928	**ロマン・ロラン『ベートーヴェン、偉大なる創造の時代』刊行開始** [3] **中西芳朗による童話劇「月光の曲」** [4]
1929	**黛敏郎生誕（2.20〜1997.4.10）、小沢昭一生誕（4.6〜2012.12.10）** [6] 世界恐慌
1930	マジノ線構築（フランス、対ドイツ要塞線） ロンドン海軍軍縮条約（4.22）
1931	**ヴァンサン・ダンディ死去** [3] パリ植民地博覧会 **唱歌《月光の曲》『新尋常小学校唱歌　第6学年用』所収** [4] 満州事変（9.18） **『大菩薩峠』「勿来の巻」発表（『國民新聞』）** [5]
1932	五・一五事件 ルネ・クレールが映画『巴里祭』製作（1933年公開）
1933	**宮沢賢治死去（9.21）** [7] 日本が国際連盟を脱退（2.24） 全権委任法、ナチス政権成立（ドイツ、3.23） **『都新聞』で尾崎士郎『人生劇場』連載開始** [6]

西暦	出来事
1934	フランス下院前で極右デモが暴動化（2.6）、マルセイユでユーゴスラヴィア国王とフランス外相が暗殺される（10.9） 交響曲第９番初の日本での全曲出版（ピアノ編曲版）、春秋社 **石村ちから「読本教材『月光の曲』を観る」『学校音楽』11月号** [4] **宮沢賢治『セロ弾きのゴーシュ』出版（構想は1925年頃からか）** [7] **映画『間諜ヨハンナ』（ヨハネス・マイヤー監督、ドイツ）、交響曲第３番の使用** [2]
1935	**高畑勲生誕（10.29. 〜2018.4.5）** [7] ドイツ再軍備宣言（3.16） フランス人民戦線結成（7.14） **唱歌《月光の曲》『最新昭和小学唱歌伴奏　尋常科第５・６学年用』所収** [4] **『人生劇場』「青春篇」舞台化（新築地劇団、千田是也演出）** [6]
1936	二・二六事件 国民議会議員選挙にて人民戦線勝利（フランス、5.3） ベルリン・オリンピック（８月） **ロマン・ロラン『七月一四日』（アルハンブラ劇場）公演** [3] **映画『楽聖ベートーヴェン』（アベル・ガンス監督、フランス）** [2]
1937	パリ万国博覧会
1938	ドイツ、オーストリア併合（３月） **ロマン・ロラン『ベートーヴェンの生涯』邦訳（片山敏彦）刊行** [3] **映画『世紀の合唱　愛国行進曲』（伏見修監督）** [2]
1939	第二次世界大戦開戦
1940	フランス、ドイツに休戦を申し入れる、ヴィシー政権成立 ド・ゴール将軍、BBC 放送で演説（6.18） 日独伊三国間条約締結（9.27） **映画『ファンタジア』（ウォルト・ディズニー監督）** [7]
1941	アメリカ映画の日本国内上映禁止 ドイツ、ソ連に侵攻（6.22） 太平洋戦争勃発（12.8）
1944	**ロマン・ロラン死去（12.30）** [3]
1945	第二次世界大戦終結

西暦	出来事
1947	教育基本法公布・施行 岩佐東一郎作詞《喜びの歌》「晴れたる青空」が小学６年生の指定教材に（〜1995）
1948	朝比奈隆指揮、関西交響楽団（後の大阪フィル）による初の交響曲第９番演奏
1949	労音（勤労者音楽協議会）が大阪で発足
1950	**「感激物語　月光の曲」『小学六年生』９月号** 4
1951	戦後最初のバイロイト音楽祭でフルトヴェングラーが交響曲第９番を指揮
1952	連合国による日本の占領が終わる
1953	日本でテレビ放送開始
1961	東西ベルリンの間に壁建設（８月） ベートーヴェンハウスによる新全集の刊行開始
1963	ベルリン・ドイツ・オペラによる日本公演《フィデリオ》 **小沢昭一「新劇寄席」シリーズで『とら』を上演** 6
1964	東京12チャンネル（現テレビ東京）開局（４月） **「題名のない音楽会」放送開始（８月）** 6 東京オリンピック（10月）東西ドイツチームの臨時国歌として《歓喜の歌》の旋律が使われる
1966	ベルリン・フィル来日ツアー、カラヤン指揮によりベートーヴェン交響曲全曲演奏（1970年にも実施）
1970	**ベートーヴェン生誕200周年** 大阪万博開催 東京・大阪・神戸・名古屋の労音にて《フィデリオ》共同制作 NHK交響楽団、「ベートーヴェン記念チクルス」で交響曲全曲演奏会 **小沢昭一「ベートーヴェン人生劇場〈残侠編〉」** 6 **映画『ルートヴィヒ・ヴァン』（マウリシオ・カーゲル監督）** 2
1971	**読書感想文第16回全国コンクールで近衛秀麿『ベートーヴェンの人間像』（1970）が課題図書に** 4 **映画『時計仕掛けのオレンジ』（スタンリー・キューブリック監督）** 2
1972	《歓喜の歌》が欧州評議会の歌に採択される

西暦	出来事
1977	**ベートーヴェン没後150周年** ベルリン・フィルハーモニーによる交響曲第９番演奏（12.31）、楽団初の世界テレビ中継
1982	**映画『セロ弾きのゴーシュ』（高畑勲監督）公開** 7
1987	**手塚治虫『ルードウィヒ・B』連載開始（未完、〜89年）** 7
1989	ベルリンの壁崩壊、12月にバーンスタインによる交響曲第９番演奏
1992	古楽オケによる初の全交響曲演奏（ジョン・エリオット・ガーディナー指揮）
1993	ヨーロッパ連合（EU）成立
1998	長野オリンピック開会式で小澤征爾指揮による交響曲第９番第４楽章の演奏（衛星同時中継）
2003	《歓喜の歌》がEUの国歌に該当する歌として憲法草案に盛り込まれる
2011	東日本大震災　被害者支援慈善演奏会で交響曲第９番の演奏（ズービン・メータ指揮、Ｎ響他）
2020	**ベートーヴェン生誕250周年** 新型コロナの世界的流行

参考文献

第 1 章（「資料」以外に参照したもの）

Arnim, Bettina von. 2017. *Goethes Briefwechsel mit einem Kinde*. Prague: e-artnow.

Kerman, Joseph, Alan Tyson, Scott G. Burnham, Douglas Johnson, and William Drabkin. 2001. "Beethoven, Ludwig van." In *Grove Music Online*. https://www.oxfordmusiconline.com/grovemusic/view/10.1093/gmo/9781561592630.001.0001/omo-9781561592630-e-0000040026.（Accessed 9 January 2023）

Kropfinger, Klaus. 2016. "Beethoven, Ludwig van." In *MGG Online*, edited by Laurenz Lütteken. RILM, Bärenreiter, Metzler, 2016-. Article first published 1999. Article published online. https://www.mgg-online.com/mgg/stable/19165（Accessed January 09, 2023）

Leitzmann, Albert（Hrsg）. 1921. *Ludwig van Beethoven. Berichte der Zeitgenossen, Briefe und persönliche Aufzeichnungen*. 2 Bde. Leipzig: Insel.

Marx, Hans Joachim. 2016. "Schmitz, Franz Arnold." In *MGG Online*, edited by Laurenz Lütteken. RILM, Bärenreiter, Metzler, 2016-. Article first published 2005. Article published online. https://www.mgg-online.com/mgg/stable/13624（Accessed January 09, 2023）

Rothfarb, Lee A. 2009. *August Halm. A Critical and Creative Life in Music*. Rochester/NY: University of Rochester Press.

Stephan, Rudolf. 2016. "Halm, August Otto." In *MGG Online*, edited by Laurenz Lütteken. RILM, Bärenreiter, Metzler, 2016-. Article first published 2002. Article published online. https://www.mgg-online.com/mgg/stable/25930（Accessed January 09, 2023）

ハルム、アウグスト 2017『フーガとソナタ――音楽の 2 つの文化について』西田紘子、堀朋平（訳）、音楽之友社

第 2 章

Adorno, Theodor W., and Hanns Eisler. 2006. *Komposition für den Film*. Edited by Johannes Gall. Frankfurt am Main: Suhrkamp.

Becce, Giuseppe, Hans Erdmann and Ludwig Brav. 1927a. *Allgemeines Handbuch der Film-Musik. I Musik und Film-Verzeichnisse.* Berlin: Schlesinger.

Becce, Giuseppe, Hans Erdmann and Ludwig Brav. 1927b. *Allgemeines Handbuch der Film-Musik. II Thematisches Skalenregister.* Musik und Film Verzeichnisse. Berlin: Schlesinger.

Bethge, Friedrich. 1926. "Betrachtungen eines Außenseiters." In *Film-Ton-Kunst.* 6, no. 6, 61–62.

Bettermann, Silke. 2012. *Beethoven im Bild: Die Darstellung des Komponisten in der bildenden Kunst vom 18. bis zum 21. Jahrhundert.* Bonn: Beethoven-Haus.

Biel, Urszula. 2014. "Music, Singing and Stage Practice in the Cinemas of Upper Silesia during the 1920s." In *The Sounds of Silent Films: New Perspectives on History, Theory and Practice.* Edited by Claus Tiber and Anna K. Windisch, 66–83. London: Palgrave Macmillan.

Brown, Julie. 2022. "Silent Composer biopics? *Origin of Beethoven's Moonlight Sonata.*" In *Beethoven im Film: Titan auf Tonspur und Leinwand.*Edited by Albrecht Riethmüller, 123–139. München: edition texte + kritik.

Comini, Alessandra. 2008. *The Changing Image of Beethoven: A Study in Mythmaking.* Revised Edition. Santa Fe: Sunstone Press.

Dennis, David B. 1996. *Beethoven in German Politics, 1870–1989.* New Haven: Yale University Press.

Eggebrecht, Hans Heinrich. 1972. *Zur Geschichte der Beethoven-Rezeption.* Mainz: Akademie der Wissenschaft und der Literatur.

Henzel, Christoph. 2013. "Sinfonische Filmmusik in Veit Harlans *Opfergang* (1944)." In *Ton-Spuren aus der Alten Welt: Europäische Filmmusik bis 1945.* Edited by Ivana Rentsch et al., 248–265. München: Richard Boor Berg.

Hessel, Franz. 2012 [1929]. *Spazieren in Berlin.* Mit einem Geleitwort von Stéphane Hessel. Berlin: Berlin Verlag.

Jaszoltowski, Saskia. 2022. "Beethoven (re-) animiert: Cartoonfigur, tragisches Genie und Superhero." In *Beethoven im Film: Titan auf Tonspur und Leinwand. Beethoven im Film: Titan auf Tonspur und Leinwand.* Edited by Albrecht Riethmüller, 95–106. München: edition text +kritik

Riethmüller, Albrecht (Ed.). 2022.*Beethoven im Film: Titan auf Tonspur und Leinwand.* München: edition text + kritik.

Schmid, Stefan. 2020. "Pluralität und Globalität. Über die Bilder Beethovens. In *Beethoven visuell: Der Komponist im Spiegel bildlicher Vorstellungswelten*"

Edited by Werner Telesko, Susana Zapke, Stefan Schmidl, 21-31. Wien: Hollitzer.

Steinbach, Hans. 1934. "Winfried Zillig: Die Musik und der deutsche Film." *Film-Kurier*, May 9, 1934.

Telesko, Werner, Susana Zapuke, and Stefan Schmidl. 2020. *Beethoven visuell: Der Komponist im Spiegel bildlicher Vorstellungswelten*. Wien: Hollitzer.

Weissmann, Adolf. 1928. *Die Entgötterung der Musik*. Stuttgart/Berlin/Leipzig: Deutsche Verlags-Anstalt.

Zillig, Winfried. 1934. "Meine Musik zum „Schimmelreiter"." *Film-Kurier,* January 15, 1934.

Anonym. 1927a. "Beethovens 100. Todestag." In *Film-Kurier,* 26 February 1927.

Anonym. 1927b. "Das tragische Geschick Beethovens." In *Film-Kurier,* 3 March 1927.

石田聖子、白井史人（共編著）2021『世界は映画でできている』名古屋外国語大学出版会

ボンズ、マーク・エヴァン 2015『「聴くこと」の革命――ベートーヴェン時代の耳は「交響曲」をどう聴いたか』近藤譲、井上登喜子（訳）、アルテス・パブリッシング

渡辺裕 1989『聴衆の誕生』春秋社

――1997『音楽機械劇場』新書館

[視聴覚資料]

Gance, Abel. 2013.『楽聖ベートーヴェン』ジュネス企画、JVD3238. DVD

Kagel, Mauricio. 2006. *Ludwig van.* Winter & Winter, Germany: 915 006-7. DVD

Meyer, Johannes. 1934. *Schwarzer Jäger Johanna.* Deutsche Kinemathek, Berlin（未発売、VHS）

第 3 章

[ロマン・ロランの文学作品・全集]

Rolland, Romain. [1921]. *Jean-Christoph.* Nouvelle édition, I. Paris, Librairie Ollendorff.

――. 2021. *Œuvres complètes,* sous la direction de Roland Roudil, Tome VI, Biographies musicales: Vie de Beethoven-Hændel. Édition d'Alain Corbellari,

Marie Gaboriaud et Gilles Saint-Arroman. Classiques Garnier.〔本文では『新全集』と略記〕
——. *Œuvres.* Wikisource (https://fr.wikisource.org/wiki/Auteur: Romain_Rolland)
ロラン、ロマン 1965/1938『ベートーヴェンの生涯』片山敏彦（訳)、岩波文庫
——1979-1985『ロマン・ロラン全集』全43巻、みすず書房〔本文では『全集』と略記〕
——2015『ジャン・クリストフ』豊島与志雄（訳)、MUK production（電子版)

［新聞・雑誌記事・パンフレット］

Commémoration du Centenaire de la Mort de Beethoven, Mardi 22 mars 1927.（没後100年記念祭パンフレット）
Koechlin, Charles. 1927. "Le 'Retour à Beethoven'." In *La Revue musicale* (numéro spécial consacré à Beethoven), 1er avril 1927, 125-131.
Landry, Lionel. 1927. "Le déclin de Beethoven." In *La Revue musicale* (numéro spécial consacré à Beethoven), 1er avril 1927, 114-121.
Rolland, Romain. 1927. "Actions de Grâces à Beethoven." In *La Revue musicale* (numéro spécial consacré à Beethoven), 1er avril 1927, 1-14.
——. 1901. "Les fêtes de Beethoven à Mayence." In *La Revue de Paris,* 1er mai 1901, 431-448.
——. 1903. "Vincen d'Indy." In *La Revue de Paris,* 1er janvier 1903, 401-420.
Anonym. *L'Excelsior.* 20 mars 1927.
小松耕輔1921「音楽遍路（一)」(11月18日）——「音楽遍路(一七)巴里にて」(12月13日)、東京朝日新聞朝刊（連載)
——1924「きさらぎの思出（一）——佛蘭西楽壇の明星ダンデイ氏を訪ひし日」東京朝日新聞朝刊（２月１日付)、６頁
——1924「第九交響楽の初演を聴く」東京朝日新聞朝刊（12月２日付)、５頁
高田博厚 1937「ロマン・ロラン」『音楽研究』第２巻第２号、118-127頁
ロラン、ロマン 1936「音楽への頌歌」片山敏彦訳、『音楽研究』第２巻第１号（ロマン・ロラン七十歳誕辰記念号)、2-3頁

［論文・書籍］

Audéon, Hervé. 2017. "Introduction", In Audéon 2017: 7-14.
——. 2017. *Romain Rolland musicologue.* Dijon: Éditions Universitaires de Dijon.

Calvocoressi, M. D. 1921. "The Dramatic Works of Vincent d'Indy. The Music of 'Saint-Christophe'. " In *The Musical Times*, Vol. 62, No. 943 (1 September 1921), 613–616.

Claudel, Paul, Romain Rolland. 2005. *Une amitié perdue et retrouvée.* Édition établie, annotée et présentée par Gérald Antoine et Bernard Duchatelet. Gallimard.

Cohen, Annabel J. 2002. "Music Cognition and the Cognitive Psychology of Film Structure." In *Canadian Psychology/Psychologie canadienne*, 215–232.

Gaboriaud, Marie. 2017. *Une vie de gloire et de souffrance: le mythe de Beethoven sous la Troisième République.* Paris, Classiques Garnier.

Gaboriaud, Marie et Gilles Saint-Arroman. 2017. "Le *Beethoven* de 1903, entre littérature et musicologie." In Audéon 2017: 63–77.

Gaboriaud, Marie et Gilles Saint-Arroman. 2021. "Introduction à la *Vie de Beethoven*." In Rolland 2021: 27–48.

D'Indy, Vincent. 1911. *Beethoven.* Paris, Henri Laurens.〔ヴァンサン・ダンディ 1954『ベートーヴェン』小松耕輔（訳）、音楽之友社〕

Landry, Lionel. 1927. "La psychologie du cinéma." In *Journal de Psychologie,* 24, 134–145.

Lenz, W. de. 1909. *Beethoven et ses trois styles.* Édition nouvelle avec un avant-propos et une bibliographie des ouvrages relatifs à Beethoven par M. D. Calvocoressi. Paris, Gustave Legouix.

Roberts, W. Wright. 1920a. "'Jean-Christophe': Some Musical Aspects of the Work. I. 'The German Lie'." In *The Musical Times*, Vol. 61, No. 932 (1 October 1920), 675–677.

——. 1920b. "'Jean-Christophe': Some Musical Aspects of the Work. II. French Music and Its Ideals." In *The Musical Times*, Vol. 61, No. 934 (1 December 1920), 801–803.

——. 1921. "'Jean-Christophe' and the Musical Novel." In *The Musical Times*, Vol. 62, No. 942 (1 August 1921), 539–542.

Saint-Arroman, Gilles. 2012. "Sous le signe de l'Italie: les relations de Romain Rolland avec Vincent d'Indy et la Schola Cantorum." In *Cahiers de Brèves*, no. 30 (décembre 2012), 23–28.

——. 2014. "Les deux Christophe: Essai de parallèle entre Romain Rolland et Vincent d'Indy." In *Cahiers de Brèves*, no. 33, 16–22.

——. 2015. "Les deux Christophe (II) Les deux Beethoven." In *Cahiers de Brèves*, no.36, 30–42.

Schneider, Herbert. 2017. "Les analyses d'oeuvres de Beethoven par Romain Rolland." In Audéon 2017: 79–103.
Schrade, Leo. 1942. *Beethoven in France, the Growth of an Idea*. New Heaven.
Wilder, Victor. 1877. "La Jeunesse de Beethoven d'après des documents nouveaux." In *Le Ménestrel*, 185–411.
——. 1879. "Beethoven. Les jours de gloire et de souffrance." In *Le Ménestrel*, 33–210.
——. 1880. "Les Dernières années de Beethoven." In *Le Ménestrel*, 313–411.
——. 1883. *Beethoven. Sa vie et son œuvre d'après les documents authentiques et les travaux les plus récents*. Paris, G. Charpentier et Cie.
大出敦編 2023『クローデルとその時代』水声社
小川昴編 1952『本邦洋楽文献目録』音楽之友社
小原國芳（編）1927『ベートーヴェン研究』（ベートーヴェン百年祭記念出版）、イデア書院
クローデル、ポール 2018『孤独な帝国　日本の一九二〇年代』奈良道子（訳）、草思社文庫
国立音楽大学附属図書館池内友次郎書誌作成グループ1988『池内友次郎書誌』国立音楽大学附属図書館
後藤暢子、川添圭子、神月朋子（編著）2001『昭和初期の音楽評論雑誌——音楽批評の萌芽・記事索引』山田耕筰研究所
高橋純編（訳）2021『高田博厚＝ロマン・ロラン往復書簡——回想録『分水嶺』補遺』吉夏社
田中耕太郎 1927「ベートーヴェンの音楽の我等民衆に対する意義」『ベートーヴェン研究』（ベートーヴェン百年祭記念出版）小原國芳（編）、イデア書院、67–103頁
デュシャトレ、ベルナール 2011『ロマン・ロラン伝』村上光彦（訳）、みすず書房
プルースト、マルセル 1986『プルースト全集14』岩崎力、平岡篤頼、出口裕弘、吉川一義（訳）、筑摩書房
安川智子 2019a「『メルキュール・ミュジカル』創刊号（1905）をめぐる音楽と批評の人脈図——ヴァグネリスムとドビュッシスムの考察に向けて」『北里大学一般教育紀要』24巻、35–47頁
——2019b「グランド・オペラからフランス・オペラへ——音楽批評から読み解くマイヤベーアとグランド・オペラの歴史化」『〈悪魔のロベール〉とパリ・オペラ座——19世紀グランド・オペラ研究』上智大学出版
——2020「ヴァンサン・ダンディを位置づける——日仏の言説比較による

ヴァグネリスムとドビュッシスム考」『音楽を通して世界を考える』東京藝術大学音楽学部楽理科土田英三郎ゼミ有志論集、東京藝術大学出版会、94-109頁
——2021「フランスにおけるワーグナー受容と古代ギリシア悲劇再創造への道——新たなる音楽劇を求めて」『ワーグナーシュンポシオン』日本ワーグナー協会（編）、アルテス・パブリッシング、41-59頁
ワッセルマン、ミッシェル 2022『ポール・クローデルの黄金の聖櫃——〈詩人大使〉の文化創造とその遺産』三浦信孝、立木康介（訳）、水声社

第４章

秋田喜三郎 1926『発展的読方の実際読本全課尋六』明治図書
石村ちから 1934「読本教材『月光の曲』を観る」共益商社書店『学校音楽』第２巻第11号、38-41頁
入江陽子 2001『日本が「神の国」だった時代——国民学校時代の教科書を読む』岩波書店
岩井正浩 1998『子どもの歌の文化史』第一書房
浦久俊彦 2020『ベートーヴェンと日本人』新潮社
大城了子 2008「明治期の楽譜受容——ベートーヴェンのピアノ作品を中心に」『ムーサ　沖縄県立芸術大学音楽学研究誌』第９号、71-85頁
音楽之友社（編）1980『最新名曲解説全集⑭独奏曲Ｉ』音楽之友社
片山敏彦 1949『ベートーヴェン』中央公論社
兼常清佐 1927『小学生全集第六七巻——音楽の話と唱歌集（上級用）』文芸春秋社
木村武雄 1948「名作物語　月光の曲」研究者出版株式会社『中学初級』第３巻第８号、6-7頁
河野多惠子 1981「私の音楽教育体験『月光の曲』」『教育音楽　小学版』第36巻第６号、81頁
近衛秀麿 1970『ベートーヴェンの人間像』音楽之友社
五味康祐 2016『西方の音——音楽随想』中央公論新社
小柳一蔵（編訳）1902『海外遺芳』瑞柳書店
佐藤末吉 1936『生活学習小学国語読本の指導　尋常科用　巻十一』明治図書
児童文学者協会（編）1951「月光の曲——ベートーベンものがたり」『美しい心　正しい人　社会科美談読本四年生』実業之日本社、139-147頁

柴田知常 1934「尋六・十一月の教材と指導の実際」共益商社書店『学校音楽』第２巻第11号、99-103頁
柴田南雄 1979「珍説『月光の曲』」『朝日新聞』1979年６月20日夕刊、５頁
清水維誠 1888『正則ニユーナシヨナル第五読本直訳』文港堂
全国学校図書館協議会（編）1971『考える読書　第16回読書感想文　中学・高校の部』毎日新聞社
瀧井敬子 2004『漱石が聴いたベートーヴェン――音楽に魅せられた文豪たち』中央公論新社
武川寛海 1978「交響曲第五番ハ短調『運命』」帰徳書房（編）『私のベートーヴェン』帰徳書房
竹中亨 2016『明治のワーグナー・ブーム――近代日本の音楽移転』中央公論新社
巌本捷治 1902「嫦娥之曲を論じてベートーフエン氏の人格に学ぶ」『音楽之友』第２巻第４号、23-24頁
ダン道子 1947「月光の曲」ヒマワリ社『月刊ひまわり』第１巻第４号、18-19頁
――1949『名曲ものがたり』好楽社
友納友次郎 1926『各課精説　国語読本の真使命　巻十二』明治図書
――1936『新読本の指導精神教法精説　尋常科用　巻十一』明治図書
中西芳朗 1928「ピアノ劇　月光の曲」コドモ芸術学園『童話劇集　一』246-256頁
中村とうよう 1974「ベートーヴェンとニューロック」『ユリイカ』第６巻第１号、136-139頁
西原稔 2000a『「楽聖」ベートーヴェンの誕生――近代国家がもとめた音楽』平凡社
――2000b「わが国のベートーヴェン受容の歴史」『ベートーヴェン全集　第10巻』講談社、103-112頁
日本教育唱歌研究会（編）1935『最新昭和小学唱歌伴奏　尋常科第五六学年用』日本唱歌出版社
日本教育音樂協会（編）1931『新尋常小楽唱歌　第六学年用』音楽教育書出版協会
白雲齋楽山 1940「月光の曲」大日本雄弁会講談社（編）『評判講談全集　第八巻』大日本雄弁会講談社、707-736頁
長谷川由美子 2004「日本におけるベートーヴェンの楽譜出版――ベートーヴェン受容の一側面」『国立音楽大学音楽研究所年報』第18号、191-219頁

畑中小百合 2003「学校教育とパフォーマンス――明治・大正期の学校劇をめぐる論争を中心に」比較日本文化研究会（編）『比較日本文化研究』第 7 号、84-118頁
平井芳夫 1950「感激物語　月光の曲」小学館『小学六年生』第 3 巻第 6 号、124-131頁
平井美奈子 1939『楽聖物語』実業之日本社
福本康之 2000「日本におけるベートーヴェン受容Ⅱ――明治・大正期の音楽雑誌の記事から」『国立音楽大学音楽研究所年報』第14号、115-134頁
――2001「日本におけるベートーヴェン受容Ⅲ――昭和二年（没後100年祭）以降のベートーヴェン⑴」『国立音楽大学音楽研究所年報』第15号、155-168頁
――2002「日本におけるベートーヴェン受容Ⅳ――戦時体制（第二次世界大戦）下の状況」『国立音楽大学音楽研究所年報』第16号、183-198頁
――2004「日本におけるベートーヴェン受容Ⅴ――明治四〇年までの演奏記録を読む：資料と解題」『国立音楽大学音楽研究所年報』第18号、177-190頁
ボンズ、マーク・エヴァン 2022『ベートーヴェン症候群――音楽を自伝として聴く』堀朋平、西田紘子（訳）、春秋社
三浦喜雄ほか 1923『教材精説　実際教法尋常小学国語読本教授書』実文館
宮敏彦 1965「音楽科関連　ベートーベン物語　月光の曲」小学館『小学四年生』第43巻第12号、136-144頁
宮地薫 1964「楽聖ベートーベン　偉人物語　月光の曲」小学館『小学六年生』第17巻第 7 号、104-111頁
村井沙千子 2011「昭和初期のベートーヴェン受容――ラジオを通した大衆化のプロセス」東京芸術大学音楽教育研究会（編）『音楽教育研究ジャーナル』第35号、16-29頁
文部省 1911/1991『国定高等小学読本巻三』文部省〔所収　1991『復刻国定高等小学読本　巻三』大空社〕
――1923a『尋常小学国語読本巻十一巻十二編纂趣意書・尋常小学国語書キ方手本第六学年用編纂趣意書』文部省
――1923b『尋常小学国語読本　巻十二』文部省
――1943『初等科国語七　教師用』文部省
吉野正夫1941「月光の曲　三景」文芸情報社『学校劇傑作集　高学年用』35-49頁
渡邊松茂 1888『ニユーナシヨナル第五読本直訳』積善館

渡辺裕 2010『歌う国民——唱歌、校歌、うたごえ』中央公論新社
——2014「音楽はどのように言葉や図像とかかわるのか——ベートーヴェン《月光》をめぐるマルチメディア的想像力」唐沢かおり、林徹（編）『人文知1 心と言葉の迷宮』東京大学出版会、187-208頁
著者不明 1936「音楽物語に月光の曲——後二時四十分より——小学生の時間」『朝日新聞』1936年12月4日朝刊、14頁

第5章

（本文中の『大菩薩峠』各巻の引用は筑摩書房版による。都新聞版は創論社版を用いた）

内村鑑三 1902/1908「歌に就て」『万朝報』1902年2月24日号・25日号〔所収　内村鑑三1908『よろづ短言』警醒社、235-241頁〕
小原國芳（編）1927『ベートーヴェン研究——ベートーヴェン百年祭記念出版』イデア書院
折口信夫 1930/1968「詩と散文との間を行く發想法」『改造』昭和12年2月号、改造社〔所収　折口信夫1968『折口信夫全集』27巻、中央公論社、1-6頁〕
樫下達也 2013「1930年前後のハーモニカ音楽界の状況——小学校音楽教育へのハーモニカ導入史の一断面」『音楽表現学』11: 13-24
鹿野政直 1973『大正デモクラシーの底流——“土俗”的精神への回帰』日本放送出版会
トルストイ、レフ 1906『芸術論』有馬祐政（訳）、博文館
直木三十五 1932/1935「大衆文芸作法」『新文芸思想講座』文芸春秋社〔所収　直木三十五 1935『直木三十五全集』21巻、改造社、3-80頁〕
中里介山 1934「余は大衆作家にあらず」『隣人の友』11月号(95)、44-46頁
宮田東峰 1936「ハーモニカは玩具か？」全日本ハーモニカ連盟『ハーモニカ・ニュース』第10巻第5巻
森崎光子 1987「中里介山におけるトルストイズム」『日本文学』36(12)、11-21頁
横山喜之（編著）1933『バッハ研究』第一集、東京バッハ協会出版部
ロラン、ロマン 1921『トルストイの生涯』宮島新三郎（訳）、杜翁全集刊行会、春秋社

第６章

イーグルトン、テリー 1988『ワルター・ベンヤミン　革命的批評に向けて』有満麻美子ほか（訳）、勁草書房
宇佐美宜一 1970.2「小沢昭一（俳優小劇場）」（連載「舞台に生きる」48）『テアトロ』321、8-11頁
大石泰 2002.4「黛敏郎と「題名のない音楽会」『ExMusica＝季刊エクスムジカ』（特集＝黛敏郎）第６号、23-31頁
——2020.9「ベートーヴェンから浪花節まで」「つながるベートーヴェン GENDAI BEETHOVEN 250」第４回。https://www.pac.geidai.ac.jp/post/essay4（2022年12月25日最終閲覧）
小沢昭一 1969『私は河原乞食・考』三一書房
——1979「「芸」のためでなく」『唸る、語る、小沢昭一の世界●節談説教（板敷山）●榎物語●とら』パンフレット、新しい芸能研究室
——1981「浪花節と私」『うなる　浪花節の世界』（芸双書７）南博、永井啓夫、小沢昭一（編）、白水社、5-42頁
——1987『わた史発掘　戦争を知っている子供たち』文春文庫
劇団俳優座（編）1965『俳優座史　1944-1964』劇団俳優座
芝清之編 1986『浪花節　ラジオ・テレビ出演者及び演題一覧』浪曲編集部
清水慶彦 2007「黛敏郎《涅槃交響曲》の合唱について——仏教音楽との関連を中心に」『ハルモニア Harmonia』37、15-33頁
菅孝行 2007『戦う演劇人　戦後演劇の思想　千田是也　浅利慶太　鈴木忠志』而立書房
摂津隆信 2006「舞台と観客の関係から見る喜劇的異化作用——ブレヒトの理論とファレンティンの笑いにおける戦術」、『ワセダブレッター』13、46-66頁
高倉優理子 2018「黛敏郎《涅槃交響曲》と《曼荼羅交響曲》の成立過程比較——「Campanology資料」の分析を中心に」『日本音楽学会』63(2)、61-77頁
田中千禾夫 1955『海の星＝ひとで』（ラジオ・ドラマ新書）宝文館
——1967『とら』『田中千禾夫戯曲全集７』白水社、7-14頁
時田アリソン 2016「浪花節における口頭性——「太閤記」ものの場合」『日本伝統音楽研究』13、25-45頁
西耕一 2002.12「黛敏郎の音楽と生涯」『音楽の世界＝The world of music: 音楽家がつくる芸術・社会のための季刊誌』41(10)、4-11頁
——2003.1「黛敏郎の音楽と生涯(2)」『音楽の世界＝The world of music: 音楽家がつくる芸術・社会のための季刊誌』42(1)、15-24頁

西原稔 2000『「楽聖」ベートーヴェンの誕生　近代国家がもとめた音楽』平凡社
林屋辰三郎、植木行宣 1962.10「河原者の流れ」『国文学解釈と鑑賞』、26-32頁
早野寿郎 1972「『榎物語』『説教板敷山』を演出して」LP『唸る、語る、小沢昭一　榎物語　説教板敷山』解説書、日本ビクター
藤田敏雄 2007『音楽散歩、ミュージカル界隈』アーツアンドクラフツ
藤田敏雄、長木誠司（聞き手）2002.4「藤田敏雄さんが語る作曲家・黛敏郎」『ExMusica = 季刊エクスムジカ』（特集＝黛敏郎）第 6 号、6-11頁
船山隆 1969.10「黛敏郎論」『季刊芸術』 3 (4) (11)、84-94頁
黛敏郎 1951.4「ジャズと民族性」『フィルハーモニー Philharmony』23(4)、NHK 交響楽団、25-28頁
——1958.6「ヨーロッパ音楽への決別」『中央公論』73(6)、227-233頁
——1959/1958「『涅槃』交響曲について」LP『涅槃交響曲』（Wilhelm Schchter 指揮、NHK 交響楽団演奏）解説書、東芝レコード、TA-7003、1-4頁〔初出　初演時の1958年 4 月のプログラム〕
——1971「『題名のない音楽会』とベートーヴェン人生劇場〈残侠篇〉・ワグナー人生劇場〈不倫篇〉」LP『ベートーヴェン人生劇場〈残侠篇〉題名のない音楽会』解説書、POP RECORD/ 日本ビクター、POP-1002
——1977『題名のない音楽会』角川書店
三島由紀夫 1989「無礼な芸術」『横尾忠則グラフィック大全』、講談社、108頁〔初出　1966年の横尾の初個展の案内状〕
皆川達夫 1998『音楽の宇宙——皆川達夫先生古希記念論文集』音楽之友社
門間貴志 2007「浪曲師・広沢虎造と仁侠映画」『明治学院大学藝術学研究』17、91-101頁
矢野誠一 1985.8「「新劇寄席」——「演技」と「芸」を結んだ早野寿郎の演出」『悲劇喜劇』38(8)、88-91頁
Bergson, Henri. 1991/1900. *Le Rire. Essai sur la signification du comique*, in *Œuvres*, Paris: Presses Universitaires de France.〔アンリ・ベルクソン 2018/1938『笑い』林達夫（訳）、岩波書店〕

『文藝別冊小沢昭一』2010、河出書房
「ベートーベンを浪曲へ！小沢昭一の“河原乞食”ぶり」1970.10.30、『週刊ポスト』 2 (43) (62)、28頁

第 7 章

Arnold, Claude Graveley, comp. 1997. *The Orchestra on Record, 1896–1926: An Encyclopedia of Orchestral Recordings Made by the Acoustical Process*. Westport, CT: Greenwood Press.

Tsuchida Eizaburo. 2020. “Der Einfluss der Pastoral-Symphonie op. 68 von Beethoven auf das Märchen *Goshu, der Cellist*（セロ弾きのゴーシュ）von Miyazawa Kenji（宮澤賢治）und dessen Animeadaption durch Takahata Isao（高畑勲）.” In *Wirres Haar und rotes Halstuch. Beethovens Bild im Manga*, edited by Ingrid Bodsch, planned and arranged by Kazuko Ozawa, and Matthias Wendt: 71–120. Bonn: Verlag StadtMuseum Bonn.

Will, Richard. 2002. *The Characteristic Symphony in the Age of Haydn and Beethoven*. Cambridge: Cambridge University Press.

佐藤泰平 1995『宮沢賢治の音楽』筑摩書房

高畑勲 1981/2014「青春映画としての『セロ弾きのゴーシュ』」アニメ『セロ弾きのゴーシュ』映画パンフレット、1981年10月21日（DVD オープロダクション1982/2015再録）〔所収　高畑 2014: 252–254〕

——1982a/2014「実写とアニメーション〈座談会〉山田洋次・佐藤忠男・高畑勲」『アニメージュ』1982年 1 月〔所収　高畑 2014: 255–278〕

——1982b/2014 インタビュー「大藤賞を受賞した『セロ弾きのゴーシュ』」『OUT』1982年 7 月〔所収　高畑 2014: 279–298〕

——1984/2014「『セロ弾きのゴーシュ』を見ての感想／お手紙ありがとう」『カッコー通信』1983年11月～1984年 9 月、「パクさんのぽけっと」10〔所収　高畑 2014: 321–327〕

——2014/2014「スタジオジブリ　30年目の初鼎談［宮崎駿／鈴木敏夫／高畑勲］」『文藝春秋』2014年 2 月〔所収　高畑 2014: 369–391〕

——2014『映画を作りながら考えたこと——「ホルス」から「ゴーシュ」まで』文藝春秋社（文春ジブリ文庫）

土田英三郎 2010「［解説］」『ベートーヴェン　交響曲第 6 番　ヘ長調《田園》 作品68』音楽之友社、OGT 2106: iii–xxii 頁

——2021『土田英三郎　東京藝術大学退任記念　最終講義と演奏会——古典派の性格交響曲：田園交響曲を例に』東京藝術大学音楽学部楽理科〔講義資料とプログラム冊子。非売品。いくつかの音楽大学図書館で閲覧可能〕ISBN 978-4-600-00709-6

萩谷由喜子 2013『宮澤賢治の聴いたクラシック』小学館

宮沢賢治 1974『校本　宮沢賢治全集』第10巻、筑摩書房

――1976『校本　宮沢賢治全集』第６巻、筑摩書房
――1985『宮沢賢治全集７』（童話３：ポラーノの広場、銀河鉄道の夜、風の又三郎、セロ弾きのゴーシュ、他）筑摩書房（ちくま文庫）
――1986a『宮沢賢治全集１』（『春と修羅』、『春と修羅』補遺、「春と修羅　第二集」）筑摩書房（ちくま文庫）
――1986b『宮沢賢治全集２』（「春と修羅　第三集」、「詩ノート」、「春と修羅詩稿補遺」、「疾中」）筑摩書房（ちくま文庫）
――1986c『宮沢賢治全集３』（短歌、俳句、「冬のスケッチ」、歌曲、他）筑摩書房（ちくま文庫）
――1986d『宮沢賢治全集４』（文語詩稿　五十篇、文語詩稿　一百篇、文語詩未定稿）筑摩書房（ちくま文庫）
――1986e/2019『宮沢賢治全集８』（童話４：『注文の多い料理店』、他；劇：飢餓陣営、ポランの広場、他）筑摩書房（ちくま文庫）［第十刷以降増補］
――1995『宮沢賢治全集10』（農民芸術概論、手帳、ノート、他）筑摩書房（ちくま文庫）
宮沢清六 1955/1991「兄とレコード」『四次元』宮沢賢治研究会、1955年１月〔所収　宮沢清六 1991『兄のトランク』筑摩書房（ちくま文庫）：52–56頁（単行本1987の文庫化）〕

［視聴覚資料］
オープロダクション 1982/2015『セロ弾きのゴーシュ』高畑勲（脚本・監督）、スタジオジブリ（DVD 制作）、ウォルト・ディズニー・スタジオ・ジャパン（発売）、VWDZ8232-1/2, 2015, 2 DVDs
ディズニー、ウォルト 1940『Fantasia　ファンタジア』（日本語字幕版）、有限会社アプロック、APRO-001, n. d. DVD

ジル・サン＝タロマン（Gilles Saint-Arroman）　コラム1
ピアニスト、音楽学者。フランス・パリの音楽学研究所（IReMus）研究員。ピアニスト、エドゥアール・リスラーについての著書（Champion, 2008）があるほか、論文集『Piano & musique de danse dans la France du xixe siècle』（OMF, 2010）を Juliana Pimentel と共同編集。現在の研究対象はヴァンサン・ダンディとスコラ・カントルム。ダンディの著作集（*Écrits*, Actes Sud/Palazzetto Bru Zane, 2019-2024）の編纂や、Classiques Garnier 社から刊行中の Roland Roudil 監修『ロマン・ロラン全集』の音楽関連巻の編集にも携わっている。

大石　泰（おおいし・ゆたか）　コラム2
東京藝術大学名誉教授。平成音楽大学・札幌大谷大学芸術学部客員教授。1974年、慶應義塾大学経済学部卒業後、日本教育テレビ（現テレビ朝日）入社。「題名のない音楽会」「オリジナル・コンサート」「徹子の部屋」などの番組を担当。2004年、東京藝術大学演奏藝術センター助教授に就任。「藝大プロジェクト」「藝大とあそぼう」など、藝大奏楽堂でのコンサートを企画・制作。現在も「戦没学生のメッセージ」プロジェクト、「芸大とあそぼう in 北とぴあ」の活動を継続中。

木村　直弘（きむら・なおひろ）　コラム3
岩手大学人文社会科学部教授。関西学院大学大学院文学研究科博士課程後期課程（美学専攻）単位取得済退学。共著に、『音は生きている』（勁草書房）、『音楽学を学ぶ人のために』（世界思想社）、『賢治とイーハトーブの「豊穣学」』（大河書房）、『平泉文化の国際性と地域性』（汲古書院）、『海がはぐくむ日本文化』（東京大学出版会）、『音楽と心の科学史——音楽学と心理学が交差するとき』（春秋社）などがある。

【著者】

山本　耕平（やまもと・こうへい）　第４章
大阪府立交野支援学校四條畷校教諭、大阪芸術大学非常勤講師。大阪大学大学院文学研究科博士後期課程単位取得退学（文化表現論専攻）。博士（文学）。論文「林光の音楽教育論——教研集会講師としての活動に焦点を当てて」（『音楽教育学』第49巻第１号）「文部省と民間教育研究団体との緊張関係に見る昭和40年代の音楽教育——家永教科書裁判を中心に」（『音楽教育学』第51巻第２号）共著『学校音楽文化論——人・モノ・制度の諸相からコンテクストを探る』（東信堂、近刊）。専門は日本の音楽教育史。

鈴木　聖子（すずき・せいこ）　第６章
大阪大学大学院人文学研究科アート・メディア論コース助教。東京大学大学院人文社会系研究科博士課程単位取得退学、パリ大学東アジア言語文化学部・助教などを経て現職。博士（文学）。著作『〈雅楽〉の誕生——田辺尚雄が見た大東亜の響き』（春秋社、2019年、第41回サントリー学芸賞）、『掬われる声、語られる芸——小沢昭一と『ドキュメント 日本の放浪芸』』（春秋社、2023年）、「声と音の芸能史——「小沢昭一的小三治」」（『ユリイカ』784）、「音楽芸能の記録における音と映像の関係——日本ビクターの音響映像メディアのアンソロジー」（『Arts and Media』第13号）。専門は日本音楽史・音響文化論。

土田　英三郎（つちだ・えいざぶろう）　第７章
東京藝術大学名誉教授、日本ベートーヴェンクライス BKJ 副代表。専門は音楽学（西洋音楽史と音楽理論）、特に18〜19世紀独墺の音楽史、音楽形式の歴史と理論、交響曲の歴史、作曲家研究としてはベートーヴェン等。近年の主な発信は、参考文献表における２点のほか、編著『ベートーヴェンとホルン——資料集』（BKJ）、共著『音楽を通して世界を考える』（東京藝大出版会）、翻訳・解題：M. E. ボンズ『ソナタ形式の修辞学——古典派の音楽形式論』（音楽之友社）、共訳ルイス・ロックウッド『ベートーヴェン——音楽と生涯』（春秋社）、YouTube 講義「14歳のためのベートーヴェン」４回（東京藝大演奏藝術センター）など。

【編著者】

沼口　隆（ぬまぐち・たかし）　はじめに・第１章
東京藝術大学准教授、桐朋学園大学講師、日本ベートーヴェンクライス事務局長。ドルトムント大学博士課程修了。2002〜06年、ドイツ学術交流会（DAAD）奨学生。専門は音楽学、主たる関心領域はベートーヴェンとその周辺の音楽文化。一般書に『楽譜をまるごと読み解く本』（共著）など、訳書にハインリヒ・シェンカー『ベートーヴェンの第９交響曲――分析・演奏・文献』、ルイス・ロックウッド『ベートーヴェン――音楽と生涯』（ともに共訳）など。

安川　智子（やすかわ・ともこ）　第３章・おわりに
北里大学一般教育部准教授。東京藝術大学大学院音楽研究科博士後期課程修了（音楽学）。専門はフランス音楽、音楽理論史。著書に『ハーモニー探究の歴史――思想としての和声理論』（共編、音楽之友社）、『《悪魔のロベール》とパリ・オペラ座』（共編、上智大学出版）、『クローデルとその時代』（共著、水声社）、訳書にフランソワ・ポルシル『ベル・エポックの音楽家たち――セザール・フランクから映画の音楽まで』（水声社）など。

齋藤　桂（さいとう・けい）　第５章
1980年大阪府生まれ。博士（文学・大阪大学）。京都市立芸術大学日本伝統音楽研究センター専任講師。専門は日本音楽史、ヘヴィー・メタル。著書に『〈裏〉日本音楽史――異形の近代』（春秋社、2015年）、『1933年を聴く――戦前日本の音風景』（NTT出版、2018年）、論文に‘Heavy Metal Scene in Osaka: Localness Now and Then’, Bardine, Bryan A., and Jerome Stueart, eds. Living Metal: Metal Scenes around the World, Intellect, 2022など。

白井　史人（しらい・ふみと）　第２章
慶應義塾大学商学部准教授。東京大学大学院総合文化研究科博士課程修了。博士（学術）。専門は音楽学、表象文化論。主に映画の音楽および20世紀以降のドイツ語圏の音楽を研究している。著書に『世界は映画でできている』（石田聖子との共編著、名古屋外国語大学出版会）、『貴志康一と音楽の近代――ベルリン・フィルを指揮した日本人』（共著、青弓社）など。

春秋社音楽学叢書

ベートーヴェンと大衆文化
受容のプリズム

2024年 1 月20日　初版第 1 刷発行

編 著 者――――沼口隆・安川智子・齋藤桂・白井史人
発 行 者――――小林公二
発 行 所――――株式会社 **春秋社**
〒101-0021東京都千代田区外神田2-18-6
電話03-3255-9611
振替00180-6-24861
https://www.shunjusha.co.jp/
印　　刷――――株式会社 太平印刷社
製　　本――――ナショナル製本 協同組合
譜例浄書――――株式会社 クラフトーン
装　　幀――――伊藤滋章

ISBN 978-4-393-93231-5　C0073
定価はカバー等に表示してあります。